U1006894

北语对外汉语教学法研究丛书

主　编　崔希亮　　副主编　杨惠元

对外汉语听说课课堂教学研究

北京语言大学出版社
BEIJING LANGUAGE AND CULTURE UNIVERSITY PRESS

图书在版编目（CIP）数据

对外汉语听说课课堂教学研究 / 崔希亮主编.
—北京：北京语言大学出版社，2011. 11 重印
（北语对外汉语教学法研究丛书）
ISBN 978-7-5619-3045-8

Ⅰ. ①对… Ⅱ. ①崔… Ⅲ. ①对外汉语教学 – 听说教学：课堂教学 – 教学研究 – 文集 Ⅳ. ①H195.3-53

中国版本图书馆CIP数据核字（2011）第114834号

书　　名：对外汉语听说课课堂教学研究
责任印制：汪学发

出版发行：北京语言大学出版社
社　　址：北京市海淀区学院路15号　　邮政编码：100083
网　　址：www.blcup.com
电　　话：发行公司　82303650/3591/3651
编辑部　82303647/3592
读者服务部　82303653/3908
网上订购电话　82303668
客户服务信箱　service@blcup.net
印　　刷：北京中科印刷有限公司
经　　销：全国新华书店

版　　次：2011年6月第1版　2011年11月第2次印刷
开　　本：787毫米×1092毫米　1/16　　印张：15.75
字　　数：262千字
书　　号：ISBN 978-7-5619-3045-8 / H · 11085
定　　价：45.00元

凡有印装质量问题，本社负责调换。电话：82303590

总序

崔希亮

继《对外汉语综合课课堂教学研究》及《对外汉语综合课优秀教案集》出版后，北京语言大学教务处又组织了第二轮对外汉语系列课程的教学观摩研讨活动，其活动成果——《对外汉语听说课课堂教学研究》及《对外汉语听说课优秀教案集》即将面世。

坚持开展教学观摩研讨活动，源于对教学质量锲而不舍的追求，创造教学研究的平台，扶植青年教师的成长。

中国经济的快速发展、国际政治格局的急剧变革造就了汉语教学大发展的形势。在这样的大环境、大背景下，教师、教材、教学法这三个问题仍然是对外汉语教学和汉语国际教育的基本问题，其中核心问题是教师。可以说教师的基本素质和专业素质决定了教师的教学水准，也决定了教材和教学法的水准。因为好的教材是好的教师编写出来的，好用的教学法也是教师在实践中创造的。换言之，没有优秀的教师，就不会有优秀的教材和教学法。即使有好的教材和教学法，一个没有经过训练的教师进行教学也不会产生令学生满意的教学效果。目前，汉语国际教育的师资培养依然面临两个难题：一是在数量上需要大批受过训练的合格汉语教师，二是在质量上需要一定的高水平的明星教师。系列课程的观摩研讨活动，在鼓励教师钻研教学技能、提高研究能力方面具有突出的功效。

教师是教学活动的灵魂。他既是教学活动的设计者，又是教学活动的实施者；他既是传道授业的先生，又是学生言语活动的教练；他既是课堂艺术的创造者，又是学生眼里的百科全书。学生有任何关于汉语和中国社会、中国文化的问题，首先求教的就是老师。作为汉语教师，必须要有广博的知识、丰富的思想，能交际、会沟通，还要有语言教师特有的秉赋：耐心、细心、善解人意、乐教为师……

除此之外，精湛的技艺、过硬的教学基本功也不可或缺。从语言教学形势的发展来看，单纯的语言教育已经不能适应时代的需要，语言加文化式的博雅教育会成为对外汉语教学和汉语国际教育的主要观念，文化教学也成为当务之急。

优秀的教师不仅仅要擅长教书，还应该兼擅研究。“教什么”“怎么教”“怎么学”和“用什么教”这四个问题，涉及语言本身、教和学双方、教学方法和技术手段，它们属于本体论、实践论、方法论的不同层次，这是语言教学研究的基本问题，也是每一个有作为的教师都应关注和加以研究的问题。其中很多问题是没有现成答案的，需要我们自己去探究，去寻找答案。我们的教师，特别是青年教师要对所有未知的问题保持学术好奇心，要培养发现问题的慧眼和解决问题的巧思，要积极参加各种有助于提高学术修养的活动，也就是说，要介于匠人与学者之间，起码要成为某一方面的专家，这样才能做到游刃有余。

为学日益，为道日损。知识的学习是越积越多，而道——指导我们教学的思想会越来越简单。那就是一切以学习者的需要为出发点，用最短的时间、最小的代价、最有效的方法让学习者取得最大的学习效益，这是我们坚持不懈的努力方向。

是为序。

2011 年 3 月

前言

继2008年北京语言大学教务处组织了“对外汉语综合课教学观摩研讨活动”之后，2010年又组织了一次“对外汉语听说课教学观摩研讨活动”。汉语学院、汉语进修学院和汉语速成学院有9位教师登上观摩课的讲台。这9位教师各有各的风采，但是他们有一个共同点，那就是无私奉献、爱岗敬业。从这9位教师的身上我们实实在在地看到了无私奉献、爱岗敬业的精神在北语教师中一代一代地传承。且不说他们为准备观摩课付出的辛劳和汗水——废寝忘食、精心备课、设计教案、制作教具，单说他们开观摩课的勇气就值得学习，值得推崇，值得褒奖！

我站了一辈子讲台，是地地道道的教师出身，也曾开过观摩课，深知开观摩课跟平时自己上课不一样。平时自己上课只面对班上十几、二十来个学生，只考虑怎么样教好他们。开观摩课则不同，不仅要考虑怎么样教好本班的学生，还要考虑让听课的人有什么收获、受到什么启发；不仅要面对班上十几、二十来个学生的脸庞，还要面对多位听课专家的目光，面对摄像机的镜头，把自己放大了几十倍。把自己放大几十倍，自己身上的任何瑕疵都会暴露无遗。要说不紧张那是不客观的。京剧界有个说法：“演员勒上了、扮上了、穿上了，走上舞台，道行减三分。”开观摩课跟京剧演员上台有些类似。我们每一个人都愿意展示自己的长处，谁也不愿意暴露自己的短处。把自己教学中的短处暴露出来，让别人戳戳画画、指指点点，让别人评头品足、议论纷纷，这是需要勇气的，需要有自我牺牲的精神。没有无私奉献、爱岗敬业的精神是做不到的。

9位教师的观摩课我都听了。好几位老师的课让我耳目一新，有不少闪光的亮点。

一、这次开观摩课的老师在调动学生的学习积极性和主动性上下了很大工夫，体现了新的教学理念，使学生真正成为课堂活动的中心，成为学习的主人，学会了自主学习。听力课由“要我听”变成了“我要听”，口语课由“要我说”变成了“我要说”。

二、做到了课堂教学的两个延伸：向课前延伸到学生预习，作好准备来上课，这样上课的起点就提高了；向课后延伸到复习，让学生把课上学习的内容运用到真实的语言实践中，显示了功夫在课外。

三、课型特点突出，教学目的明确。正确理解课程性质，准确把握课型特点，听力课上成听力课，口语课上成口语课，是总体上提高教学质量的关键。我们看到9位老师无论是听力课还是口语课，都突出了课型的特点。比如口语课，老师们都坚持让学生"说"，说自己想说的话，而不是"读"或"复述"，学生的开口率都很高，课堂上没有"死角"，尤其突出了成段表达的训练。

四、现代化教学技术手段运用娴熟，PPT课件制作得精美，与教学内容的配合比较到位，成为课堂教学不可分割、不可缺少、不可替代的一部分，起到了很好的辅助作用。多数教师能够把握多媒体的使用度，既充分发挥多媒体的长处又不过分依赖多媒体，教师自始至终都处在主导地位，展现给我们的是师生互动、生生互动的生动、和谐、活泼的气氛，而不是学生和大屏幕的互动。

五、教学效果良好。由于师生的共同努力，通过100分钟的学习，学生们的聆听理解能力和口语表达能力得到了切实的提高。我真心替我校的学生们感到幸运，遇到这么好的老师；也真心为我们感到幸运，听到了这么精彩的观摩课，听这样的课一点儿也不觉得累，简直是一种享受。

观摩课以后，各个学院都进行了教学研讨，进一步探讨与汉语听力课、口语课相关的教学问题，在此基础上很多老师写出了自己的论文，把自己的研究成果和收获体会跟大家分享。这本论文集就是本次观摩课教学研讨活动的成果。

这本论文集一共收集了21篇文章。读了21篇论文，我受到很大的启发，概括起来有如下几个方面：

一、文章的作者都来自教学第一线。本论文集体现了我校科研结合教学、科研为教学服务的优良传统。特别值得一提的是，9位开观摩课的教师有8位提交了论文。他们不仅教学过硬，科学研究也崭露了头角。这8位教师是：窦玉荣、黄丹纳、刘丽瑛、孟艳华、王磊、王治敏、魏耕耘、赵雷（按姓名音序排列）。他们通过观察、记录和思考自己课堂教学的过程，课堂上发生了什么，自己是怎么做的，效果怎么样，把实践经验上升到理论。应该说，这样的研究方法是可取的，他们的研究代表了我校科学研究的方向。

北京语言大学的定位是"教学科研型"大学，从事的对外汉语教学属于应用语言学学科。这就要求科研工作必须紧密结合教学、为教学服务，要举全校之力研究如何使外国人在单位时间里学习汉语学得好点儿、学得快点儿、学得多点儿。

应该说，寻找最佳的教学模式和教学方法是我校科研工作的出发点和根本宗旨。

二、文章的内容实实在在。本论文集的论文既有在职教师的文章，也有退休教师的文章；在职教师中既有青年教师的文章，也有中老年教师的文章。除了以上8位教师，其他文章也都是从教学中发现问题、提出问题、研究问题、解决问题，理论联系实际，没有浮泛之论。大部分作者能够变换位置，从读者的角度考虑，反复斟酌，反复修改，防止“空对空”，保证有“干货”。因此，文章可读性很强，能够使读者受益。其中鲁健骥和岳维善两位老先生的文章，根据几十年的教学经验，分别对听力教学和口语教学提出自己的见解。鲁文一针见血地指出目前听力教学存在的问题，从分析影响聆听理解的语言和非语言的各种因素入手，提出听力训练应该摆脱汉语水平考试的樊篱，按照实际的教学要求，使学生的聆听理解能力得到更加全面的训练。岳文对提问式听说课教学模式进行了详细的论述，运用这个模式，教师可“促其有问、奖其发问、教其会问、使其善问”，从而实现学生在课堂上从“语言的汉语”向“言语的汉语”的转化。

三、研究的问题集中，内容广泛。这本论文集的21篇论文集中讨论了听力课和口语课教学的问题，研究如何提高学生的口语能力。口语能力包括听的能力和说的能力，都是处理语言的声音信号的能力。根据调查，外国学生来到中国学习汉语，大多数希望利用得天独厚的语言环境提高听和说的能力。因此听力课和口语课教学就显得十分重要。三个留学生学院集中研究一个问题，共同研讨如何提高学生的听力和口语能力，这在北语的历史上还是第一次。

教学活动是语言实践活动，实践离不开理论的指导。要提高听力课和口语课的训练质量和效果，必须用科学的、先进的理论作为指导。本论文集的21篇论文研究的问题集中，但内容十分广泛。既有研究听力课教学的，也有研究口语课教学的，还有研究商贸口语教学和视听说教学的。既有研究初级听说教学的，也有研究中高级听说教学的。文章涉及汉语听说教学的各个方面，包括教学理念、教学模式、教学原则、教学设计、教学策略、教学范式、教学技巧、教学媒体、教学评价，等等，比较全面地描述了我校汉语听说教学的现状，并且从理论上对这种现状进行了阐释说明。这对于认识汉语听说教学的性质、原则、方法及其理论依据都具有重要意义，可以指导听说训练的课堂教学实践，大大提高训练的质量和效果。

四、不少文章有深度、有创新。学术论文贵在有新意，有自己独到的见解。比如赵雷的《任务型口语教学的思考与实践》，刘丽瑛的《浅析商贸口语课留学生提问能力的训练》，孟艳华的《初级汉语听说课开放式教学模式的构成要素》，田靓的《对初级汉语听说课教学原则的思考》，魏耕耘的《初中级汉语口语课的主题式教学模式探讨》，李燕的《初级汉语口语教学中小组活动的设计与操作》，余文青的《中高级口语课教学模式的一种探索》等，都结合自己的教学实践，传达了新的教学理念。21篇论文有的是在前人未涉足的研究领域创新立说，有的是从新的角度阐释己见，有的是在某一方面或某种程度上突破了前人的研究成果。应该说这些论文都有着相当的理论价值和实践意义。

引用一句广告词："没有最好，只有更好。"本论文集的21篇论文只反映了作者们目前对汉语听说课教学的认识。学习没有止境，实践没有止境，理论研究也没有止境。但愿本论文集的论文能够引起广大对外汉语教师的关注，起到抛砖引玉的作用，推动汉语听说教学的理论研究向更深、更广的方向进展。

当然，本论文集的论文并非完美无缺。有的论文的观点和结论似乎还有可商榷之处，有的研究视角和研究方法尚需进一步改进，有的文章的写法还显得稚嫩。在这里，我们恳请读者批评指正。

一年前我们编辑出版了《对外汉语综合课课堂教学研究》，今年又编辑出版了这本《对外汉语听说课课堂教学研究》，目的同样是为总结和展示北语多年来形成的汉语教学理念、原则和课堂教学方法，交流和探讨听说课的教学经验，提高汉语教学水平。用北京语言大学老校长杨庆华的话说："是为了总结，也是为了提高；是为了鼓励，也是为了呼唤。呼唤辛勤耕耘在这块园地中的老师们再接再厉，写出更多更好的学术论文来。"

杨惠元

2011年4月

目录

上编

中编

下编

上编

关于听力理解训练的几点思考

鲁健骥

摘　要：针对目前对外汉语听力理解教学由于过于受汉语水平考试的限制而形成的训练中的不足，本文从分析影响听力理解的语言的和非语言的各种因素入手，提出听力理解训练应该摆脱汉语水平考试的樊篱，根据实际的教学要求，使学生的听力理解能力得到更加全面的训练。

关键词：对外汉语教学　听力理解训练

关于对外汉语教学的听力理解训练问题，有不少论者涉及。对于他们所论，诸如对听力理解的心理学阐释以及各种技能的研究，本文不打算重复。本文仅就听力训练中一些讨论得不够，甚至尚未有人涉及之处，提出一些看法。

听力理解课，应该有针对性，即学生的需要是什么，或者说在学习中和学习后将会遇到哪些需要听的场合、处于什么样的听的环境、可能遇到什么问题、有哪些影响理解的因素。听力理解的训练，应该针对这些需要、问题和因素，满足学生的需要，帮助学生解决问题。集中起来，主要是要分析影响听力理解的因素和针对这些因素应该采取的对策。对这个问题，毛悦（1996）、马燕华（1999）从各自的角度作过很深入的实证性研究。本文则从另外一些方面就此问题进行一些探讨。

本文写作的主旨，还有另外一层针对性。笔者感觉，当前的听力理解课，过于受汉语水平考试（HSK）的限制，几乎成了 HSK 的考前培训，走入了误区。如不消除这种“应试教育”的阴影，听力理解课就很难继续提高，很难有所突破。一些本来属于听力理解训练的内容，就不能纳入训练的范围；有些即使认识到了，也难以得到落实。本文下面的论述，旨在说明，作为一种水平测试，HSK 不能涵盖听力课的任务（我们也不能对 HSK 提出这样的要求），如果处处以 HSK 为准，实际上是降低了听力理解课的教学要求。只有这样去认识问题，才能使听力理解课走出 HSK 的樊篱。

那么，影响听力理解的因素到底有哪些？我们又可以采取哪些对策呢？影响听力理解的因素大致可分为语言的和非语言的两大类。下面我们就分别对此作一些分析，并对可以采取的对策提出一些建议。

一、语言的因素

影响听力理解的语言因素，大致有听的内容、语言难度、语体、语音条件等几个方面。

（一）听的内容

关于听的内容对听力理解的影响，毛悦、马燕华都有论述，我们稍作补充。

对于外国学生来说，听的内容可能是他熟悉的，也可能是不熟悉的。熟悉的内容容易听懂，不熟悉的内容比较难懂。有些内容属于专业性的，假如学生具有那个专业的知识，则对他来说就容易懂（假定该内容的语言难度适合他的汉语水平），否则就很难懂。背景复杂的，假如外国学生不了解听的材料的背景，即使从语言上讲对他并不难，他也听不懂。笔者在澳大利亚新南威尔士州教育部工作时，他们把电影《芙蓉镇》作为给学中文的高中学生听的材料，结果连华裔的学生也不懂。因为要能听懂或看懂《芙蓉镇》，必须对中国 1949 年以后的历史，特别是从“土改”到“文革”的历次政治运动都十分了解，而这正是他们所不具备的背景知识。

因此，听的内容，一般来说，要选择学生熟悉的或其常识范围内的。到了高级阶段，会有一些涉及专业的内容，也要随着其专业（如经贸、旅游、理工、农医等）学习的进度，循序渐进地安排相关的听力内容。

（二）语言难度

所听的材料的难度与听者的语言水平相当或高于或低于听者的语言水平（这主要指词汇、语法、修辞手段等），这一点许多文章都有论述，也有实验的依据（如毛悦，1996），此处不加赘述。但总的情况是，语言的难度相当或低于听者的语言水平的容易听懂，若高于听者的语言水平，则听起来较为困难。不过，听力理解一般不应该采用低于学生语言水平的材料。

我们认为，为了训练学生听力理解能力，包括听的技能（即所谓“微技能”），一定要把听力材料的难度控制在最小，尽量不出或少出生词。《高等学校外国留学生汉语专业教学大纲》对听的要求是，一年级：一级“不含生词及新语法”、二级“生词不超过3%（笔者认为应解读为每100字含3个生词，如每个词有两个字，则是6个字。下同）、无关键性新语法”，二年级：“生词不超过3%”。对三、四年级未作说明。《高等学校外国留学生汉语教学大纲》（长期进修）对各阶段的听的要求中也未作说明。我们认为对此加以说明还是必要的。原则应该是尽量少，不能因年级高而增加听力材料的生词量。

这里涉及如何训练学生“跳障碍”的能力的问题。我们认为，有针对性地设置一些障碍是允许的，但必须有计划、有控制、有帮助学生“跳障碍”的具体办法。拿词语的“障碍”来说，可以分为三类：第一类是学生熟悉的语素的新组合，让学生猜测词义；第二类是其中有一个语素是学生熟悉的，让学生猜测大概词义；第三类是词语中的语素都是新的，训练学生在听的时候能够跳过这样的词语，把握语篇的整体内容。这与其说是一种技巧，不如说是一种心理训练：训练学生在遇到完全不懂的词语时不纠缠而继续往下听，从而不会因为纠缠个别词语而错过整体的理解。这一点虽然在对外汉语教学界有共识，但从实际教学（包括教材）的情况看，还缺乏具体的有针对性的训练。

还应该认识到，语言的难度不等于听力理解的难度。语言难度相同时，听力理解的难度受其他语言（如语音条件）和各种非语言因素的影响。这将在下文讨论。

（三）语体区分

一般把语体分为口语体、书面语体、中性语体（common core，口语与书面语都适用的一种语体）。听的材料主要是口语体和中性语体（除了听广播电视中播出的文件、社论等书面语体），即使是新闻节目也是用中性语体播出的。听力训练中的书面语体，不是一般所指的书面语，而是指有一定专业特点的演讲、大课之类。我们的教材一般都采用中性语体的文章，即使是口语课，也都是经过加工基本上接近中性语体的。至于口语中大量存在的一些特殊的语言现象，如更正性或思考性的重复、某些补充或强调成分的后置、表示停顿的衬词，有些人说话时有轻微的口吃，使得话语不那么连贯，等等，这些目前都缺乏必要的训练，听惯了朗读出来的中性语体的口语，再听真实的口语，就会发生困难。因此，我们应该有意识地训练学生从听中性语体的材料过渡到听口语体的材料。当然这不完全是材料问题，同时也包括语音条件的配合问题（见（四））。

（四）语音条件

说话人的语音对听话人的理解的影响是很大的。不仅是外国人听汉语如此，中国人听外国人讲外语也是如此。就汉语而言，最常为人所关注的是比较标准的普通话与带有方音的普通话与听力理解程度的关系。如郭金鼓（1984）认为“对语音的适应能力”是影响听力理解的因素之一。上世纪 80 年代美国芝加哥大学赵智超教授曾经与北京语言大学胡炳忠教授合作录制过 20 个地区带方音的普通话的音档，并转写出来，准备用于教学，解决这方面的听力理解问题。但后来因为某种原因，仅见北京大学出版社出版了该音档的 CD-ROM，但未见利用该音档编写的教学材料。现在这个问题重又提到日程上来。《高等学校外国留学生汉语言专业教学大纲》规定，四年级要能“听懂用汉语普通话或略带方音的普通话所做的……讲座或报告”。《高等学校外国留学生汉语教学大纲》（长期进修）对中等阶段和高等阶段的“听”也有类似要求。《国际汉语教师标准》对教师的汉语听力理解能力的基本能力的第一点也提出“能听懂在各种场合下的普通话或带有方音的普通话”的要求。（《国际汉语能力标准》没有相应要求）但至今尚未看到这方面的研究成果与具体操作方面的报告。

然而我们说的语音条件不仅仅指方音，还有其他影响听力理解的语音条件。比如同样是普通话，有广播调的普通话、读书调的普通话，也有口语的普通话。我们现在给学生听的录音，包括口语会话的录音和 HSK 考试的录音，多属于广播调、读书调，而较少有口语的普通话语音。前面两类是很不自然的，如果只用这样的录音训练学生的听力，当他们乍听自然的语音时，就会感到不适应，因而影响理解。从这个意义上讲，我们也不应以 HSK 为听力训练的最高要求。

再比如说话人的性别、年龄以及不同社会阶层的人在语音上的表现等都会对听力理解产生影响。比如男人和女人的语音由于生理条件的不同，也有一定的差别。一般来说，女性语音比较清晰、尖细，男性语音略显含混、低沉。年轻女性有时带有尖音，也可以说是一种语音的性别变体，这些也给理解带来一定的困难。有些儿童、老人说话口齿常常不太清楚，听的人理解起来有时感到很困难。笔者上英文系二年级的时候（1959 年），有一次听海牙国际法庭英籍庭长普利特的演讲。当时他大约有70岁，讲题是肯亚塔（Jomo Kenyatta, 1893 ~ 1978，后来担任肯尼亚独立后的第一任总统）案件，内容并不复杂，语言难度也不大，语速也不快，可是我们多数学生就是听不懂，因为他年老口齿不清。过后在听力课上，英国专家柯鲁克把他讲的内容重复了一遍，语速比普利特快得多，可是我们差不多全能听懂。我想外国人听中国的老年人说话，可能也会有类似的情况。不同的社会阶层在语音上也有表现。我们平时给学生听的，都是至少具有中等文化水平的人说的话，但是学生将来听的却是什么文化水平都有的人说的话。一般来说，文化水平低的人语音就不太清晰，有时有"吞音"的现象，使外国人听起来非常困难。我们当然不是主张学生必须能听懂北京公共汽车售票员报站，但是售货员、饭馆或旅店的服务员、出租车司机的话，可能他们还是经常接触的。我们应当训练学生能听懂这些人群的真实话语。

有鉴于此，我认为我们应该有计划地让学生听各种语音条件的材料。比如在中、高年级给学生听带有方音的普通话，就要先确定听带哪些方音的普通话，然后要对这些地方的普通话语音上的特点作重点交代。（如 l 和 n 不分，z、c、s 与 zh、ch、sh 不分，声调特点等）首先是改变目前的广播调、读书调的录音方式，从低年级开始，凡是讲述、会话的录音，都应该具有"实况性"，即录音的人不是在"念"，而是在"说"，对话中的男女老幼，应该由男女老幼来"说"。"说"的时候，要体现口语的特征，如允许停顿、重复、不连贯、语速有变化，甚至有咳嗽声等，总之是越自然越好。如果是银行换钱、商店购物等题材，不妨到实地去录音。中、高年级可以开设实况听力课。天津师范大学孟国教授十几年前就开始做了，取得了很好的效果。

二、非语言的因素

影响听力理解的非语言音素主要包括：说话人的语速、音量、与听话人的距离、听的方式（直接听还是通过设备听）、听的环境（有无背景音）等。现对这些因素分别加以讨论。

（一）说话人的语速

正常语速是每分钟多少字，现在还没有统一的认识。刘镰力对电视新闻的统计是280 ~ 300字/分钟，刘超英对10位教师语速的统计是207 ~ 287字/分钟（转引自刘颂浩），HSK 听力理解部分的语速为 170 ~ 220 字 / 分钟。汉办制定的《高等学校外国留学生汉语言专业教学大纲》规定的语速要求是：一年级（一级、二级）160 ~ 180 字 / 分钟，二年级 180 ~ 200 字 / 分钟，三年级 180 ~ 240 字 / 分钟，四年级 180 ~ 280 字 / 分钟。《高等学校外国留学生汉语教学大纲》（长期进修）规定的语速要求是：初等阶段 120 ~ 140 字 / 分钟，中等阶段 180 ~ 220 字 / 分钟，高等阶段 200 ~ 240 字 / 分钟。我想一般人谈话的语速可能会略低于上述统计的高限，而略高于 HSK 的要求。但就听力理解来说，在内容相同的情况下，语速的快慢与理解的难度成反比，对此大概不会有什么异议。为了训练的需要，听力课上的语速，是可以控制的。可以通过控制语速来控制理解的难度。

（二）说话人的音量

在其他条件相同的情况下，说话人的音量与听话人的理解难度成正比。这里，我们用听话人经常所处的情景，对说话人的音量提出几个标志：

（1）演讲音量：在听话人所处各种情境中，演讲音量可能是最大的。演讲者的音量，即使不使用扩音设备，也是比较大的。

（2）电视音量：即看电视时所定的音量，一般会低于演讲音量。

（3）谈话音量：即二人或多人在一起谈话时所取的音量，一般会低于正常的电视音量。

（4）耳语音量：是这几种情况中音量最低者，但在学习期间，外国学生听耳语的机会不会很多。（除非是为了训练的需要，如做传话游戏）

前三种音量可以纳入训练范围，初、中级以（2）、（3）为主，到中、高级听演讲时，同时就训练了对音量的适应。

（三）说话人与听话人的距离

在其他条件相同的情况下，说话人与听话人的距离越远，听的清晰度越低，而且，听话人与说话人距离越远，听话人也越容易受环境的干扰，分散注意力，因而影响理解。我们也提出几个标志性距离：

（1）耳机距离：包括戴着耳机听和打电话。这是最近的距离，当然听得真切，而且听话人注意力集中，对理解最为有利。这是当前听力理解课采取的主要方式，也是 HSK 听力测试的方式。

（2）谈话距离：较耳机距离稍远。一般两个人谈话时的距离较近，多人在一起谈话距离较远，但总会在三米之内。这样的距离听起来还比较清晰，也不会受到其他因素（如环境）的干扰。

（3）电视距离：一般认为观看电视的适当距离应是屏幕对角线长度的5倍左右（约2～3米），在适中的音量时，听得清晰。

（4）演讲距离：这是说话人与听话人之间的最远距离，至少在5米以上，清晰度会大打折扣，而且最容易分散注意力，因而影响理解。

（四）直接听还是通过设备听

直接听指直接听说话人读或说；通过设备听指使用耳机、录音机、电脑、电视、收音机、手机、MP3、扩音器等听说话人读或说。直接听与通过设备听的效果是不同的，一般来说，直接听的效果会好于通过设备听的效果。相应的，对理解也会产生不同的影响。

（五）有无背景音

有背景音与没有背景音听的效果会不一样。背景音又分两种：一种是为了提高效果而专门配的背景音，如影视作品中的音乐等；一种是在说话的时候，有别人说话、有周围环境的噪音、回声等。前者可能对理解有一定的帮助，而后者则对听力理解造成干扰。但在自然的环境下，这些背景音都是不可避免的。因此应该有计划地对学生进行训练。在这方面，天津师范大学孟国教授作了许多开创性的探索。

从上述情况可以看出，听力理解训练其实内容要比HSK丰富得多。而目前的听力训练，基本上是跟着HSK转，主要考虑材料的难易，如生词量的控制、语速的控制、从单句到一问一答的对话，再到一段话。训练的目的则侧重于听的技巧（所谓“微技能”）。这些应该说都是必要的，但又是非常不够的。这牵涉到整个听力训练的目的和模式的问题，目前的训练方法比较单调，因而学生和教师都兴趣不高。只是按照HSK的题型训练学生的听力理解能力，那是很不全面的，满足不了学生的需要。

三、分　　析

我们不妨根据以上所论对听力理解训练作一些探索。总的来说，听力理解的训练应该针对上述影响理解的各种因素进行，这些都应该是训练的内容。应注意的是，上述各因素，有些是相互交叉、互相制约的。也可以分出难易，本着先易后难的原则加以安排。对此，我们作一些分析。

（一）关于语言因素

听的内容和听的难度，如前所述，是可以控制的，现在实际上也做到了控制，此处不多说。语体问题，一般的安排，是从中性语体开始到口语体，再到书面语体（前面说过的演讲、大课等）。在低年级，是中性语体与口语体并行；在中高年级则是三种语体并行。

从语音条件来说，要从标准普通话过渡到增加带有方音的普通话的听力训练。低年级的对话应该具有实况性，即角色（男女老幼）要真实（当然还有口语体的配合），高年级应该听一些特殊语音条件（如口齿不甚清晰的老年人）的演讲、大课（可与语体、方音配合，这同时也是训练学生适应较远距离的听力）。

（二）关于非语言因素

上述几种能够影响听力理解的非语言因素（语速、音量、距离、直接听、通过设备听、有背景音、无背景音）都应该在课堂上得到训练，这就要求我们改变目前的相对比较单一的训练方式。比如，我们从一开始上听力课就应该增加课上听老师“说”的环节，老师“说”的时候可以变化语速、音量，甚至可以改变与学生的距离（让前面的学生坐到后面去），也可以增加背景音（在“说”的同时，播放音乐等），用这些控制难度。再如，在中高级水平的听力教学中，更可以有计划地在课堂上有选择地播放电视节目、广播节目（不一定是新闻节目，一般来说，新闻节目应属于新闻课的内容）。就是听录音，也可以变换方式，例如在有条件的情况下（有不止一个录音机，视分组情况而定），可以让学生分组听同一材料的不同段落，然后让每组学生给全班讲本组听到的内容，最后形成完整的内容。这样训练近距离听录音，也激发了学生的兴趣，引起他们想要了解材料全部内容的好奇心，从而促进其创造性的学习动机。

（三）小结

为了说明以上哪一阶段可以作哪方面的训练，现列表小结如下：

训　练		初级阶段	中级阶段	高级阶段
语体	中性语体	√	√	√
	口语体	√	√	√
	书面语体	×	√	√
语音条件	标准普通话	√	√	√
	带方音的普通话	×	√	√
	口齿不太清楚的普通话	×	√	√
语速	较慢语速	√	×	×
	正常语速	√	√	√
	较快语速	×	√	√
听话距离	耳机距离	√	√	√
	谈话距离	√	√	√
	电视距离	√	√	√
	演讲距离	×	√	√
听话条件	直接听	√	√	√
	使用耳机听	√	√	√
	使用扩音器听	√	√	√
	使用电脑听	√	√	√
	使用收音机等听	×	√	√
	使用电视听	×	√	√
	使用电影听	×	√	√
背景音	无背景音	√	√	√
	音乐等背景音	√	√	√
	噪杂背景音	×	√	√

要注意的是，上表中所列各项，不能机械地看。同一种因素，在不同等级，有程度的不同。如同样是带方音的普通话，对学生的难度不同，应作适当的等级切分；同样是口齿不清楚的普通话，也是多种多样；语速等非语言因素，也要互相配合，与学生的程度相适应。比如语速，慢速如果在远距离听，就比在近距离听要难，如果加上背景音，也增加了难度。所以通过调整听的条件，可以控制难度。比如有一种对低年级学生进行快速反应训练的练习（这是听力训练中必要的一项），是用比较快的速度读一组学生熟悉的词语（15 ~ 20 个），学生在练习纸上的汉字或外文翻译（次序与读的次序不同）旁写出拼音，或让学生快速地说出听到的汉语词语的外文翻译。这里就打破了低年级一般只能听慢速或正常语速的限制，是一种很有效的训练。

再如，听演讲一般要放到中高级阶段，这时总的要求是语速要高于初级阶段，但在开始听演讲时，可以适当放慢速度，逐渐加快。同样难度的材料（或练习方式），可以用不同的速度来训练。同样是演讲，用普通话演讲和用带方音的普通话演讲，难度是不一样的。

如果按上述所论使听力课的训练内容和方式都丰富起来，那么现在的教学模式就应作相应的改变，就不能只是听录音这样一种方式。如增加教师直接讲述，适当的时候安排演讲课、大课等，安排听带有方音的材料，也可以安排观看影视作品（不是欣赏，而是听力的训练）。

至于具体的教学方法，如所谓“微技能”的训练方法，一般来说，可以用于以上各种情况的听力训练。对此，已有许多论著介绍，本文不再重复。

参考文献

郭金鼓　1984　对科技汉语听力课教学的认识，《语言教学与研究》第 4 期。

国家汉办　2002　《高等学校外国留学生汉语言专业教学大纲》，北京语言大学出版社。

国家汉办　2002　《高等学校外国留学生汉语教学大纲》（长期进修），北京语言大学出版社。

国家汉办　2002　《高等学校外国留学生汉语教学大纲》（短期强化），北京语言大学出版社。

国家汉办　2007　《国际汉语能力标准》，外语教学与研究出版社。

国家汉办　2007　《国际汉语教师标准》，外语教学与研究出版社。

李晓琪主编　2005　《对外汉语听力教学研究》，商务印书馆。

马燕华　1999　中级汉语水平留学生听力跳跃障碍的实现条件，《北京大学学报》（哲学与社会科学版）第5期。

毛　悦　1996　从听力测试谈留学生听力理解方面的障碍，《中国对外汉语教学学会第五次学术讨论会论文选》，北京语言学院出版社。

孟　国　2001　实况汉语教学的理论探讨及教材编制和使用中的几个问题，《对外汉语教学与教材研究论文集》，华语教学出版社。

杨惠元　1996　《汉语听力说话教学法》，北京语言大学出版社。

（原载《海外华文教育》，2010年第4期）

鲁健骥，男，1938年生，北京语言大学教授。1960年开始从事对外汉语教学事业，研究方向为应用语言学、语言教学理论。主要论著收入《对外汉语教学思考集》，主编《初级汉语课本》系列、《初级汉语精读课本》等教材，合作主编《商务馆学汉语词典》。

话语标记与汉语听力理解
——以“我 / 你看”为例

郭姝慧

摘　要：本文依托《汉语听力教程（第三册）》教材，对话语标记“我 / 你看”的语用功能进行了归纳，讨论了它们在汉语听力理解中的运用。认为汉语听力教学中应系统培养学习者对话语标记的识别和认知，以增强其听力理解的能力。

关键词：话语标记　听力理解　“我看”“你看”

一、引　　言

话语标记一直是为语言学家们所关注的一种常见的语言现象，对话语的生成和理解都起着制约作用。国内外学界对话语标记的定义、特征、功能及来源等都进行过相应的研究，外语教学界涌现出诸多话语标记与听力理解的相关性研究，探讨话语标记在英语听力理解中的功能与应用。近年来国内关于汉语话语标记的个案研究也在逐年增多，如曾立英（2005）、李宗江（2010）、曹秀玲（2010）等，遗憾的是对外汉语教学界将汉语话语标记的研究成果与汉语听力教学相结合的研究却很少，在现有的文献中，仅有侯瑞芬（2010）的研究。

听力理解的本质是人们利用听觉器官对言语信号进行接收、解码的过程。（杨惠元，1996）同样是语言输入，听不同于看，听话人所要获取的信息没有以文字的形式呈现，听话人需要通过一定的语言手段来对信息进行解码，而话语标记的存在必然能为听话人提供一定的认知方向。本文以《汉语听力教程（第三册）》（以下简称“《听力（三）》”）中的材料为语料，说明话语标记在汉语听力理解中的语用功能，揭示它们对汉语听力理解的启示作用。

二、话语标记的功能

前人研究显示，话语标记是属于句法结构以外的成分，或者松散地附加在句法结构上。话语标记作为话语组成的一部分，不会影响话语的真值条件，也不会增加话语的命题内容，但却具有情感表达功能，可以指示说话人的态度，会对话语的生成和理解产生语用方面的制约。因此，说话人为了让听话人更加充分地获取信息，会有意识地运用话语标记这种语言手段。

话语标记“我/你V”在现代汉语中成系列地存在，V可以由“看”“说”“想”“知道”等词语充当。曹秀玲（2010）对这一系列话语标记的功能作了详细的统计，总结出“征询意见、意见推断、寻求认同、劝慰说服、责备抱怨、解释开脱、欣羡赞誉、开启话题、抢话打断、醒悟夸耀、警告提醒、了解情况”等十二种语用功能。考察《听力（三）》中出现的语料，我们发现“我/你V”这一系列中出现最多的是“我/你看”，其中“我看”出现了17次，“你看”出现了31次。本文主要参照曹秀玲（2010）及前人时贤的研究，结合《听力（三）》中出现的跟“我/你看”相关的语料，对“我/你看”的功能作如下归纳：

（一）话语标记“我看”的功能

1. 意见推断：曹秀玲（2010）认为，“你看”与“我看”形成了“征询意见”与“发表推断”的整齐对立。“我看”之后的小句多为陈述形式或祈使形式，说话人直接发表自己的见解或者作出关于意见的推断。如《听力（三）》中的用例：

（1）女：**我看**这儿的工艺品还不少呢！

男：可不，这条街虽然不长，可是卖这种工艺品的商店就有几十家。

（《听力（三）》164页）

（2）老王，**我看**你还是先不要去武汉了。这几天武汉的温度有三十七八度，再说你又有高血压，生了病可怎么办呢？（《听力（三）》198页）

2. 警告挑衅：曹秀玲（2010）认为，“我看”可用于警告和挑衅。如：

（3）和平：我就不管他了，我就愣生了，**我看**他们能把我怎么着吧！（《我爱我家》）

（4）张：**我看**你们谁敢上来！（《编辑部的故事》）

（上述两例转引自曹秀玲（2010））

在《听力（三）》中出现的“我看”的17个用例，全部都是表示“意见推断”这种功能的，没有出现一例表示警告挑衅功能的“我看”。

（二）话语标记“你看”的功能

1. 征询意见：“你看”常用来对听话人提出要求，希望听话人发表自己的观点和看法。因为是征询对方的意见，“你看”后面的小句常常是疑问形式，如下面的两个用例，一个采用的是特指问形式，一个采用的是正反问形式：

（5）女：哎，**你看**这条裙子怎么样？

男：算了吧，这种长裙子适合高个子的人穿。（《听力（三）》159 页）

（6）女：我们知道让您在这么短的时间里把文章写出来，确实有点儿为难。不过我们后天就要用，**您看**能不能……

男：好，好，我努力争取吧。（《听力（三）》282 页）

2. 寻求认同：“你看”后面的小句陈述一个事实，其实暗含或直接表明了说话人的观点，用“你看”来提醒听话人注意这个观点，希望能获得听话人的认同。

（7）女：山本，这么热的天，你怎么穿上西服了？

男：不是要去看京剧吗？当然要穿了。

女：在中国不必这样。只要不是太随便就行，**你看**小王只穿一件衬衣就够了。（《听力（三）》231 页）

（8）男：你平时老说我丢三落四的，我今天总算没丢东西吧？**你看**，我把雨伞带回来了！

女：我不得不告诉你，你今天出去的时候并没有带雨伞！

（《听力（三）》288 页）

3. 责备抱怨：在用“你看”提醒说话人注意事实的同时，“你看”还可能附带不满、嗔怪、责备、抱怨的主观情感。

（9）男：你怎么老咳嗽啊？是不是感冒了？

女：谁感冒了？**你看**你抽得这屋子里都是烟。（《听力（三）》188 页）

（10）女：……不管怎么说，这个城市工作效率很高，每个人都好像是在和时间赛跑……

男：工作效率高？**你看**马路上堵的那些车，趴在那儿，半天都一动不动，效率高在哪儿呢？（《听力（三）》305 页）

4. 欣羡赞誉：“你看”之后如果紧接着一个第一人称代词为首的小句，就可能表达出一种自我欣赏、自我得意的情感，如例（11）；“你看”也可用于表示羡慕他人，如例（12）。

（11）**你看**，我说得没错吧？你挺聪明的，只要努力，就能得到这么好的成绩。(《听力（三)》160 页）

（12）**你看**你们现在上学有这么多书多好啊！我小时候上学没有什么书，像教唐诗什么的，就是老师凭记忆来教的。(《听力（三)》287 页）

三、话语标记在汉语听力理解中的运用

通过上文对“我 / 你看”这一话语标记功能的介绍，可以看出话语标记通过自身带有的这些特征，能够为听话人理解话语提供一定的认知方向。

（一）掌握话语标记的语音特征可以快速引导听话人了解语篇

话语标记是一种选择性成分，删除它们不会导致语法上的不合格。在语音方面，话语标记有自己的特征，在话语标记“我 / 你看”之后，往往可以停顿，甚至还可以加入“啊、呀”等词语，它们构成一个独立的语调单位，有时在实际话语中还会变得短促且含糊。这样的韵律特征使得话语标记“我 / 你看”和人称代词“我 / 你”与动作动词“看”的组合区别开来，非话语标记的“我 / 你看”语音清晰，而且之后一般会有其他时体成分如“了、着、过”等，动作动词“看”也可以重叠使用。

在听力理解中，听者需要在短时间内掌握听力语料中句子之间的关联，话语标记的存在为听者快速判断提供了可能。如果听者听到具有独立韵律特征的“我 / 你看”并能加以识别，就可以快速判断出之后的内容应该跟谈话者的观点意见有关。而听者如果听到的是“我 / 你看 + 了、着、过”的形式或者“我 / 你看看”的形式，那么语篇的内容很可能是说明性的或描述性的。当然也不排除“我 / 你看看”也可以表达征询意见或者责备抱怨的情况，例如上文例（5）、例（6）及例（9）、例（10）的情况，“看”都可以采用重叠形式，变为“你看看这条裙子怎么样”“你看看能不能……”“你看看你抽得这屋子里都是烟”“你看看马路上堵的那些车……”。这种情况的出现同话语标记“我 / 你看”正处于语法化过程之中有关，如曹秀玲（2010）指出的，话语标记“我 / 你看”仍然保留部分范畴性特征，如动词自身可以重叠、动词可以带宾语等。

（二）结合话语标记可以使听话人把握话语的进程

话语标记能够对互动性的言语交际进行调节和管理，能够表现前后话语之间的联系及其与语境的关系，它的意义是一种程序性的意义，也就是说它可以指引听话人明了话语的进程，提示他们话语进行到了哪一步，因此可以对话语的理解提供方向。在稍纵即逝的听力理解中，听者没有表情、肢体语言等其他非语言因素的依托，那么就必须积极地利用话语标记来寻找话语之间的关联。

话语标记在话语的生成过程中大概起两种作用：一种是承上，说话人下文所谈的内容与前面的内容息息相关，后面的话语是前面话语的必然发展，可能是对前面内容的进一步推导，也可能是做一个小结，还可能出现转折；另一种作用是启下，目的主要是引起下文，它与之前的话语可能没有必然的关联。掌握话语标记的这种作用，可以帮助听者更快地把握话语之间的关系，从而更好地理解话语。

以《听力（三）》教材中的“我 / 你看”为例，如前文的例（7），男女双方讨论观看京剧演出时的穿着，女的先提出疑问，获取了男的的观点后，马上发表了与男的相反的意见，提出了一个具有普遍性的看法，同时为了更明白地解释，用“你看”来提请男的注意“小王”这个个体的穿着。在这里，“小王的穿着”是一个特别的个案性的话题，女的特意把它提出来用以佐证自己的意见。“你看”后面的话语既是前面话语的延伸，同时又引入了一个新的话题来进行处理，既承上又启下。

（三）通过话语标记可以推断、明了说话人的情感、态度和意图

如前所述，话语标记具有丰富的语用功能。说话人使用话语标记的目的并不是要改变话语表达的命题内容，而是要促进话语的理解。遵循会话合作的原则，说话人会尽量减少听话人处理话语信息所要付出的努力。据此，在听力理解中，听者可以根据话语标记来推断、明了说话人的情感、态度和意图。以“你看”为例，它之后的小句可以是表示责备抱怨的。如：

（13）女：我发现你以前是两三天抽一盒，现在是一天一盒都不够了。**你看**你的脸，都什么颜色啦！……

男：已经抽了这么多年了，不是想戒就能戒掉的。（《听力（三）》219页）

问：“你看你的脸，都什么颜色啦！”意思是：

A. 你看你的脸色多不好看啊

B. 你看你的脸上都是什么颜色

C. 你看你的脸上为什么有颜色

这里的例（13）提出了一个特别的话题——“你的脸色”，根据语料的上下文，我们可以得知讨论的是抽烟问题，而句中的反问句本身就带有不满意、不赞成和责备的语气，话语标记“你看”与这种反问句的共现，加深了句中责备抱怨的情感。当然，在实际生活的话语交际过程中，我们还常常会碰到正话反说的情况，看似责备其实并非真正的责备，而是要表达一种轻松、亲昵的感觉。

“你看”之后的小句也可以表示得意羡慕。如上文例（11），句中“我说得没错吧”是说话人自己对自己的言论很满意的一种表现，话语标记“你看”出现在这个句子之前，加深了句中说话人自鸣得意的情感。了解“你看”的种种用例，可以促进听者对听力文本的理解，帮助听者准确把握说话人的各种情感和态度。

在听力理解中，很多听者会认为自己听不懂的主要原因是生词太多或者未听清的信息太多，或者似乎每个词语都听清楚了，但连起来却不知道表达的是什么意思。在这种情况下，话语标记还可以帮助他们推测某些信息，了解说话人的意图。如下面一段对话：

（14）男：小姐，**我看**你肯定是学医的！

女：咦，你怎么知道的？（《听力（三）》218 页）

问：从上面的话我们知道：

A. 男的说错了　B. 女的是学医的　C. 女的不是学医的

如果听者没有听清楚“我看”之后的小句，而仅仅粗略地听到了“我看”这个话语标记，那么结合话语标记“我看”意见推断的功能，再联系语料中的其他部分，如“你怎么知道的”，听者至少也可以排除答案中的选项 A。因为根据对话中女的的反应，男的的意见应该是没有错误的。也就是说，掌握了话语标记在语言中特定的语用功能，在听力理解时，听者会利用这些不同的功能，辨别听力材料中句与句之间的关联性，从而提高对听力材料的理解能力。

四、汉语听力教学中要加强对话语标记的认识

我们知道，影响听力理解的因素有语言内的，也有语言外的。由上述分析可

知，在听力理解中，话语标记作为语言内的一个因素，必然会影响听者对语料的理解程度。听者通过对这些话语标记的识别和运用，可以部分地把握语料的一些脉络。因此，在汉语听力教学中，教师应当把话语标记的识别作为一个专门的讲授内容，同时有意识地培养学习者运用话语标记的听力技能，提高学习者的聆听理解能力。

（一）引导学习者对话语标记进行系统的学习

侯瑞芬（2010）认为，汉语中话语标记的数量有限，应该循序渐进地将它们的主要功能介绍给学习者，进行总结，并对比不同话语标记之间的异同。同时，要借助两方面的联系：一是话语标记与非话语标记的联系，二是母语与目的语中话语标记用法发展的共性。

侯瑞芬的观点其实就是提醒汉语教师要注重对话语标记的系统性教学，要从汉语内部和汉外对比的两个角度进行，这恰恰是目前汉语听力教学中较为欠缺的。其实，我们的教学大纲和听力教材中，并不缺乏对话语标记的介绍和讲解，但基本上是零敲碎打形式的。在《高等学校外国留学生汉语言专业教学大纲》中，直到三、四年级的语法项目表才出现了类似话语标记的项目。在这个大纲中，话语标记是在“独立语”这样一种句子的特殊成分中出现的。这个大纲中共列出了七种独立语，包括表示主观想法和态度的“我看”“依我看”；表示对情况推测的“想来”“想必”；引起对方注意的“你说”“你看”；说明信息来源的“听说”“据说”；表示对程度的估计的“大不了”“少说”；表示解释的“就是说”“也就是说”以及表示总结的“总之”“总而言之”。由于目前话语标记本身研究得还不够成熟，因此很难将这七类独立语与话语标记完全划上等号。独立语在句中，也不会跟别的句子成分发生结构关系，也有其重要的语用功能。但独立语的研究主要着眼于句子层面，研究的目的是为了对句法成分进行分析，上述七类中的表示消息来源的独立语很显然不属于话语标记。话语标记的研究主要着眼于话语层面。上述独立语中的几类，如表示主观想法和态度的独立语以及表示引起对方注意的独立语，如“我看”“看样子”“你看”“你听”等词语，都是目前国内话语研究的热点，也是本文讨论的内容。可见，我们已经意识到此类话语标记教学的必要性，但在进行语法项目的等级切分时出现了疏漏，把这类有可能在基础阶段就出现的常见的教学项目，不加区分地统统推到了三、四年级这样的高级阶段。

同样，在《听力（三）》中也出现了部分话语标记的介绍。在听力理解练习的第二部分，教师用书中有“重点及难点提示”，供教师备课时参考。比如该册第四课中出现了话语标记“要我说啊”，解释为“表示按照自己的想法发表意见，用做插入语，下文说出自己对事情的主张或见解”；第二十二课出现了话语标记“话说回来”，解释为“插入语，表示说完一方面的事实或道理以后，再述说另一方面的事实或道理。可以对后一小句的表达起到舒缓语气的作用”。而话语标记“我 / 你看”在该教材中频繁出现，虽然教学大纲中已然对这些词语作了明确的规定，但教材中还是未对教师讲解或备课提出任何的相关建议。

如果我们的教学大纲能作些必要的改进，听力教材作些适当的处理，尤其是教师能在听力实际教学中对话语标记作些必要的归纳和总结，引导学生系统性地学习话语标记，从而提高他们对话语标记的识别能力，想必回答下面例（15）这个问题的时候，学习者会轻松地做出答案是 B 的选择：

（15）经理，您让我出差，我当然应该去。可是**您看**，我爱人最近不在家，我每天要接送孩子上学。我要是走了，孩子怎么办呢？**您看**能不能……

（《听力（三）》156 页）

问：她说这段话的意思是：

A. 她很犹豫　　B. 她在推辞　　C. 她在考虑

（二）训练学习者运用话语标记的听力技能

杨惠元（1996）认为，听力教学要注重培养学习者的辨别分析、记忆储存、联想猜测、概括总结、快速反应、边听边记、听后模仿以及检索监听能力。因此仅仅在语言学习中介绍话语标记的种类和作用是不够的，教师要对学习者进行有目的的训练，使他们能够通过话语标记理解和预测说话人的目的和表达意图，并能根据话语标记进行正确的推导。侯瑞芬（2010）总结得很好，提出了三点：一是应该培养学习者对话语标记的听辨能力，二是结合话语标记培养学习者对话语组织方式的理解能力，三是结合话语标记培养学习者对话语的推理和预测能力。以“我看”为例：

（16）女：小王说要想真正了解一个国家，必须要学好这个国家的语言。小李，你看呢？

男：**我看**不见得。（《听力（三）》287 页）

问：男的意思是：

A. 我看不见他　B. 我不想见他　C. 我觉得不一定

在这段听力材料中，答题选项中的干扰项 A 是基于动作动词“看”的实际意义而设的，而前文已经讨论过，话语标记“我看”与非话语标记“我看”的语音特征是不同的。在听力教学中，我们就要加强对话语标记语音特征的听辨能力，反复地强调这一特征，让学习者在听力理解时快速作出反应，能正确区分话语标记“我看”与非话语标记“我看”，从而作出正确的判断。再如：

（17）小赵：……**我看**，除非汽车的价钱降到摩托车的价钱，我才会考虑买汽车。

小刘：要我说呀，即使有钱，我大概也不会买车。我觉得买车完全是给自己找麻烦，**你看**，有了汽车，我要给它准备放车的地方；我要给它上保险……买汽车，真是一点儿好处也没有。

（《听力（三）》308 页）

例（17）是老同学之间聊购车的一段语料，其中出现了话语标记“我看”“你看”以及“要我说呀”。“我看”和“要我说呀”是一种说话人的视角，而“你看”则是直接以听话人这个接受者为视角。我们可以在这一段的听力教学时隐去这些话语标记，留空让学习者选择补充，以便训练学习者对互动性言语交际的组织能力。就例（17）来说，我们可以设计如下的练习（17’），将“我看”和“你看”隐去，让学生填入合适的位置。如：

（17’）小赵：……__________，除非汽车的价钱降到摩托车的价钱，我才会考虑买汽车。

小刘：要我说呀，即使有钱，我大概也不会买车。我觉得买车完全是给自己找麻烦，__________，有了汽车，我要给它准备放车的地方；我要给它上保险；……买汽车，真是一点儿好处也没有。

（《听力（三）》 308 页）

通过对“我看”和“你看”的选择，学生能够对话语标记“我看”和“你看”的这种组织方式有更深的理解。除此之外，我们在训练中还可以部分隐去话语标记之后的内容，让学习者来预测未知的话语可能是什么内容，这样的技能训练必然有助于提高学习者的听力理解能力。如：

（18）女：最近这台电脑越来越不好用了。

男：我去找小刘来修一修吧。

女：**我看**________________。

男：要说修电脑啊，还非小刘不可呢。

问：你觉得女的最可能说的话是：______________________。

在例（18）中，一对男女就维修电脑展开了讨论，从对话中可知男的认为小刘是维修电脑的最佳人选，女的以“我看”起首，发表自己的主要意见，从上下文我们推测女的可能与男的持有不同的观点。通过让学生补充“我看”之后的内容，我们可以训练学生对话语的预测和推理能力，从而更深刻地掌握“我看”的语用功能。

五、结　　语

在语言教学界，关于话语标记在英语听力教学中的作用及功能的文章屡见不鲜，而在汉语听力教学界还未引起足够的重视。希望在今后的汉语听力教学中，汉语教师也能注意输入话语标记这方面的语言知识，指导学习者掌握、熟悉它们的语用功能，结合话语标记培养学习者的听力技能，以期获得更优的听力教学效果。

参考文献

曹秀玲　2010　从主谓结构到话语标记——我 / 你 V 的语法化及相关问题，《汉语学习》第 5 期。

陈振宇、朴珉秀　2006　话语标记“你看”“我看”与现实情态，《语言科学》第 2 期。

国家汉办　2002 《高等学校外国留学生汉语言专业教学大纲》，北京语言大学出版社。

侯瑞芬　2010　话语标记在听力理解中的作用及教学启示——以“好”与“不是”为例，《汉语教学学刊》（第 6 辑），北京大学出版社。

李宗江　2010　关于话语标记来源研究的两点看法——从“我说”类话语标记的来源说起，《世界汉语教学》第 2 期。

杨惠元　1996 《汉语听力说话教学法》，北京语言大学出版社。

杨雪梅　2000 《汉语听力教程（第三册）》，北京语言大学出版社。

曾立英　2005 “我看”与“你看”的主观化，《汉语学习》第 2 期。

郭姝慧，女，1976年生，北京语言大学汉语学院讲师，文学博士，专业为语言学及应用语言学。2004年参加工作，主要研究方向为现代汉语语法及对外汉语教学，擅长中级汉语综合课以及语法课程的教学。曾发表论文《倒置致使句的类型及其制约条件》《“使”字句的成句条件》等，参与编写了《商务馆学汉语词典》及《图解基础汉语语法》等著作。

图式理论在初级汉语听力教学中的应用

窦玉荣

摘　要：本文将图式理论应用于初级汉语听力教学中，利用学生的背景知识激活相应图式，并解构旧图式、重构新图式，实现自下而上和自上而下相结合的互动模式，进而通过图式激活、图式解构和图式重构的过程，建立预听、倾听、复听相结合的“三听式”初级汉语听力教学模式。

关键词：图式理论　初级汉语听力教学　三听式教学模式

一、图式理论的基本概念

图式一词来自希腊语，最早出现在古希腊哲学和心理学著作中。18 世纪康德曾论述图式的哲学意义，认为人的大脑中存在纯概念的东西。概念本身没有意义，只有当它与人们已知的事物相联系时才产生意义。概念也不是孤立存在的，它们相互联系，构成了反映现实中相互联系的事物的认知结构图式。也就是说，图式是连接概念和感知对象的纽带。后来完形心理学将图式理论用于实验人的视觉感知，最有影响的是伍尔夫（Wulf）对人记忆几何形状的试验，所有受试都倾向于将记忆的几何图形标准化和抽象化，而忽略了观察到的原始细节。这证明了大脑的组织形式倾向于尽可能地完满、对称和连贯，有规律可循。格式塔心理学家巴特勒（Bartlett）将“图式”定义为“对过去的反应和经验的积极组织”，认为反复的反应会形成图式，以后的反应就会受到这种图式的影响。可见，人的记忆是一种再创造（Active organization），是根据大脑中已有的图式重构将要记忆的内容。

总的来说，图式是大脑为了便于信息储存和处理，而将新信息与以往经验的旧知识有机地组织起来的一种知识表征形式，是相互关联的知识构成的完整的信息系统。人们对新信息的认知在很大程度上依赖于大脑中已形成的图式。每个图式在发展过程中都受到同化作用和顺应作用而发生变化。“同化”和“顺应”是皮亚杰图式理论的两个重要概念。“同化”就是把外界的信息纳入已有的图式，使图式不断扩大。“顺应”则是当环境发生变化时，原有的图式不能再同化新信息，而必须通过调整改造才能建立新的图式。低级图式就是通过同化、顺应、平衡而逐渐向高级图式发展的。

二、图式理论与听力教学的关联

图式理论应用于汉语听力教学中，主要是利用学生原有的背景知识来激活相应的图式，并在理解新信息的过程中，解构旧图式并重构新图式。也就是说，听力过程是图式激活、图式解构和图式重构的三部曲过程。这是“自下而上”（bottom-up processing）和“自上而下”（top-down processing）两种听力模式相互作用的结果。

在汉语听力理解过程中，学习者会按照自己的思维轨迹，将接触到的新信息与自身经验的不同层面相关联，激活记忆库中的旧信息，即图式，以此推理、预测和判断听力材料的意义。这不但是个验证的过程，也是修正的过程，既有评判，也有联想。学习者由此逐步完成与听力材料之间的调和，最终理解语篇。听力理解过程不只是对字面语言的解码过程，也是新信息与原有图式的动态交互过程。在这个过程中，学习者要积极地思维，对所接受的声音符号进行分析、合成、归纳，从而实现图式的解构与重构。

这种信息处理主要涉及“自下而上”和“自上而下”两种听力模式。“自下而上”的信息加工模式又叫资料驱动加工模式（data-driven processing），由刚进入认知理解系统的具体信息启动，这些具体信息能够激活最具体、最低层的图式，理解过程因此从最具体到抽象自下而上地进行，以高层次或较抽象的图式的形成而结束。相反，“自上而下”的信息加工模式又叫概念驱动加工模式（concept-driven processing），从高层次的图式和背景知识开始，以它们来推测、筛选、吸收或同化输入信息，并以抽象化的结果结束。一般来说，在听话题熟悉的语篇时，学习者倾向于使用“自上而下”模式，他们没有必要去辨认听力材料中的每个词、每个语法结构，在听力理解过程中他们一般能轻松自然地激活相关图式，而不必一直留意听力材料的细节便能达到理解的目的；而在听话题陌生的语篇时，学习者则更趋向于使用“自下而上”的模式，注意力高度集中，精神也比较紧张。然而，无论是“自上而下”还是“自下而上”的理解模式，都有其局限性。在听力理解的过程中，这两种模式实际上是交互作用、共同促进听力理解的。

三、图式的构成

根据鲁梅哈特（Rumelhart）发展的图式理论，图式一般包括三个部分：语言图式（Linguistic Schema）、内容图式（Content Schema）和结构图式（Formal Schema）。语言图式是指词汇、语法和习惯用法等方面的知识；内容图式是指语言知识、背景知识及读者通过语言图式对语言材料的熟悉程度；结构图式是指读者对文章体裁和篇章结构的了解程度。在听力理解过程中，这三种图式相辅相成，缺一不可。在汉语听力教学中，听力材料中使用的语言，包括词汇、语法结构等即属于语言图式范畴，这是理解材料内容的文字基础；听力材料所涉及的背景知识则属于内容图式范畴，是理解文章内容的依据；听力材料的体裁和结构以及听后培养出的与此相关的应用交际技能则属于结构图式范畴，这是实际应用材料内容的能力。

（一）语言图式

语言图式是图式理论的基础，指学习者所掌握的语言知识，即词汇、语法点等知识。在初级汉语听力课堂上，词汇和语法点的讲练不是重点，只需要学生理解其意义，并能在听力过程中听辨出来即可。这些新的语言知识对学习者来说是新图式，学生可将这些新图式不断储存并提取，形成一个变化无穷的动态状态，从而达到理解和储存到长时记忆中的目的。教师在教学过程中主要使用图片、举例、问答等方法让学生掌握语言图式，学生随着经验的积累，利用原有图式接触更多的语言知识来扩充自己的语言图式。可见，在汉语听力课上，语言图式是深入学习内容图式和形式图式的基础。

（二）内容图式

在汉语听力课上，除了掌握词汇、语言点等语言图式外，为了更准确地理解听力材料的意义，学习者应了解相关的历史文化、生活习俗等背景知识，即图式理论中的内容图式。比如，听力材料中要讲到中国人喜欢的颜色时，首先要激活学生的相关图式，如中国人最喜欢什么颜色、什么时候使用这种颜色、这种颜色表示什么意义等相关信息，并引导学生融合原有的图式知识进行图式的重构。教师应该鼓励学生去注意目的语国家的社会体制、风俗习惯和价值观念等必要的背景知识，克服学习过程中的母语思维。这些背景知识的积累有助于学生在听力过程中有效地进行“自上而下”和“自下而上”的推测。在汉语听力教学中，教师针对某一模块的讲授，应事先讲解必要的背景知识，让学生可以结合以往的旧知识与新信息进行预测、选择、调整而解构旧图式，重构新图式，使图式结构不断扩大进而形成新的图式体系。

（三）结构图式

结构图式是应用语言图式和内容图式的能力，即融合语言图式和内容图式进行交际的技能。如学习过中国人喜欢的颜色后，可以及时调用语言图式和内容图式，表达自己国家人们喜欢的颜色。

语言学习和交流离不开语言图式、内容图式以及结构图式。在汉语听力教学过程中，教师不仅要教给学生“是什么”，如词汇、语言点等，还应指导学生“怎么办”，即引导学生积累图式，有效激活原有图式，重构新图式，达到交际目的。

四、“三听式”初级汉语听力教学模式

在汉语听力教学中，我们要求学生从语言图式、内容图式和结构图式多方面作出积累与储备，这是听力理解的基础。在听力教学过程中，利用学生原有的背景知识来激活相应的图式，并在理解新信息的过程中，解构旧图式并重构新图式，通过图式激活、图式解构和图式重构的三部曲过程，我们试图建立一种预听（Pre-listening）、倾听（Listen-attentively）、复听（Re-listening）相结合的“三听式”初级汉语听力教学模式。

（一）预听——图式的输入与激活

预听主要是听前的准备工作，包括生词、语法点的讲解，听力材料的背景说明，布置听力任务等。这一环节虽然不是听力教学的主体，但却在整个教学过程中具有举足轻重的作用。生动活泼的预听活动，不但可以激发学生的学习兴趣和学习动机，还可以充分发挥学生的联想能力，激活学生头脑中多种多样的图式。良好有效的预听活动可以使听力理解达到事半功倍的效果。

以听力材料“中国人喜欢的颜色”为例：首先要加大语言图式的输入，利用图片、举例、问答等方式讲解生词“喜庆、旗袍、场合、节目、主持人”，让学

生理解其意，并纠正学生的发音，使学生可以在语流中准确听辨生词。其次要加大内容图式的输入，教师要介绍听力材料涉及的文化背景，如“中国人最喜欢的颜色是红色，这是大部分学生都知道的，那么在哪些场合多使用红色呢”？教师要引发学生的思考，激活学生的原有图式。然后，根据听力材料提出问题，并让学生根据输入的图式作出预测，引导学生带着问题有目的地听，有条理地理解听力内容。

预听环节主要是新图式的输入和原图式的激活环节，具有辅助导向的作用，不但可以帮助学生作出预测，增强听力的准确度，提高听力效果，还可以缓解学生紧张的情绪，激发学习动机，增加自信心。因此，在这一环节中，教师要尽可能地给学生增加图式输入，丰富学生记忆库中的图式，从而准确地激活相关图式，为构建新图式打下基础。

（二）倾听——图式的解构与重构

倾听环节是整个听力过程的关键。经过预听环节的图式输入和激活，学生带着问题和对答案的预测进入倾听环节。在这个阶段中，学生要根据听力材料的内容来调节自己的内部图式结构，以适应特定的刺激情境。我们在前面提到过，每个图式在发展过程中都因受到同化作用和顺应作用而发生变化。在汉语听力过程中，当学生遇到不能用原有图式来同化的刺激情境时，便会根据实际情况对原有图式进行修正及完善，这就是我们说的图式的解构，进而添加新元素，去除不必要元素，重构新图式。所以说，倾听环节是致力于原有图式的解构与新图式重构的关键环节。在这一环节，学生需要做到的是在听的过程中，检验自己对问题答案的预测是否正确，还要注意自己有哪些词、句没听懂。教师在这一环节开始之前也应对学生听力困难之处有所预测，这些地方都是听力的重点、难点，需要教师加以强调和讲解。必要的时候，教师可以加以停顿或重复听，或以问题的形式对学生加以提示，训练学生的听力技巧和策略。比如：教师给出一道菜的图片，让学生听“虽然这道菜不好看”，然后停顿，让学生根据视听的内容和“虽然……但是……”这一结构推测出下文“但是这道菜很好吃”。在初级汉语听力教学中，学生比较喜欢逐字逐词地去听，这样当遇到一个听不懂的词语时，整个听力过程就会停滞或混乱，因此，教师要引导学生通过听辨关键词来掌握输入的材料内容。例如：在听“我朋友家养了一只狗和两只猫”这个句子时，教师要训练学生抓住句子的主干词“家、养、狗、猫”，继而才是“我朋友、了、一只、两只”。加强这种训练，学生自然就能更准确地抓住关键词，听力理解的效果会有很大的提高。

可见，听的过程并不是学生个人学习的过程，教师也不只是录音机的操作者。在这一环节中，师生互动是很重要的部分，能够让初级听力学习者实现自下而上和自上而下相结合的互动学习模式，通过图式的解构和重构，将新输入的信息纳入自己的经验领域，实现自身的发展。

（三）复听——图式的巩固

复听环节也是汉语听力课不可缺少的环节，特别是对初级汉语学习者来说，需要在教师的指导下，针对刚学过的听力材料进行复述、探讨、角色扮演、转述等拓展练习，以便对重构的新图式加以巩固。例如：在学习过“中国人喜欢的颜色”后，可以让学生复述课文的主要内容，也可以给学生分组，讨论自己国家喜欢的颜色及使用场合等。最后，教师要对学生的表现作出评价，鼓励学生在生活中多使用课上学到的内容和听力策略，学以致用。这样，不但可以增强学生的学习自信心，还能激发学生对听力课的兴趣，让学生感受到听力课是非常有用的课。

五、结　　语

图式理论是一种很古老的理论，我们将它应用于汉语初级听力教学中，主要是认识到在大量输入新图式的条件下，如果能将学生原有的背景知识加以有效利用，就可以成功地激活相应图式，并根据学生新接受的刺激情境对原有图式进行解构，添加新元素，去除不必要元素，实现新图式的重构，进而使学生记忆库中的图式结构不断扩大而形成新的图式体系。同时，将输入的新信息渗透到学生的经验领域，可实现学生的自身完善与发展。这一过程在初级汉语听力教学中表现为“三听式”初级汉语听力教学模式，即预听、倾听、复听三环节。预听是新图式的输入与原图式的激活过程；倾听是原图式的解构与新图式的重构过程；复听是新图式的巩固过程。在“三听式”教学模式中，初级汉语听力学习者在教师的引导下完成思考、预测、检验和判断的听力过程，实现自下而上和自上而下相结合的互动学习模式。使用这一模式的初级汉语听力课，要求学习者加大语言及文化背景知识的储备，在头脑中建立大量图式，这样才能在听辨过程中及时激活图式，有效地理解输入信息，获得良好的听力效果；同时还要求教师充分激发学生的学习积极性和能动性，帮助学生有效、灵活地运用重构的新图式输出信息，达到学习者的学习目的。

参考文献

艾斯卡尔·依明尼牙子　2007　图式理论与汉语听力理解，《和田师范专科学校学报》第4期。

刘　珣　2000　《对外汉语教育学引论》，北京语言大学出版社。

骆惠珍、万维强　2003　图式理论与汉语阅读课教学，《语言与翻译》第3期。

王　军、马茂祥　2007　图示理论与英语听力教学，《长沙师范专科学校学报》第1期。

杨惠元　2004　试论课堂教学研究，《语言教学与研究》第3期。

游玉灵　2010　探析图式理论在汉语听力教学中的应用，《新课程研究》（中旬刊）第10期。

赵秀娟、周　悦　2002　《汉语听力速成·基础篇》，毛悦主编，北京语言大学出版社。

赵艳芳　2001　《认知语言学概论》，上海外语教育出版社。

窦玉荣，女，1982年生，文学硕士，北京语言大学汉语速成学院讲师。2008年参加工作，主要从事初级汉语教学工作，研究方向为现代汉语语法。曾荣获北京语言大学第四届青年教师教学基本功大赛一等奖。主要成果有：论文《“A—X,B—Y”对举格式的量性特征》《谈“爱的教育”的实现途径》等。

听力课的课堂提问

曹　慧

摘　要： 本文从认知心理学的角度，结合听力课教学实践，研究汉语听力教学的一些规律。提出了听力教学课堂提问的一些角度、方法和技巧，意在使听力课的课堂教学更加合理、有效。

关键词： 认知心理学　听力教学　提问　方式和技巧

一、引　　言

听力课教师常常碰到的问题是，一段语料学生听了若干遍后仍不能理解，教材规定的练习不能顺利完成。经验告诉我们，简单地问学生“听懂了吗”不是明智之举。有时教材预设的问题不够详细、不够完备或有失恰当，机械地照本宣科更不能解决问题。这时，教师如果能够想方设法，通过提问题来启发、引导学生，可以帮助学生理解难点，听懂课文。因而教师所提的问题本身、提问的方式和技巧就显得尤为重要，甚至决定了教学能否顺利地进行下去。

在以往的对外汉语听力教学研究中，有研究者把“听力”解释为人们利用听觉器官对语言信号接收、译码的过程。“所谓接收、解码的过程就是对听觉器官收到的言语信号进行分析、辨别、归类，同时和已经储存在大脑中的老的语言信号（即经验成分）建立起联系，从而在语音、语法、语义三个层面上进行新的感知，理解言语信号所表示的意义，并且还要把新感知的言语信号存入记忆库变为经验成分，以便感知更新的言语信号，服务于听力理解的循环过程。”研究者总结的听力难点有五个，即近似的音和调、生词、长句子、表达习惯和背景知识、语速（杨惠元，1996）。又有研究者从现代认知心理学的角度出发，认为在听的过程中，听者被看做是建构意义的主动参与者，听的过程也被理解成是一种对信息的解释性处理过程，是主动的而不是被动的过程。

已有的研究成果为我们提供了理论依据。提问是课堂教学的重要手段，一般来说，课堂提问至少有这样几个目的：第一，得到学习者的反馈；第二，印证某些已知的结论；第三，检查教师讲授的效果；第四，启迪学习者的思考。基于研究者对听力理解过程的研究和解释，本文想谈的是，听力课的提问应该是引导学习者积极主动参与建构意义的过程中的一个有机成分，是一种建设性的课堂活动。听力课的课堂提问，应抓住听力的几大难点，把开发引导学习者的主动性、参与性作为教师的重要任务之一；同时，听力的难点通过提问是可以调控的，课堂提问的意义之一，就是将学生已具备的知识调动起来，在听的过程中进行解码，从而达到降低难度的效果。

二、听力课课堂提问的方式

根据课堂教学的任务要求、学生的层级水平、听力材料的难易程度等，本文将听力课课堂的提问方式总结、归纳了以下几种：（文中例句均选自《汉语听说教程》和《成功之路·听和说》，并对教师的处理方法作简要说明。有些例句引用时稍有修改；有些语料篇幅较长，本文只引相关片段。）

（一）听前热身式

这是听力课上最常用的一种提问方式。听一段录音前，教师根据录音内容预先提出问题，提醒学生注意有意义的信息，使听力活动进入有意义、有目的的状态。这种提问对听懂有着不可小视的积极作用。

例如听一段“生活天气预报”的录音，教师一般应该把这一类语料的特点、可能会听到的内容（如晨练、穿衣、洗车等）提示给学生，使之在听前有心理准备。

听前热身式的提问，还可以提高学生对要听内容的兴趣，引发他们参与的积极性，更好地把握课文的主题。比如在中级汉语听说课上，有一段电脑和国际象棋大师进行比赛的录音，听后的口语表达题目是“人脑聪明还是电脑聪明”，听录音前教师问了这样一些问题：

“你熟悉电脑吗？你喜欢玩电脑吗？现在电脑已经可以代替人做很多事情，你认为电脑比人聪明吗？”经过热身，从“听”到“听后说”，教师组织学生经小组讨论后，由小组代表分别表达了“人脑比电脑聪明”和“电脑比人脑聪明”的不同观点，取得了很好的课堂效果。

既然听的过程是一个听者主动参与的过程，那么听者大脑中储备的经验成分就会在听的过程中起作用。有研究者把这种先备的经验成分（知识）分别称为基模知识[①]、语境知识和语言系统知识。这些知识都会介入听的过程。

比如，听有关体育比赛的新闻，难度是相当大的，语速快，专业术语多，即使母语者要听懂并能重复或回答相关问题也并非易事。但是，假设是一个足球爱好者，虽然他的汉语水平不够高，但他一定具有与足球相关的基模知识甚至语境知识，当他听到有关足球比赛的信息时，这些知识就会启动，帮助他对获取的信息进行主动的加工。同样是在中级汉语听力课上，教师在听一段关于足球比赛的消息之前，提了下列问题：

“你喜欢体育运动吗？喜欢什么运动？你常看（听）体育比赛吗？你喜欢看足球比赛吗？你知道哪些足球比赛的专门词语（如射门、头球、点球、前锋、后卫等）？你能听懂中文的体育比赛解说吗？”

然后教师列举出有关体育比赛的常用句式，板书这些句子的框架，然后用这些框架说例句让学生听，再就例句提问：“谁赢了？谁输了？”如下图：

（谁）（比分）（谁） …… 以 …… 战胜 ……	例句：中国队以 2：0 战胜日本队。
（谁）（比分） …… 以 …… 领先	例句：上半场中国队以 1：0 领先。
（谁）（比分）（谁） …… 以 …… 输给 ……	例句：最后中国队以 2：3 输给日本队。

① 基模知识：“基模”（schema），认知心理学术语，“指关于事件、情境或物体的有组织的知识单位”。与“概念”不同，一个基模含有一系列相关的内容，即关于某件事的一组知识。（转引自张本楠《中文听力教学导论》）

经过上述铺垫之后，再来处理要听的课文。这样，学生听完 1 ~ 2 遍后，基本就能听懂这段录音中最有意义的信息——比赛结果。另外，由于基模知识和语境知识的作用，对于足球比赛的新闻中常出现的程式化的词语如“拉开 / 落下帷幕”、专业性的词语如“罚点球”“射门命中”、描述性的词语如“扑出”“踢飞”等，经过教师用汉语简单讲解或动作演示，学生在听完一段较长、较难的语料后也表现出会心的理解。

（二）预期答案式

有些听力语料考查的是学生对一段话的检索记录、归纳总结等方面的能力（杨惠元，1996），故教师在听前对学生的反应就要有一个预期，预先告诉学生，将要听到哪方面的内容，要求学生记下来有几条，听后要求学生根据记录回答这些内容分别是什么：

（1）我的房间虽然很小，但是有卫生间，洗澡很方便。冬天有暖气，夏天有空调，住着挺舒服的。只是房间里没有厨房和洗衣机，不能做饭和洗衣服，要是想做饭、洗衣服的话，就得去公共的厨房，要用公共的洗衣机，还是有点儿麻烦。不过，这样的房间房费不算太贵，一个床位 50 多元一天，我觉得还可以接受。我的同屋是俄罗斯人。我不会说俄语，他不会说韩国语。我们在一起只能说汉语，我很喜欢这样。我对我的房间和同屋都很满意。

上面的例子选自初级（下）的听说课教材，教师在听前明确要求学生记下录音中哪些是房间的优点，哪些是缺点，并要求听后说出大意或记录下来的关键词语。教师可以在听后利用 PPT 展示出标准的关键词语提示，让学生对照。这样做的好处是可以逐步训练出学生边听边记的技能。有些难度大的语料，如果不作听前布置是很难得到预期的回答的。如下面的例子：

（2）“京欣一号”西瓜皮薄、口感好，在北京市场畅销多年。“海七”西瓜的特点是个儿大，成熟期晚。今年的新品种“农科一号”也很受消费者欢迎，其销售量仅次于“京欣一号”。

问题：在北京市场上销售量最大的西瓜是哪个品种的？

处理方法：教师听前布置：下面一段话将听到几个西瓜的品种，记下来（汉字或拼音）；在听第二遍时处理语言点“……仅次于……”。这样，听完第二遍后，

80% 的学生答对了题。

根据“可懂输入”的原则，听力课常常出现的情况是，学生听语料时，往往只注意内容和意义而忽略语言形式。我们的教学活动也基本上是基于意义而非语言形式的，但这并不是说，我们可以完全忽略语言形式。因此听力课也部分承担着语言点教学的任务。

（三）浓缩 / 简化式

在第二语言的学习中，在一定的言语信息输入的时候，与阅读不同，以声音传递的信息是转瞬即逝的，而阅读到的信息则有机会重复出现。要把握这种转瞬即逝的信息，听者非依靠一定的记忆不可。要记住相关信息，只有理解了才有可能进行。心理学研究表明，在处理听到的信息时，人的短时记忆容量是有限的，而且记忆时间短暂。当新信息不断涌来的时候，之前的旧信息如果没有及时处理便会迅速消失。这时，教师可以通过提问来使刚听到的大量信息浓缩成较为简单的意义单元，帮助学生抓住短时记忆的内容。教师的问句应尽量短小，语法结构简单，意思简明易懂。总之，问句的难度要小于目标句，甚至可以使用不一定符合真实交际情境的“课堂语言”：

（3）以前我只是觉得京剧的脸谱和服装很漂亮，武打动作很精彩，可是自从上次看完京剧演出回来，我又对京剧的唱腔产生了兴趣。

例句（3）有一个判断句子正误的练习：“除了京剧脸谱和服装以外，别的京剧知识安娜都不了解。”

在处理这个练习时，由于初级学生对京剧的一些专门术语“脸谱”“唱腔”等还不太熟悉，语料的句子本身又很长，问题句也有些毛病，学生判断起来较难。教师将问题修改和简化，引导学生找出关键的词——脸谱、服装、武打动作、唱腔，提问：（1）关于京剧，以前安娜知道什么？（2）现在呢？现在她对什么感兴趣？从而引导学生作出正确选择。再看下面的对话片段：

（4）A：这是我们的报价单，请您过目。

B：这个价格比我们去年向你们购买的贵了 10%。

A：您是知道的，价格没有长期不变的。今年跟去年真是没法比呀！去年我国国内板栗产量创历史最高纪录，而今年由于北方气候异常，造成了大面积减产，价格普遍上涨。所以这个价格一点儿也不贵。

……

B：我这里有一些资料，其他许多公司的报价都没有这么高，优惠一些怎么样？

A：中国有句俗话叫“一分钱一分货”。我方的报价虽然比其他公司高了一点儿，但我们的板栗都是经过人工挑选的，层层把关，个个都是最好的。在同样质量的板栗中，我们的报价是最低的，这一点，在我们双方多年的合作中，相信松岛先生是最清楚的。

B：正是因为这一点，我在接到其他公司的报价单后，还是不忘老朋友。

A：您知道的，我们公司从来没有优惠的。除非购买量超过100吨，我们才会考虑。

B：我们购买100吨。

A：好吧，可以给2%的优惠。

B：我们按这个价格签合同吧！

A：好！

上述全篇对话的中心内容是讨价还价，教材预设的相关问题是：

1. A为什么说“这个价格一点儿也不贵”？

2. B为什么认为价格贵？

3. A方在什么情况下才给优惠？

4. 最后双方以什么价格成交？成交量是多大？

教师是这样问的：

1. 今年比去年贵了多少？

2. 为什么贵了？

3. 为什么A说一点儿也不贵？

4. 为什么A不同意B的说法？

5. 最后A给B优惠了吗？给了多少？

教学实践证明，简化后的问题操作上更容易些，教学效果更好些。

（四）递进追询式

有时教材预设的问题学生不能很快正确回答，或者问题的难易度不合适，教师就需要迂回行进，设计好问题的角度，用层层递进的“追问”方式来调节问题的难易程度：

（5）商场广播：顾客王先生请注意！顾客王先生请注意！您的孩子正在服务台等您，请您马上过来，请您马上过来。

问题：请你听后说一说：发生了什么事？

例句（5）虽然不难，但学生回答得并不好，不能一下子说出“发生了什么事”。于是教师采取递进追询式提问：孩子在哪儿？为什么在那儿？孩子怎么了？——丢了。

（6）……房租一个月四千五，虽然不太便宜，但是我和朋友一人付一半，也就不算太贵了。

问题：她觉得这套房子贵吗？

例句（6）的问题，学生的回答莫衷一是，有的说贵，有的说不贵，有的犹豫不决。究其原因，前面有“四千五，不太便宜”，但“一人付一半”学生不明白所以，后面又听懂了“不算太贵”，故不知该怎么理解。

处理方法：教师提问——

教师：房租贵吗？

学生：四千五，我觉得很贵。

教师：但是她觉得贵吗？她说什么？

学生：……不算太贵……

教师：为什么她说“不算太贵”？

学生：因为……什么？没听懂。

教师：因为“一人付一半”。这是什么意思？（此处可辅以板书）

学生：（重复）一人付一半……噢！

经过教师的引导，学生这时已经明白了“一人付一半”的意思。这里，教师的提问起到了调节作用，将难度降低了一些。再如一段关于约会看电影的对话：

（7）A：电影是几点的？

B：晚上7点半的。今天是这部电影放映的第一天，人可能很多，我们早一点儿去吧，晚了恐怕买不到票。

A：那我们6点出发，怎么样？

B：嗯……6点出发，到那里差不多6点半，时间应该来得及。我们可以先买票，然后在电影院附近找一家饭店吃饭，一边吃饭一边等。

A：你安排得真不错。

B：好的，我们不见不散。

A：不见不散。

例（7）这样的对话，一般问题不外乎是见面的时间、地点等，难度对初级下的学生是不够的。教师另设计了层层递进的问题："电影几点开演？他们几点出发？为什么6点出发？为什么可能买不到票？"学生必须听懂细节才能回答，就将难度提升了一些。

（五）模仿/重复式

认知心理学发现，短时记忆有一个特点，最初接收到的信息常常是以声音的形式保留着。此外，人对语音的聆听往往伴有发音器官（声带、舌、喉部肌肉等）的动作，即听到一个有意义的话语，会下意识地作出反应（桂诗春，2000）。所以，听后模仿复述有助于挽留信息，以便争取时间对信息进行处理。常见的例子是，我们在得知一个电话号码后，常会默念或出声复述着这个号码去拨打电话。在课堂教学中，在听大段语料时，教师常会在播放录音过程中，在适当的地方停顿，然后让学生模仿或重复刚刚听到的词语、短语或句子，加深记忆。这些词语、短语或句子往往正是听懂的节点所在。如下面例子的处理：

（8）遗憾的是中国队自己也没有抓住进一步扩大比分的机会，尤其是第32分钟时，队长将一个宝贵的点球踢飞/（停顿），使中国队最终和本次比赛的冠军无缘/（停顿）。

处理方法：第一次停顿提问：第32分钟时，队长怎么了？学生会根据听到的音模仿、重复句子，但并不一定理解，此时教师可板书"踢飞"或用动作演示，学生恍然大悟；第二次停顿提问：最后中国队得冠军了吗？学生回答不一，但也有学生可能会机械地重复句子。教师板书"和……无缘"，略作讲解，学生即可领会。再如：

（9）本次大赛首先在上海的龙华机场拉开帷幕，然后依次在南京、济南、天津、石家庄、郑州、武汉、长沙七个城市巡回比赛，每个城市举行3天，每天一场。/（停顿）运动员的成绩采取……

问题：本次比赛在石家庄比赛几场？

处理方法：由于最后一句的干扰，大部分学生错误回答了“一场”。教师让学生听后重复最后一句“每个城市3天，每天一场”，再提问“在石家庄比赛几场”，问题便会迎刃而解。

需要说明的是，听后模仿或重复，最好限于尽量小的意元，这种模仿一般可以实时完成，即使没听懂也可以进行；如果是重复模仿语料中较长的句子，则学生一般会表现为在初步理解的前提下重复理解了的含义。

（六）语句承接式

同样的道理，由于短时记忆的特点，在听到一个关键的长句子或语段时，由于有生词或不太熟悉的词句，学生往往不能完全模仿或重复，这时教师如果适当停顿，辅以语句承接的方式，即教师说上半句，学生接着重复或模仿下半句，可以起到加深印象、提示主要信息、理解相关内容的作用。如下面的对话片段：

（10）售票员：您要经济舱还是商务舱？

大　卫：我要经济舱。我买的票能打折吗？

售票员：能打折，往返票八五折。一共1600元。/（停顿）。

大　卫：什么时候交钱拿票？

售票员：……

例（10）教材给出的问题是：“大卫的票比平时的便宜吗？给他便宜了多少？大卫一共花了多少钱？”学生听完一遍后不能马上回答出来。教师的处理方法：在停顿处提问：“售票员说，能打折——”让学生说出下面的“往返票”“八五折”“1600元”等关键词，教材的问题可以忽略。再如：

（11）心理医生：假设他离开了你，那你为什么就不能和别的人再好好儿相处呢？

咨　　客：因为现在，……我对别人没有什么吸引力了/（停顿）。

心理医生：……

“对……有/没有吸引力”是本课的一个语言点，教师在斜杠处停顿并插入问题："为什么她不能和别人好好儿相处？她说什么？因为她——"引导学生说出下面的"她对别人没有什么吸引力了"。

采用这种语句承接的方式，教师在重复课文相关语句时应加重语气以引起学生注意，并在问题末尾拖长等待的时间以让学生续接词语或句子。

三、提问方式的灵活运用

教师在听力课上的提问，可以启发、引导学生，调控难点或帮助学生理解难点，听懂课文。在课堂教学的实践中，如何设计问题以及提问的方式、技巧其实并没有也不可能有一个硬性标准，本文所举的几种提问方式也应该是根据课堂教学的具体任务要求、学生的层级水平、听力材料的难易程度等来灵活运用的。

（一）语料的切分和停顿

在处理大段听力课文时，学生们往往不能在语流中抓住主要信息，要正确理解课文的文化含义或"言外之意"难度就更大些。因此教师需要将课文作适当切分，在适当的地方停顿后提问。什么是"适当的地方"？教学实践证明，应该是相对完整的"意元"或"意义群组"之后。下面的例子是父母关于孩子教育问题争论的对话片段：

（12）妈妈：……你知道不知道，孩子这次考试的成绩已经开始下滑了？

爸爸：不至于吧，不都是八九十分吗？我看小远的成绩还可以嘛！你也不能管得太死，一次没考好你就紧张半天 /（停顿），孩子每天除了学习还是学习……

教师在斜杠处插入提问："爸爸认为孩子的成绩怎么样？妈妈呢？"从而引导学生把握父母双方不同的观点。

（13）爸爸：孩子能考上大学固然好，真的考不上也没什么，只要以后能自食其力就行。

妈妈：扫大街也是自食其力，你让他去吗？

爸爸：你别总歪曲我的意思，我是说，也不能为了分数，剥夺了孩子们的一切自由。我当然不愿意我的儿子去扫大街，我也希望他能考上，但咱们总得替孩子想想 /（停顿），我看现在的孩子已经够可怜的了……

教师在斜杠处插入问题："爸爸想让孩子去扫大街吗？"引导学生理解爸爸同情孩子的潜在含义和掌握本课的主要功能——反驳、申辩、质问。再如：

（14）到了单位，腿不用快跑了，但是轮到眼睛快跑了！兔子是当编辑的，/每年有几百万字的定额，多劳多得/（停顿）。兔子倒不想多劳，可是……

例句（14）的相关问题是多项选择题："'轮到眼睛快跑了'在文章中的意思是什么？"四个选项分别是："A. 眼睛看不见东西了；B. 轮到用眼睛工作了；C. 注意力不集中了；D. 眼睛东张西望。"问题和四个选项均有一定难度，听第一遍后，学生对四个选项似乎无所适从。听第二遍时教师在斜杠处插入问题："兔子是做什么工作的？编辑工作需要用什么？"值得注意的是，虽然在上句中第一个斜杠处插入问题似乎更接近正确答案，但在第二个斜杠处停顿和插入问题应该更有利于学生对"编辑"一词的理解和对整个语段的总体把握。

（二）提问方式的交叉和灵活使用

本文列举了一些提问方式，实际上在教学实践中，这些方法不可能也不应该是单一使用，而常常是几种方法交叉并行的。这就要求教师根据语料内容、自己的经验和学生水平，随机应变，灵活调整。下面的对话片段可以部分说明这一点：

（15）A：吴会长，您刚才说到空巢家庭，您能不能解释一下什么是空巢家庭？

B：所谓空巢家庭，是指子女不在老人身边的家庭，这种情况尤其以知识分子家庭最为集中。

教材要求学生做的是填空练习："所谓空巢家庭，是指__________________，这种情况尤其以知识分子家庭最为集中。"

在课堂教学中，采用过的提问方式有几种，几种方式都可以奏效：

1. 吴会长说什么叫"空巢家庭"？（预期答案，要求用"所谓……是指……"句式）

2. 他刚才说什么？所谓空巢家庭，是——（模仿重复＋语句承接）

3. 第三题的空儿中应该写什么？（直接提问）

（三）互动式教学中的提问

我们提倡课堂教学互动式进行，这种互动可以在师生之间或学生之间进行。同样，听力课的提问也可以体现在师生之间和学生之间的互动过程中。在一次初级汉语听力课上，听过关于火车时刻、火车站、列车上的广播等录音后，教师曾利用真实情景，出示了一张火车票，让学生利用刚学过的词语和句式就这张票提问，结果学生提出了车次、车厢、餐车、始发站、终到站、运行时间、送行的客套语等一系列问题，复习总结了全课内容，效果很好。

再如，在听说课上，教师常会设计一个学生自己作"口语报告"的教学环节。教师要求全班学生，在一位同学按要求作完口语报告之后对其提出3～4个问题，并对问题的难度作出一定要求。如一次初级（下）的听说课，一名学生介绍了她的工作（负责酒店大堂接待，手下有六七名员工）经历后，学生提出的问题是："你喜欢你的工作吗？为什么喜欢？你可以和你的客人约会吗？如果你的员工不好好儿工作，你生气吗？你怎么办？"学生对感兴趣的话题有强烈的表达欲望，有时因汉语水平的限制而不能顺畅地表达，所以他们的提问就常常需要教师的引导和帮助。这样的互动式提问激发了学生的学习兴趣和说话欲望，让他们有很大的成就感。

（四）对教师的一些要求

提问是听力课课堂教学的重要一环，课堂提问要想取得好的效果，对教师至少有如下一些要求：

1. 课前认真钻研教材，认真备课，熟悉要听的语料，找出难点，对学生可能听不懂的地方一定要心中有数，想好对策。

2. 准备好问题，设计好提问的角度。问句的难度要小于目标句，尽量短小，语法结构简单，意思简明易懂，允许使用"课堂语言"。

3. 提出的问题如不能奏效，及时改变提问的角度或改变用词用语。

4. 了解学生心理，善于察言观色，掌握和学生沟通的技巧。

四、结　　语

根据认知心理学理论，结合教学实践，本文列举了听力课课堂教学的一些提问方式、角度和技巧，这些方法应该切合教学对象的实际情况来运用。在教学实践中，有时同样的方法，对有的班效果很好，在另一个班就可能并不适用。听力理解的心理过程是一个复杂的过程，尚有不少问题没有给出令人满意的解释；从课堂提问本身来说，问题的提法、角度和技巧以及教学效果也是见仁见智，没有穷尽的。希望在这方面能够继续探索，也希望就教于广大同仁。

参考文献

桂诗春　2000　《新编心理语言学》，上海外语教育出版社。
沈红丹　2009　《成功之路·听和说》（第二册），北京语言大学出版社。
王小珊　2009　《成功之路·听和说》（第一册），北京语言大学出版社。
杨惠元　1996　《汉语听力说话教学法》，北京语言大学出版社。
张本楠　2008　《中文听力教学导论》，北京语言大学出版社。
赵　菁等　2008　《汉语听说教程》（上）、（下），北京语言大学出版社。

曹慧，女，1955年生，北京语言大学汉语进修学院副教授。主要研究兴趣为对外汉语教学法，特别是听力教学法，曾发表过相关论文。出版教材《汉语普通话教程·听力课本》。

中级实况听力的难点及其教学策略

黄丹纳

摘　要： 实况听力课是以讲求语料的真实性和“原生态”为特点的一门课程。虽属于听力技能课，但有别于普通的听力课。本文从语音、语句、语篇三个层面分析了中级实况听力教学上的难点，并提出了对比听辨法、拨乱反正法、听说互动法和概括补充法四种相应的教学策略。

关键词： 实况听力　真实语料　方音　语速　冗余

实况听力课是一门年轻的课程，之所以说它年轻，不仅在于其开设时间较晚，而且在于该课程无论从认可广度、研究深度还是实践力度等方面均处于起步阶段。据统计，共有 10 本相关教材，30 多篇相关论文，且都属于小部分的耕耘（局部的试验与总结）；开设该课程的院校、院系也寥寥无几。但不容否认，实况听力课是一门有实际意义、颇具潜力的语言技能课。本文拟将教学实践中对实况听力课程的试验与思考进行梳理和归纳，探讨中级实况听力课的难点及其教学策略，以就教于方家。

一、课程特点

实况听力顾名思义即以实况作为听力材料的语言技能课程。实况即指真实的材料（authentic materials）。关于“真实材料”，刘珣曾这样表述：所谓“真实材料”就是说母语者在其社会生活中所真正使用的、真实的、自然的语言材料。（刘珣，2008）英国教学专家玛丽•安德伍德（Marry Underwood）认为，真实材料就是“普通人用普通方式说的普通语言”（Ordinary language spoken by ordinary people in an ordinary way），也就是真正的日常用语。（盛炎，1990）这里所说的“真实材料”是与语言教学中普遍使用的，先编写、加工、再录制的标准发音、标准语法的“标准材料”相对而言的。它自然、鲜活，保有现实生活的原生态。因此，材料的真实性便随之成了实况听力课程最大的亮点与精髓所在，同时也给学生的聆听带来了诸多问题和挑战。

二、教学难点

教学中我们发现，习惯了“标准材料”的学生，初次接触“实况”会很不适应。教学难点主要表现在语音、语句和语篇三个方面：

（一）语音层面

作为传递语言信息的媒质，“实况”给学生带来的挑战主要在于方音和语速。

先说方音。中国幅员辽阔，人口众多，文化多元，语言资源十分丰富，方言及地域变体普遍且复杂。虽然我国很早便开始推广普通话，但至今，大多数国人仍或多或少地带有方音。习惯于聆听标准普通话发音的学生，一走出课堂其听力理解程度便大打折扣。因此，在课堂教学中，将略带方音的非标准普通话引入很有必要，但这也给初次接触方音的学生增加了学习的难度。

再说语速。《高等学校外国留学生汉语教学大纲》（长期进修）中对中等水平听力语速方面的要求是：语速正常（180 ~ 220 字 / 分钟）。所谓“正常语速”，较为通行的提法有几种：石佩雯、李继禹（1977）认为正常语速是 200 字 / 分钟；《汉语水平考试大纲》规定为 70 ~ 220 字 / 分钟；孟国认为 200 ~ 300 字 / 分钟都属于正常语速范围。此外，刘镰力（1997）统计出，中央电视台新闻节目的语速一般在 280 ~ 300 字 / 分钟左右；刘超英（1993）对 10 位教师进行调查，得出每人平均语速在 207 ~ 287 字 / 分钟之间，平均为 239 字 / 分钟的结论。有关调查显示：主持节目和采访者的语速较快，达到 296.77 字 / 分钟和 298.75 字 / 分钟；其次是被参访者，日常的会话平均语速为 229.69 字 / 分钟，对外国人讲话则更慢。（孟国，2010）以上这些调查结果都表明：我们在日常会话中所使用的语速高于《大纲》的要求，高于教师课堂上所使用的教学言语的语速。因此，实况听力材料中较快的语速就增加了学生聆听的难度。

此外，隐约的背景音以及语流中的发音的变异和流失也都对学生的聆听产生了不同程度的影响。

（二）语句层面

日常生活中的口语表达相对比较随意，说话人可能并不按照严格的语法来组织句子。因此就会出现一些跟语法或句法相关的现象，如位移、补充、插入、夹杂，甚至口误，等等。学生多年在学习中所适应的，是标准的语序。主语在谓语之前，宾语在动词之后，定语、状语在其所修饰的词语之前，补语在其所补充的语词之后等，与他们从接触汉语便学习、遵守、使用的规范化语言差别很大。语句的面貌较为复杂。

口语表达中说话人很难经过很好的准备和思考，通常就是“脱口而出”。所以难免在遣词造句上形成一些口误。

前文谈到了方音的问题，说话人受方言的影响并不只体现在语音上，同时对词汇和语法也产生了一些影响。以北京人为例，“晚半晌”便属于北京地区的方言词汇，而普通话的词汇应表述为“傍晚”；某些方言在语法上与普通话也有差异，最简单的例子，在粤方言中“我先走了”这句话，表述为“我走先”，这种在普通话看来是错误的语法，也会在该方言区普通百姓说普通话时被频繁使用。这些都给学生聆听的理解形成了一定的障碍。

（三）语篇层面

冗余、信息缺失、整体关联性和逻辑性不平衡都是“实况”在语篇上存在的现象。

冗余是一种客观存在的语言现象或特质，包括信息的重复、冗余和言语表达上的啰嗦、重复。与冗余相反，有时也会出现信息缺失的现象，有的是客观条件的影响，如外界环境的干扰等；有的是说话人故意为之。语篇整体关联性的强弱和说话人逻辑的清晰程度，也直接影响了语料的难度。

总之，实况听力提供的这种全新的语言面貌必然会给初次接触实况听力的学生带来震荡感和挫折感。如何平复震荡，带领学生走出挫折，进入适应期、进步期，提高学生聆听“实况”的能力，需要我们在教学中运用相应的教学策略予以解决。

三、教学策略

在教学实践中，我们尝试使用了下列教学策略：

（一）对比听辨法

此方法主要适用于方音教学中某一方音的初次引介。

对于方音的教学现在多数的处理方法是：聆听前告知学生说话人所属的方

音，继而让学生反复多次聆听。通过多次的聆听，学生固然可以熟悉某一方音的语音面貌，最终达到理解的目的。然而只靠反复聆听是无法完成方音教学的任务的，或者说学生收获甚微。

笔者认为，在方音的教学中，对方音特点的归纳和总结是有必要的。这当然可以靠教师在聆听前或者聆听后进行讲解，但也可以采用对比听辨法。在一种方音引入到教学中，纳入学生视野的时候，可以先从较短的句群或语段入手。教师准备好两个音频文件，一为带有方音的，一为标准语音的。先使用带有方音的音频文件，听后进行语义层面的理解。如学生因方音的影响，无法完成听辨任务，便使用标准语音的音频文件。在学生理解后再次播放带有方音的音频文件。听前，通过引导学生把听辨注意力放在语音方面；听后，师生共同总结该方音的特点。

对比听辨法比较适合首次接触某一方音时使用。对某一方音听辨能力的提高，仅靠几个句子，一次对比听辨是无法完成的。所以必须通过复习来不断进行巩固。在复习环节中，便无须使用对比听辨法，而是通过大量的对某一方音的听辨，要求学生对语义进行理解并能判断出说话人所属方音区。教学实践结果证明，学生通过对比听辨法，学习了某一方音的特点，可以较好地对其进行把握。而且经过这种学习，学生听到非标准普通话时的焦虑感明显降低，而代之以听辨方音区的浓厚的兴趣。通过若干次复习，学生对方音的辨识能力会提高得很快。

（二）拨乱反正法

此方法可用于处理带有非标准语序、口误、方言性错句的语料。以方言背景造成的语法错误为例：

> 我结婚那阵子可是上个世纪五六十年代了，什么要求都没有，把铺盖，啊，就是两个人的铺盖往一块儿挪，就结婚了，哪像现在这么复杂啊。有的吧，甚至啊，连个喜糖都没的吃。现在的年轻人，有点儿太……（引自中级实况听力课的自编材料）

这段语料的说话者为六七十岁的女性，浙江诸暨人，南方方音。语料中“两个人的铺盖往一块儿挪”“连个喜糖都没的吃”这两个句子受方言的影响，并不符合标准的语法。对于这样的现象，教师不能含混带过，学生能大致理解就行了，而应进行拨正。教师提问五六十年代的人的结婚方式，学生通常可以回答出

“两个人的铺盖往一块儿挪”，此时教师应指出：因为受到说话人方言的影响，这个并不是一个符合标准语法的句子。在这一地区的口语表达中，这样的表达是具有普遍性的。让学生在理解的基础上，用“把”字句重新改说，将受方言影响的“错误语法”进行拨正。同样，“连个喜糖都没的吃”也要通过与学生的问答，引导学生说出“连喜糖也没有”这样符合标准语法的句子。作为中级水平的学生，已经具有了一定的语感和语言辨识能力。实践证明，他们有能力在教师的引导和辅助下，完成拨正的任务。

对非标准语序和口误亦可采用此种方法。在拨正说出正确句子后，教师仍需对这一现象进行总结，才能起到举一反三的效果。

（三）听说互动法

人们在进行口语表达时，受到说话场合、谈话内容、说话人心情、说话人个人素质等诸多因素的影响，经常会出现所说话语内部关联性差、逻辑不清甚至混乱的情况。针对这类语料的教学，我们可以采用听说互动法。

（1）听前提示：可以把内容归结为几个问题，听前提出；可以以填充表格的形式来体现；也可以采用填写流程图、给提示词等形式。根据不同的语料内容选择适当的提示方式，在听前引起学生的注意，为学生后面的听辨提供脉络和线索。

（2）要求学生听时记录，同时可以培养学生边听边记的习惯。

（3）听后根据记录的内容，回答问题或根据所给表格、图示、提示词等将混乱的语篇重新进行脉络梳理。可以是教师带领学生通过小的问答，通篇进行梳理；也可以根据表格或图示，以学生分组的形式，以小组为单位进行梳理。通过小组合作学习可以调动学生交流的积极性，增强认知兴趣，在有限的时间内互通有无、互为提示、互相启发、理清逻辑线索、进行信息重组。

（4）小组派代表进行成段表达。经过梳理后，说出条理清晰、有内在逻辑关联的语段。

（四）概括补充法

重复和冗余并不一定只给聆听带来负面的影响。相同或类似的信息的多次出现也给学生的聆听理解提供了更多的机会。在处理这类语料的时候，要给学生一个听力方法的指引。要求学生抓住语段的主要信息，培养其概括总结的能力。对于较快语速语料的处理，采用听前提示，引导学生总体把握说话人意思的方法来进行处理。

对于信息缺失的语料，则要让学生进行信息的补足。如前面所引语料中“现在的年轻人，有点儿太……”，说话人并未说出完整语句。学生在理解“前言后语”的基础上，能够正确地判断出说话人的态度，并将缺失的信息成功补足。这种对隐藏信息的填充，是学生在理解说话人深层意图的基础上才能做出的，这既可以考察学生的理解程度，又可以刺激学生积极主动地思考。

四、结　语

综上所述，实况听力课所用语料的真实性，是该课程的特点和闪光之处，但也给学生带来了聆听的障碍，给我们的教学提出了挑战。但并不是说以上所述就是该课程训练技能的全部。实况听力归根结底隶属于听力技能课的范畴，听力课需要训练的各种技能毫无疑问属于实况听力课的教学目标和任务。继承传统听力课中长期积累的行之有效的丰富经验，与实况听力教学的特点相结合，充分发挥实况之长，才是我们开设此课程的初衷。

参考文献

国家汉办　2002《高等学校外国留学生汉语教学大纲》(长期进修)，北京语言大学出版社。

李晓琪　2006《对外汉语听力教学研究》，商务印书馆。

刘颂浩　2008《汉语听力教学理论与方法》，北京大学出版社。

孟　国　2008《原声汉语——中级实况听力教程》，北京大学出版社。

孟　国　2008《对外汉语实况教学研究》，线装书局。

孟　国　2010《第二语言习得理论与汉语教学研究》，光明日报出版社。

盛　炎　1990《语言教学原理》，重庆出版社。

石佩雯、李继禹　1977　听力训练在语言教学中的作用，《语言教学与研究》第1期。

杨惠元　2009《对外汉语听说教学十四讲》，北京大学出版社。

张本楠　2008《中文听力教学导论》，北京语言大学出版社。

黄丹纳，女，1977年出生，硕士，北京语言大学汉语进修学院讲师。2002年参加工作，研究方向为中国现当代文学、对外汉语教学。主要教授中级汉语听和说、实况听力、新闻听力、中级汉语等课程。主要成果有：论文《新声诗初探》《学堂乐歌：中国“新诗”历史的开端》，教材《成功之路·提高篇》（第一册）等。

对“语音输入”教学效果的评价

胡　波

摘　要：听懂的多，输出的少，或者输出时回避新语言知识，这种现象普遍存在，而中高级留学生尤为突出。如何使新获得的语言知识较好地吸收并自如地运用，是语言教学一直探讨的问题。本文拟从三个观摩课的语音信息处理方式探讨信息输入方式对输出效果产生的影响。

关键词：输入信息的时机　输入信息的时长　相关的反馈活动

语音输入是听力课、听说课和口语课上的一种学习方式。“输入”即“听”，“输出”即“说”。作为交际技能中最重要的两个部分，“听”与“说”有着密不可分的关系。“听”是信息输入的过程，“说”是信息重建的过程；“听”是对信息的接收，“说”是对信息的加工。“听”是“说”的基础，“说”则可以加深理解，并完成信息的重建。简单地说，“听”可以促进“说”，再通过“说”来消化吸收语言知识和所听信息。

从交际行为的角度讲，“听”和“说”是语言交往的一对互动活动。只有听得懂，才能说得出。“听”总是与“说”同时发生，没有“说”就没有“听”。在交际中，听的人也不总是在听，他有时也要参与，也要有话语权。“听”是手段，“说”是目的，这两种活动相互依存，两种能力相互促进。

然而教学中常常遇到的问题是：学生听得懂，却说不出，或者说不好。如何能改变这种情形，使听到的信息得到最大化的输出？我们从三个观摩课的教学中得到了一些启发，并吸取了很多宝贵经验。三个观摩课分别为初级汉语听说课（以下简称听说课）、实况听力中阶（以下简称实况听力）和高级汉语视听说课（以下简称视听说课）。

首先我们发现语音输入对输出效果的影响与下面三个因素关系密切：

1. 输入信息的时机

2. 输入信息的时长

3. 信息反馈活动

以上三点运用得好，即可以使课堂活动实现效益最大化。

一、输入与输出的相关理论

语言的输入和输出问题是第二语言习得研究的一个重大领域，其中广受关注的有克拉申（Krashen）的输入假说（Input Hypothesis）和斯万（Swain）的输出假说（Output Hypothesis）。克拉申（1982）认为可理解性输入是人们掌握语言的唯一途径。学习者通过他们所听到的、所读到和所理解的，而不是通过他们所说的来习得语言。克拉申的“输入假说”在语言习得中的作用是值得肯定的，但它过分强调输入的作用而忽视了输出的作用。斯万（1985）认为“可理解输入”在习得过程中固然作用很大，但仍不足以使学习者全面发展其二语水平，学习者欲使二语既流利又准确，不仅需要可理解输入，更需要“可理解输出”。输出不仅可以提高语言的流利性，而且还具有使学习者集中注意力、进行假设验证和自觉反思等多项功能。在听力教学中，单纯的听虽然可以增大输入的“量”，但是并不能保证习得的效果。而通过可理解输出语言体系，则可以提高语言输出的准确性。近年来有关输入——输出模式的实证性研究相继出现[①]，这说明听说一体越来越受到第二语言习得领域的重视。

二、输入对输出效果产生影响的因素分析

从输入到输出并不是一个简单的听后说的过程。输出信息的质量和输出量的大小很大程度上与接收信息的质量有关。从主观上讲，学生的学习目的、学习态度、学习时的情绪会直接影响输入信息的接收质量；从客观上讲，教学设备、教学环境、信息输入的次数，以及教师的作用也都会对接收信息有影响，其中最不能忽视的就是教师的作用。因为信息是整批输入还是批量输入，何时输入、输入后的反馈方式都由教师掌控。

① 张鹏经实证研究指出，第二语言输入技能与输出技能都与二语学习者的水平有很大的相关性。参见张鹏　2004《西南民族大学学报》第5期。

（一）控制输入的时机

教学应该注重适度性，也就是教学内容应该与学生的语言水平相一致。然而已选定的教材不一定都能满足适度性的要求，斯科里温纳（Serivener，1994）指出，任何磁带在任一级别都可使用。因此不必担心录音适用的水平，而应该尽力保障设置的任务符合学习者的水平。

另外接收语音信息时心理上有无准备，其接收效果有很大区别。在无准备的情况下听，一是抓不住重点；二是遇到障碍时不易快速跨越。为此在听新信息之前，“引入”就成为了一个必不可少的环节。通过引入，学生对将要听到的信息有所预期，听的时候也会将注意力集中到关键信息上。

我们看到三个观摩课各自都安排了听前引入环节。引入分为以下三类：

第一类：补充相关视频、语音或文字信息

活动目的是使学生储备语境知识，增加对新信息的熟悉程度，为新信息划定一个语境范围，便于学生调动大脑中已经储存的知识，对信息产生联想。

第二类：排除语言障碍

活动目的是扫除理解主要意思时可能会遇到的语言障碍，使听力理解更加顺畅。

第三类：听前提问

活动目的是明确理解任务，降低比较难的内容的理解难度，变被动听为主动听，将注意力锁定在主要信息上，自觉排除非主要信息的干扰。

完成引入以后，学生储备了一定的背景知识，部分词语障碍已被解决，要理解的任务也得到了明确，此时引入活动已经与新信息之间成功地搭建了桥梁，学生已经从心理上、知识上作好了接收新信息的准备，理解新信息自然是水到渠成的事。

（二）控制输入信息的时长

与学习材料的难度不能选择一样，已选定教材的课文长度也是不可以选择的，有的课文长度适宜，有的则偏长。教学中会对输入信息的时长作一定的处理，有的是从心理语言学的角度，根据听者的可接受程度对长度进行调整；有的是从学生的水平考虑，缩短每次输入信息的长度；有的则是从教学目的考虑，对长度进行调整。三个观摩课在控制输入信息的时长上各有特色。

（1）整段输入。听说课就采用了这种方法。其讲授的课文长度为 400 多字，长度适宜，所以采取整段输入的方式。[②]

（2）分段输入。实况听力和视听说课都采用了这种方法。本次观摩课实况听力的课文比较长，字数为 1000 多字，所以分成了两段听。另外，这样分还有一个道理，即：第一段为记者的陈述，第二段为采访对象的谈话内容，正好是课文的两大部分。视听说课则分得更细，是将课文按照京剧的定义、京剧的特点、京剧的表演、京剧的角色、京剧的化妆和音乐分成了六段。

分段听的优点是减轻理解压力，便于记忆，而且可以提高输出效果。

（三）进行与输入信息相关的反馈活动

沟通教学理念，提倡给学生提供各种使用语言的机会，使学生在语言的使用中主动、综合地发展语言能力。课堂的教学时间是有限的，如果在有限的时间内，能够使学生新获得的语言知识和信息得到充分调动和使用，那就需要一系列设计合理的反馈活动。下表是三个观摩课所使用的反馈练习的情况：

课程名称	回答问题	判断正误	选择正确答案	完成填表	复述	小组活动	总计
初级听说课	√	√		√		√	4
实况汉语听力	√		√	√	√	√	5
高级汉语视听说	√			√	√	√	4

活动方式的特点是：大量使用回答问题、填表和小组活动，其次是复述、判断正误和选择正确答案。

三、“输入”与“输出”的实施情况与评价

三个观摩课的教师在进行信息输入之前有一个共识，就是要让学生有准备地听。三位教师的方法有相似之处，也有不同之处。

② 张本楠在《中文听力教学导论》中提到：“听力教学中，对话性语料的长度控制在 90 秒上下比较适当。”（第 227 页）

1. 初级汉语听说课　招聘

输入信息前

步骤：聊天儿 →	看招聘启事 →	提示“工作面试”的问题
目的：引入新课	学习生词	有目的地听
方法：教师问，学生答	在启事旁边列出生词 通过熟悉的背景启发学生说句子	PPT 打出问题 学生个别读和齐读

输入信息后

第一遍后	回答问题	
第二遍后	检查判断题答案 →	小组讨论
方法：	学生轮流做，重复听理解有误的部分	提供两个人物的信息 讨论：谁更适合这份工作？

语言实践：小组活动：面试

目的：实现新知识的迁移

方法：采访活动　题目：工作面试

2. 实况听力中阶　结婚消费

输入信息前

步骤：复习 →	泛听 →	准备新课
目的：为新课的功能和表达作铺垫	充实听力内容，扩大信息量，将学生引入新语境	培养学生听时记录的习惯 有目的地听
方法：听句子，学生说出关键词和说话人语气	看视频 学生概括内容 扩展句子	通过前一视频得出新课生词 用情景引导学生使用生词 PPT 打出问题 教师依次提问，学生记录

输入信息后

第一遍后（采访前）

步骤：回答问题 →	猜测练习
日的：检查理解情况	预测接下来要听的部分内容

（采访对象一）

步骤：回答问题	→	复述	→	补出被采访人的话
方法：个别回答		全班一起，再个别复述		个别学生做

第二遍后

步骤：完成填表

（采访对象二）

步骤：小组活动	→	看图（PPT）
目的：合作完成信息重建		理解文化难点

（采访对象三）

步骤：选择正确答案	→	小组活动 1	→	小组活动 2
目的：检查理解情况		检查理解情况		检查理解情况
方法：PPT 给出题目和选项		小组成员核对答案		小组代表读题目，说出小组讨论的答案

（采访对象四）

第一遍后

学生相互提问

第二遍后

说出说话人的语气和表达 → 补充视频：现代人的婚礼片断

语言实践：采访

目的：实现新知识的迁移

方法：小组活动　题目：留学生眼中的中国婚礼

3. 高级汉语视听说课 京剧

输入信息前

步骤：学习生词	→	泛听	→	准备新课
目的：引入京剧话题		充实听力内容 扩大信息量，引入新语境		有准备地听 学会使用新表达
方法：看图片释义		边看图片边学生词 教师讲解，学生根据图片意思说句子		复习主课生词（已处理过） 教师举例，学生根据情景说句子 学生读题

输入信息后

第一遍后

步骤：	理解主要段落	→	补充视频		
方法：	听主要段落	→	插入式	→	分段听主课文
	学生概括后		个别复述		概括
	给出文本		教师书面概括大点		填空
					给出相关部分的文本
					补充视频，加强理解

第二遍后

步骤：	分段听	→	补充视频
方法：	概括		插入式
	填空		

第三遍后

步骤：	总结要点	→	全文记忆		
方法：	填空	→	看表格复述	→	小组活动
			每人说一点		小组成员一起回忆
					代表汇报

四、对三个课输入与输出效果的评价

三个观摩课在教学安排上各有千秋，不过共同点很清楚，即都非常注重输入信息的接收效果和输出效果。与以往检查输入效果时大量使用书面练习方式不同，三个观摩课在教学中大量采用了输出练习方式，其教学效果显著。

在对三个课的输入与输出效果进行评价，我们认为可以参考美国国家外语资源中心（National Foreign Language Resource Center, 1999）（以下简称 NFLRC）的“外语多媒体软件评核系统”中有关听力部分的评核标准。该标准指出对听后活动要从三方面考察：

1. 听后活动是否基于特定的信息形式特征？
2. 引导学生特别注意的形式特征是否经过了慎重的挑选？
3. 听后活动是否可以促进对词汇的获得？

就三个观摩课的教学过程而言，我们至少可以肯定三个课符合 NFLRC 标准中的第一点和第三点，而第二点，因为不是本文关注的重点，所以不在此讨论。下面我们就来说明一下三个课是如何达到第一点和第三点这两项标准要求的。

1. 听后活动是否基于特定的信息形式特征？

教师采取的对策和使用的练习方式旨在将语音形式获得最大化的利用，包括通过语言形式了解背景、接受信息，就连新词语和语言点也都是借助语音信息来学习的。

举例来说，我们一般理解的“引入”通常是教师作一两分钟的话题引入或背景知识介绍，而实况听力和视听说课则采用的是用一段视频来做引入，这样不但保证了形式上没有脱离“听”，而且在没有增加太多学习负担的情况下，增加了信息输入量。

我们还发现教师非常巧妙地将熟悉语境与扫除语言障碍两项教学任务结合在一起，利用背景信息视频引出的不仅是新话题，还带出了主课文中的新词语和重要语言点，做起来没有牵强感，学生接受起来也很容易。下面是几个例子：

例 1. 看补充背景视频后教师问：你们喜欢什么样的婚礼？（实况听力）

答：很热闹的，很多人来参加的。

教师解释：很热闹的，很多人来参加的婚礼，可以说是“风风光光”（生词）的婚礼。

例 2. 听录音：“80 后的比较自主一些，就是，还是想自己打拼一些事业，自己有多少钱花多少钱，……婚庆消费也应根据自身条件合适才好。”（实况听力）

问：如果一个人有多少钱就花多少钱，这种人是……？ 这叫“量力而行”（生词）。

例 3. 听录音：“我结婚那阵子可是上个世纪五六十年代了，什么要求都没有，把铺盖，啊，就是两个人的铺盖往一块儿挪，就结婚了，哪像现在这么复杂啊。”（实况听力）

问：说话人是什么语气？

答：不满。（本课主要学习的语气之一）

例 4. 看视频：京剧里表演穿针、上楼的动作。（视听说课）

提示：京剧里这种表现方法叫做“虚拟”（生词）。

问：虚拟靠什么来表演？

答：动作。

2. 听后活动是否可以促进对词汇的获得？

三个观摩课为输出活动的设计花费了不少心思，很多练习方式在调动学生的积极性和启发表达能力方面发挥了显著作用。通过练习，学生的语言知识和文化知识都获得了很大提高。对三个课的输出活动，可以概括为两点：

（1）活动量大

从开始上课到结束课，多次给学生说的机会，而且每个学生的机会几乎均等。从练习词语表达到复述段落、复述课文，学生开口说的机会非常多。学习生词时有根据提示背景说句子；理解输入信息时有回答问题、概括、小组拼凑信息、复述；复述又有分段落复述和完整复述，几乎在每个学习环境都安排了输出活动。

（2）活动的针对性强

三个课在让学生做输出练习时的针对性都非常强，输入的内容随着训练任务给出，必要时将整段信息进行分解。比如实况听力和视听说课在学习生词时，为了让学生在语境中掌握词语的意思，都将含有目的词语的句子或语段截取出来，从而对词语进行强化，然后或用该词语练习表达，或根据语段的意思概括出新词语。这种以“听”来学习词语的方式，收到了比单纯讲解词语更好的理解效果。

当需要考查学生对某个表达方法或语言点的掌握情况时，在给出输出任务的同时，还会给出表达要求。如视听说课在理解“京剧的表演是什么”时，先播放“京剧采用的是虚拟的方法，不受时间和空间的限制”这个小段落，要求使用本课新语言点“概括为”一词来回答，学生回答后，再用 PPT 将句子显示出来，供学生对照理解。

为了加深信息理解和记忆，实况听力对复述练习进行了充分的利用。首先是学生一起复述，接着请个别学生复述，最后再请个别学生说出前边复述的同学没有说出的内容。经过这三个循环，完成了对新信息的记忆。

视听说课对复述也是追求最大化的输出效果，它通过提供简单的内容提示，帮助学生尽可能地回忆所听内容。如下表就将京剧的方方面面内容都作了简单提示。

中国京剧	产生年代	表现方式	表演手段	角色	化妆	音乐
京	清	虚拟	唱、念、做、打	生、旦、净、丑	脸谱	打击乐

值得一提的是听说课和实况听力课都安排了迁移活动。在一系列的理解练习和应用练习之后，学生已经基本掌握了本课的新知识，具备了实际应用能力，在此基础上，教师适时安排了迁移活动，这对学生来说无疑是最佳语言实践。即使这样，教师也没有松懈，他们将小组活动的题目、每个学生所代表的人物，以及每个人物的语言特色都作了明确规定，从而使迁移活动既有发挥的自由，而又不失控制。

五、结　　语

三个观摩课对“输入”与“输出”的关系作了比较新的诠释，这对于那些还在苦苦探索听说课上“听”和“说”应各占多少比例的教师来说，有重要的参考价值，对于听力课教学也很有借鉴意义。这种教学模式对改变学生“说不出”或“说不好”的现象有着积极的指导意义。教师们的这种新探索应该引起教学界的重视。

参考文献

陈若君、魏红霞　2002　《汉语听力速成·高级篇》，毛悦主编，北京语言大学出版社。

刘颂浩　2008　《汉语听力教学理论与方法》，北京大学出版社。

刘　珣　2000　《对外汉语教育学引论》，北京语言大学出版社。

孟　国　2008　《原声汉语——中级实况听力教程》，北京大学出版社。

沈红丹　2008　《成功之路·进步篇·听和说》（第二册），北京语言大学出版社。

张本楠　2008　《中文听力教学导论》，北京语言大学出版社。

朱晓申、邓天中　2007　《交互性外语教学：理论与实践》，上海外语教育出版社。

Krashen, S.　1982　*Principles and Practice in Second Language Acquisition*, Oxford: Pergamon Press.

Swain, M.　1985　Communicative Competence: Some Roles of Comprehensible Input in its Development, *Input is Second Language Acquisition*, Rowley, MA: Newbury House.

Swain, M.　1993　The Output Hypothesis: Just Speaking and Writing Aren't Enough, *The Canadian Modern Language Review*.

胡波，女，1957年生，北京语言大学汉语进修学院副教授。1982年参加工作，研究方向为对外汉语听力口语课教学和练习方式的研究。主要教授对外汉语听力课和口语课。主要成果有：专著《汉语听力课教学法》、教材《汉语听力教程》（第一、二册）、论文《听力测试难易度分析》、《三部汉语听力教材分析》等。

对外汉语听说课·课堂教学研究

中编

对初级汉语听说课教学原则的思考

田　靓

摘　要： 本文通过对听力课理论基础和实践思考的分析提出，听说课是听力课的继承和发展。在此基础上详细分析讨论了初级汉语听说课的教学原则，即听说并重、以听为基础及渐进式发展听说综合技能。

关键词： 听说课　教学原则　基础阶段汉语教学　对外汉语教学

一、引　言

"初级汉语听和说课"（以下简称"听说课"）是汉语进修教育在基础汉语教学阶段所开设的"初级汉语必修课"，是"一种听力、口语技能训练课"（《汉语进修学院学生手册》，2010）。作为新课型，听说课既不同于单项技能训练课，如听力课、口语课，也不同于综合课。那么它的课程设计理论基础和实践背景是什么？教学原则是什么？在课堂实践中，教师应该依据什么教学原则，通过何种途径有效实现教学目的？这一系列问题有待于研究、思考。据此，本文拟尝试在理论背景考察和实践思考分析的基础上探讨听说课教学原则，以求教于专家。

二、理论背景

（一）听力理解在第二语言发展中的重要性及其优先性地位的确立

虽然迄今为止，第二语言习得和测试的研究者们在语言能力的统一性和可分性问题上还未达成一致意见，但大部分实证研究结论都倾向于认为，听力与其他语言技能，如说、读和写，有重要的区别。（Rankin，1926；Brown，1949；Hanley，1952；Spearritt，1962）有研究还提出，听力理解很可能是一种影响语言能力发展的独立因素。（Joseph P. Boyle，1988）这就是说，听力理解不仅可以作为一种独立发展指标予以测量，而且在课堂教学中，教师们有必要将听力作为独立技能加以训练和提高。在第二语言课堂教学研究中，教学者也提出，听力是一种需要优先发展的技能。因为掌握一种知识和技能，首先是接收和理解，然后才是表达和应用，因此克服听力困难是顺利完成口头交际的前提。

（二）对第二语言教学和习得研究中“输入—输出”理论再思考

语言输入是第二语言习得研究的重要内容之一，“听”是语言输入方式之一。“输入假说”（input hypothesis）认为，只要具备足够量的可懂输入，学习者就能够自然习得相关内容。（Krashen，1985）有研究者认为，这有力地支持了“单独进行听力教学”的主张。（胡晓清，2010）也有教学者认为，语言水平的提高是靠输入的不断积累，而不是输出越多越好。（杨惠元，1997）因此教师似乎不必急于要求学习者表达思想，而是为他们创造语言输入的机会，提供更多的可懂输入。不过，随着人们对“输入—输出”关系的深入探讨，Swain（1985）提出了“可理解输出假设”（comprehensible output hypothesis），认为输出（目的语）的活动不仅可以激发学习者对语言知识的吸收和控制，而且可以激励他们在有意识地了解自身语言问题的基础上，提高输出的可理解性和表达的准确性。

总体看来，目前研究结果大都支持“多维度的语言技能训练”，而不主张只注重输出或只强调输入的技能训练模式，而且不少研究也证实了输入、输出并非是毫不相干的技能，它们都关涉学习者语言水平的发展，应该是互动互补的关系。

三、实践思考

（一）对分技能课程设置的思考

鲁健骥先生（2009）指出：分技能教学模式“始于1979年初的教学改革”。教师们通过对学生在华学习目的和生活需求客观分析后提出：在有限的学习时间内，“说”可控制在一定限度，先满足生活需求即可，此后可随专业学习而发展；但要“突出听、读”，以满足学习者入系学习的迫切需要，因此增开听力课、汉字读写课和阅读课。此后的教学实验、调查结果都表明，这一模式适合它所规定的教学对象，也达到了预期的“突出听、读”的效果，为国内有同类教学对象的高校所采用。我们认为，上述内容说明了两个问题：

第一，分技能教学是建立在对特定的教学对象和教学目的的客观分析基础之上的，它既符合教学实践需求，也是教学理论发展的结果，因此获得了良好的效果和教学界的认可。

第二，语言教学模式、课程设置等方面应该而且必须根据教学对象的实际需求确定。如果需求发生变化，大概也不必守着听力、阅读等单一技能课程，而可以将“听、说、读、写”等技能相组合设课。

（二）对“听力课难上”的思考

自上世纪 70 年代听力独立设课开始，有关听力教学的讨论便随即展开。但时至今日，教师们仍普遍认为“听力课难上”，这是一个值得深思的问题。在听力课堂上，究竟出了什么问题?

客观上，作为一种单纯性的信息输入方式，“听力”的确难以获得严格意义上的独立训练。正如有研究者指出的那样：由于听的技能不是孤立存在的，所以在具体训练中必然要与其他技能结合在一起训练。（盛炎，1990）而大多数听力课的教学过程往往表现为：教师放录音，学生做听力练习，然后以“正确”答案的形式作出反馈。这样的听力课不是训练技能，而更像是在进行理解测验。可见，虽然独立设课符合听力发展重要性和优先性的理论要求，但实践效果并不理想。

主观上，教师们认识上的偏颇也造成了“听力课难上”的现状。有教学者曾指出，许多人对听力课不够重视，“往往安排没有经验的教师上听力课”。如果教师认真钻研方法，注重技能训练，教学效果就好；反之如果照本宣科，效果当然不如人意。（杨惠元，1992）虽然教学水平不平衡不是听力课独有的问题，但却在听力课上显得突出。我们也常会听到“听力课不就是放放录音，对对答案，谁都能上”这样的评论，虽然是调侃之语，但也在一定程度上反映了教师对听力课的理解认识。当然更深入地说，“听力课难上”还涉及教材编写，这是既关涉相关理论成果应用，也涉及编写者认识的复杂问题，受本文主题所限，暂不讨论。

四、听说课的教学原则

（一）对理论背景和实践思考的小结

综上，我们认为，听力独立设课是第二语言教学和习得理论在实践应用上的必然选择。设课初期，这种选择不仅实现了当时的教学目的，而且推动了教学的发展，提高了效率。

但随着实践的深入，作为单一技能训练课，听力课的缺点也逐渐显现：不能获得严格意义上的独立训练、教学模式受设备和材料固定性的限制较强、教学效果高度受制于教师对课程的认识（包括教学水平），等等。更加困难的是，这些问题无法在听力课内部得以解决。而第二语言教学和习得研究也提出，比起只注重输出或输入的单一技能训练模式，多维度的语言技能训练更加有利于学生语言技能的发展，输入和输出存在互动互补关系，这为我们解决听力课实践中所遇的矛盾提供了思路，“听”和“说”的结合就是对这一思路的尝试。

基于这样的背景和分析，我们认为，听说课是听力课的延伸和发展，听说课和听力课之间存在发展性的继承关系，这是我们探讨听说课的教学原则的认识基础。

（二）听说课的教学原则

我们知道，教学原则不能凭空确定，它应是在一定的教学目的基础上将理论和实践结合的产物。确定教学原则必须从理论中寻找依据，并结合教学经验总结。（刘珣，1997）根据上述分析，我们认为，听说课应遵循如下教学原则：

1.“听说并重”的原则

第二语言教学“输入—输出”理论及听力课教学情况表明，听与其他技能之间关系密切。“听说并重”原则可以克服单一技能训练的不足，也符合多维度技能发展的要求。

但不应忽略的是：本文讨论的“听说课”开设时间为基础教学的短文阶段（通常指第一学年的第二学期，所谓“初下”），我们认为“听说并重”的原则在教学实施上需要具备一定条件，因为学生只有具备了一定的听力技能，才有能力和兴趣将听和说技能结合在一起发展，教学中也才能真正落实“听说并重”原则。很难想象，一个不具备基本汉语听力技能的学生能够做到听说技能的综合发展。因此从语言技能的培养和发展上看，在基础教学的语法阶段（通常指第一学年的第一学期，所谓“初上”）尽早开设听力单项技能训练课并不是“增加学生负担”的举措，而是不可偏废的一项任务，如果没有这一基础，“听说并重”的技能训练无疑会举步艰难。

我们认为，听说课是听力课的延伸和发展，是因为语言技能的培养需要符合循序渐进的教学原则。虽然听力课教学可能存在各种不如意，但对零起点的学生来说，这也许就是不错的方法；而对有一定汉语基础的学生来说，单一技能训练模式显然不能满足他们的学习需要。因此我们在看到单一技能训练课不足之处的同时，不能全面否定其功效，应该综合考虑学生在不同语言水平下的发展需求。从这个意义上说，“听说并重”原则应以学生接受过听力单项技能训练，具备一定的汉语听力水平为实施条件。

其次，“听说并重”原则指的是，作为技能的听和说在发展水平上的“并重”。因此需要排除对该原则在理解上可能出现的一些误区：（1）认为“听说并重”是在教学时间分配上的“并重”，一课时（50分钟）训练一项技能。（2）认为“听说并重”是在练习量上的“并重”，一问一答，有听有说即可。而这里指的“听说并重”是对“听”“说”技能一体化，“听”“说”技能均衡发展的要求。这就需要教师在“听说并重”的原则指导下，采用不同的教学方法，“以听促说、以说带听”。

长期的教学实践经验告诉我们，语言技能的发展是不平衡的，而影响技能发展的因素也十分复杂。即使是在基础汉语教学“突出听说”或者适当的“听说领先”教学原则指导下，听和说的发展也不可能均衡。这需要教师在教学操作中予以平衡，在分析教学对象能力发展的基础上，在参考教材内容适用度的基础上，帮助学生尽可能均衡地发展技能，提高水平。如果学生的听力水平高于表达能力，那么教师应适当增加或提高表达训练的机会和要求，即“以听促说”；如果学生的口语技能高于听力水平，那么教师应适当加强理解性技能训练，即“以说带听”。

我们认为，在听说课上，究竟是“多听”还是“多说”不是一个适于进行抽象探讨的问题，而一定要视学生听说技能发展的具体情况，甚至对每个学生的技能发展都可以有具体分析，从而拟定出促进其听说的综合技能发展方案。因为任何一项技能的偏废，最终都会降低语言学习成功的几率。

2.“以听为基础”的原则

作为一种对语言习得和发展具有预测性的独立因素，听力理解能力不仅在理论研究中获得了重视，而且在教学实践中也是学习者最为迫切需要获得提高的技能之一。有调查表明，多数学生认为“听”和“说”是他们最需要的语言技能，但毕业（或结业）时听力能达到满足需要程度的只占调查人数的13.9%（高彦德等，1993）。如果我们可以大胆地说，教学中无论怎样强调“听力”能力训练都是不过分的，那么在“听说课”上遵循“以听为基础”的原则也就不难理解。而如何在教学中施行这一原则成为了问题的关键。对听力技能训练的重视是否意味着对听力课的回归呢？倘若如此，听说课充其量只是听力课的更名，而不是继承和发展。因此我们认为，“以听为基础”原则的实施需要我们大胆“更新”：

（1）更新听力技能的训练方式。从生理上说，听力依靠耳朵，但言语理解并不依靠耳朵，这是常识。因此我们不能忘记，听力训练的本质是语言理解训练，声学输入只是一个要素。而一定的肢体语言、相应的表情、学习者具备的背景知识等，都应是参与语言理解的要素。是不是一提到听力训练，就一定要用录音？就一定要做选择题和判断题来衡量学生是否理解？这在一定阶段可能是“必须”的（参考“听说并重”原则），但不是“必定”的。

我们认为在听说课实践中，为了达到模拟真实的交际环境的目的，听力技能训练的手段需要更新，录音、影像资料当然不可或缺，但绝不是唯一的依靠。听身边的同学说、听老师说、听专家讲演等都可以成为训练听的方式，训练说的基础。当然，这是听说课的不易之处，也是听说课在听力课基础上发展延伸的途径——不拘一格地拓宽训练方式，让学生处于真实的汉语交际环境，才能切实实施听说技能的综合训练。

（2）更新教师对听说课的理解和课堂实践。说到“以听为基础”，教师一般会解释为这表示“听”比“说”重要。我们认为，这是长期以来的单一技能训练在观念上留下的误区。对零起点的学生，“听、说、读、写、译”五项技能可能的确有“急用先学”之分，但是对初步具备汉语知识和交际技能的学生来说，强调“技能综合发展”比强调“谁重要”更有意义。

“以听为基础”的原则需要教师真正建立“听说”作为综合技能的观念：成段地“听”是为了成段地“说”，不是为了判断正误，画出勾叉；成段地“说”是为了表达“听”后的收获，不是为了“智力游戏”般说出记忆中的细节。因此，无论先听后说，还是先说后听，都应模拟语言交际真实情况，体现“听说”一体化，完成“理解——表达——再理解——再表达”循环往复的交际过程。在理解的基础上表达，在表达的基础上实现人际间的观点、思想的交流。

此外还需要提出，更新观念的同时，教师在课堂实践中尤其要避免“听”与“说”不搭界的情况，即听是一套，说是另一套，其交集只是某一类话题。这种情况看上去似乎是在进行听说训练，但本质上不过是就同一个话题进行“听”或者“说”的训练，结果往往不是将“听说课”上成了“听力课”，就是将其上成了“口语课”。坦率地说，作为新课型，在课堂实践中如何将“听说”技能进行综合训练还是一个盲点，是需要更多深入摸索和探讨的问题。而我们目前的认识是：在“以听为基础”的原则指导下，激发学生用汉语进行“理解—表达”、进行人际沟通的学习情绪和欲望，应该是一条可以尝试的途径。

3.“渐进式发展听说综合技能”的原则

大家都知道，技能的发展和熟巧都不是一蹴而就的，需要依靠量（指训练量）的积累才能达成质（指掌握水平）的飞跃。听说综合技能发展同样不可避免受到这一规律的制约。

上述讨论使我们认识到，听说技能综合发展一方面以单一技能发展为前提条件，另一方面以综合技能发展需求为导向，必然不可能具有整齐划一的基础，更不可能一瞬间达到飞跃性的进步。从课程设置角度看，听和说技能的综合只是一个起点，是为达到语言交际能力全面进步，“听、说、读、写、译”语言技能综合发展这一最终目的而设立的第一站。因此，听说课具有承上启下的功能。“承上”是指它逐渐摆脱单一技能的强化训练，使得理解和表达贯通，帮助学生逐步实现“用目的语思维”的最终目的；“启下”是指它不是语言学习的最终目标，只是“听、说、读、写、译”综合技能发展中的起始部分，语言技能的全面发展需要更多更广泛的综合训练。

我们认为，落实渐进式发展原则就需要在教学过程中真正体现“渐进”，因为技能发展的不平衡使得它们在走向综合的过程中更加需要时间、需要过渡、需要帮助。在听说技能综合训练的教学实践中，教师应该有计划地训练学生的综合能力，逐渐达到两项技能水平的均衡发展，既不能指望凭借一两节课的所谓的成功课堂教学实现，也不能无限期地纠结在学生技能“短板”上，毕竟逐渐从单一技能训练模式走向综合是一个长期且有波折的过程。也就是说，在训练期间我们可能遇到各种问题，比如听力水平过低对口语表达产生了负面影响，学生没听懂，不会说或者乱说；或者口语表达能力较弱对听力产生了牵制，学生听懂了，却不会交际或不符合汉语交际规则，等等。对于这些问题，教师都应该站在综合技能发展的角度上，给予客观分析，提出解决办法，既不能打击他们的信心，也不能一味迁就学生的弱点。动态地观察学生听说技能的发展，才能促使弱势变优势，优势不退化。

五、结　　语

总之，我们认为听说课的设置既有理论助力，又有实践基础，是语言教学研究和实践深入发展的必然选择。但是也要认识到，作为一种兼具继承和发展的新课型，听说课的研究还薄弱。本文以上内容也只是在2010年北京语言大学听说课观摩课活动的基础上有感而发，粗浅探讨了汉语作为第二语言教学基础阶段听说课的教学原则，希望略有抛砖引玉之功用，同时企盼得到专家的批评指正。

参考文献

高彦德等　1993　《外国人学习与使用汉语情况调查研究报告》，北京语言学院出版社。

胡晓清　2010　汉语听说一体化教学模式探析，《语言教学与研究》第1期。

刘　珣　1997　试论汉语作为第二语言教学的基本原则——兼论海内外汉语教学的学科建设，《世界汉语教学》第1期。

鲁健骥　2009　澄清对外汉语教学模式演变过程中的两点重要事实，《暨南大学华文学院学报》第3期。

吕必松　1993　对外汉语教学概论（讲义）（续三），《世界汉语教学》第1期。

盛　炎　1990　语言交际能力与功能教学，《第三届国际汉语教学讨论会论文选》，北京语言学院出版社。

王志刚、倪传斌、王际平、姜　孟　2004　外国留学生汉语学习目的研究，《世界汉语教学》第3期。

杨惠元　1992　中国对外汉语听力教学发展，《世界汉语教学》第4期。

Joseph P. Boyle　1988　听力理解是语言能力中一个独立的因子吗？林淑端译，《国外外语教学》第4期。

Krashen, S.D.　1985　*The Input Hypothesie: Issues and Implications*, New York: Longman.

Swain, M.　1985　Communicative Competence: Some Roles of Comprehensible Input and Comprehensible Output in its Development, In S. Gass & C. Madden (ed.), *Input in Second Language Acquisition*, Rowley, Mass: Newbury House.

田靓，女，1977年生，硕士，北京语言大学汉语进修学院讲师，研究方向为汉语作为第二语言教学、第二语言习得。教授对外汉语初级综合、阅读、听力等课程。主要成果有：论文《影响外国留学生汉语语音短时记忆的因素研究》《外国留学生汉语语音意识发展的实验研究》《言语速度对留学生听力理解的影响》《翻译对初级汉语学习者词汇习得的影响》《复述练习频率对初级水平留学生口语表达流利度及正确率的影响之个案研究》等多篇；采访、编写《北京语言大学对外汉语教学名师访谈录·李景蕙卷》《北京语言大学对外汉语教学名师访谈录·赵淑华卷》。

初级汉语听说课开放式教学模式的构成要素

孟艳华

摘　要： 由于教学理念不同，教学模式可以分为封闭式课堂教学（多由教师操控课堂活动）和开放式课堂教学（多由学生自主参与课堂活动）两类。针对初级汉语听说课这一新型课型，本文主张采用开放式课堂教学模式。文章在语言习得的相关理论基础上展开讨论，结合初级汉语听说课中的教学实例，提出初级听说课开放式教学模式的三大构成要素及应注意的问题。

关键词： 开放式教学模式　初级汉语听说课　课堂教学构成要素

一、教学现状与相关理论背景

根据语言教学分技能训练的原则与主张，目前国内语言教学多采取听力课、口语课单独设课的方式。听力课、口语课各自的教学系统可区分出至少四种类型，即：综合型教学、附属型技能训练、自助型练习、应试型强化训练（李红印，2000）。

听力、口语分技能设课的做法已实行多年，对于“听”和“说”之间的关联性问题，研究者们也早有研究，如杨惠元（1991）等。近年来，在教学理论研究中，听说一体化教学模式更加受到重视。在教学实践中，也出现了听力课、口语课合并为一门听说课的做法，如，北京语言大学汉语进修学院编写与使用的《成功之路•进步篇•听和说》，以听说一体化的“听和说”课（以下简称“听说课”）取代“听力课”。其理论依据如下：根据 Krashen（1982）的“输入假说”理论，人类通过吸收可理解的输入信息来获取语言知识。根据 Swain（1985）的“输出假说”理论，“听懂”却未必等于真正学会目的语的语言形式，而学习者的可理解的语言输出有助于促进他们流利和准确地使用语言。因此，为提高教学的有效性，有必要把“输入”和“输出”结合起来进行教学。“听”属于“输入”，而“说”属于输出，通过可理解性的听力输入，训练学生理解语句意义的能力，在此基础上，通过可理解性的输出练习，引导学生在口语活动中理解、运用、掌握并检验语言表达形式，才能使语言知识内化，进而习得语言。"听"和"说"二者相互结合，才更有利于语言学习。

本文所说的"初级汉语听说课"属于采取听说一体化教学的新型课型。这一新型课型要求开放式教学模式——"开放式听说课教学模式"与之适应，它主张以开放式模式进行听说课课堂教学，在课堂教学中给学生提供各种使用语言进行"听"和"说"的机会，最终达到使学生能获得各种在现实生活情境下所需的听说技能的目的。（张本楠，2008：7 ~ 25）

二、开放式教学模式的内涵、特点及构成要素

在听力课、口语课教学中使用较为广泛的教学法包括听说教学法、听力微技能教学法、功能教学法、交际教学法、自然教学法、任务型教学法（与"内容型教学法"相对），等等。

由于教学理念的不同，由不同教学法等要素参与构成的教学模式可以分为封闭式课堂教学与开放式课堂教学两大类。前者以教材和教师为中心，由教师根据所用教材控制教学内容、课堂练习等课堂活动；后者以学生为课堂活动的主体，师生互动，共同学习与理解教学内容，学生自主参与课堂练习等课堂学习活动。

本文主张采用开放式教学模式。所谓开放式教学模式，指有效利用课堂内外一切有利于语言学习的因素（Stern, 1983；Nunan, 1999；Saville-Troikel, 2005），如，调动学习者的学习兴趣，提高学生的课堂参与性；介绍相关社会文化知识；使用多种教学手段；贯通教室内外的语言实践活动等。在此基础上，开放课堂教学内容、教学环节、教学方法，在课堂上为学生提供各种尽可能真实有趣的语言使用机会，在课外要求学生与他人进行实质性的语言互动，使学生在课堂内外的语言使用中主动、综合地发展语言能力。

开放式教学模式的根本特点在于开放。该教学模式主要体现出以下具体特点：（1）学生主体性，即激发学生的学习活力与创造力，鼓励学生参与课堂教学过程，让学生的思维、心态处于开放状态，训练学生从不同角度寻求最佳表达方式，满足学生学习和发展的需要；（2）情境性，即创设开放的教学情境，通过教学时空的拓展变换，实现课内外知识、语言知识与非语言性内涵（如，社会、文

化、心理等）的有机融合，为学生营造开放的语言情境，进而拓展语言学习与语言应用空间；（3）动态性，即教学内容与教学过程不拘泥于教材、教案，充分考虑学习活动过程的多样性和多变性，教师通过学生的信息反馈，与学生互动，不断调整教学内容和教学方法。（梅根堂，2010）

为了实现“使学生在课堂内外的语言使用中主动、综合地发展语言能力”的目的，有研究者提出，开放式课堂教学模式的构成要素应包括教学思想和理论开放、教学目标开放、教学程序开放、教学方法开放、教学评价开放等诸多因素的开放性。（彭素强，2009）具体包括：建立开放式的师生关系，创设开放式的语言环境，设计开放式教学内容，设计开放式的练习与作业，采取开放式的教学方式等。

我们认为，开放式初级汉语听说课课堂教学模式的构成要素至少包括以下三个方面：（1）教学内容的开放与优化，即教学内容开放；（2）教学环节的侧重与延伸，即教学环节开放；（3）小组合作学习——教学与学习方法多元化，即学习与教学方法开放。下文具体阐述。

三、开放式初级汉语听说课课堂教学模式的构成要素

（一）教学内容开放：教学内容的开放与优化

语言学、教育学、社会语言学、心理语言学研究表明，第二语言习得的成功在于着眼于意义内容而非形式，这包括两个方面：（1）通过语言内容学习语言，在一种有意义的情景中习得语言；（2）在自然的有意义的互动中习得语言（Hall Halley & Austin，2004：9 ~ 11）。这种基于内容的、意义先于形式的、以学习者互动为中心的教学方式，特别需要注意开放并优化教学内容。

教学内容围绕教材展开并在教材的基础上适当加以延伸。在开放式教学过程中，教师从教材所涉及的话题中选取某特定主题，围绕这一主题，把“教材——校园生活——中国社会——国际世界”几个方面贯通起来，根据各方面之间的结合点设计教学环节，使学习变得更有意义。

例如，听力课文《我们为学习汉语而来》是一段电视采访，在这段课文中，记者采访了四位汉语学习者的学习经历和学习目的。在完成相关听力理解练习（每位学习者的国家、姓名、年龄等基本信息，主要学习经历，学习原因，将

来打算等）并适当进行关于语言形式的提示与训练（其实、于是、不是……而是……、反问形式“不……吗？”等）后，教师设计“汉语学习经历采访”这一环节，把学生的注意力从注意语言表达形式（词汇、语法、交际方式）引导至有意义的交际上来，布置进行如下小组活动（4人/组）：（1）采访（对话体），一人扮演记者，采访同小组的其他3位汉语学习者，完成分角色对话式的关于“学习汉语的经历”的采访；（2）成段表达（叙述体），采访之后，每个成员完成对其他一名成员的汉语学习经历进行叙述性的成段口头介绍。设计这样的教学内容可以把课堂内外连接起来，把教材内容与学生的学习生活、世界各国汉语学习基本状况结合起来，学生不但练习了听力，应用了相关语言表达形式，而且学生之间的交流还沟通了“教材——校园生活——中国国情——国际世界”之间的关联，有助于他们了解中国及世界各国汉语学习与教育情况，有利于提高学生的学习兴趣和表达欲望。

再如，在学习《我爱我家》时，选取“大家庭好还是小家庭好——变化中的家庭观念”这一教学主题内容可以赋予课堂教学以生活色彩、时代色彩和文化色彩；在学习《缘分的天空》时，通过“找男、女朋友什么条件最重要”的讨论，使教学内容更加开放、更加个性化，等等。如果把这些教学内容安排在学习听力课文以前，适当引导学生的注意力，则有利于学生在听力理解中采取自上而下的学习策略，有助于学生在听的过程中有意识地注意目的语的表达形式；如果把它们安排在学习听力课文之后的口语练习环节，则有利于学生灵活运用所输入的内容与语言形式信息进行主动表达。

总之，教学内容开放必然会使得语言教学与学习的内容更切合现实生活，因此学习者所学的语言更加真实，有助于学习者在教室之外的各种真实情境中使用语言与人交流，提高语言交际能力。

（二）教学环节开放：练习环节的侧重与延伸

从内容与难度层级上来看，练习可分为：（1）基础性练习，如，听后回答：“广播中说到了几个航班？它们是从哪儿到哪儿的？”；（2）提高性练习，如，听对话后介绍说话者的旅行计划；（3）拓展性练习，如，听“招聘启事”后，从两位应聘者中选择一位录用，并说明选择录用的原因；再如，听“中国人吃饭的礼节”后，说一下与学习者国家的吃饭礼节有什么不同。

开放式教学重视练习形式的开放性与拓展性，在课堂教学中专门设计拓展性练习环节，并把拓展性练习放置于一个相对重要的位置。

从是否在课堂上完成的角度看，练习可分为课堂练习与课外练习。课外练习主要表现为教师布置的作业，是课堂练习环节的课外延伸。开放式教学注意使教学环节向课外延伸，要求学生在课外完成大量的拓展性练习。

例如，在学习对话体听力课文《还是自助游好》时，听后要求学生完成以下三个听力或口语练习：（1）听力理解——基础性练习：什么是跟团游、自助游？对话中的两个人觉得哪种旅行方式更好？为什么？（2）听后说——提高性练习：成段表达，“说说两人的观点”；（3）访谈——拓展性练习：同学访谈，“你喜欢哪种旅游方式？为什么？”其中拓展性练习需要占用全部课堂练习的至少三分之一的时间。在完成这些课堂练习之后，教师布置如下拓展性、语言应用型的课外练习：（1）收集信息：各小组任意参观学校附近的一家旅行社，通过与旅行社服务人员的切实语言交流了解国内主要旅行线路、景点及其他感兴趣的信息；（2）设计旅行路线：各小组设计一个国庆节或者劳动节期间 5 ~ 7 日的自助游线路，包括景点、出行方式、时间、大概费用等细节信息；（3）口头报告：小组完成口头报告“我们的自助游计划”，要求全体成员均在报告中发言，可使用图片、PPT 等辅助发言。这一课外语言作业内容相对复杂，对初级（下）的学生来说富有挑战性。教学实践表明，这一作业极大地激发了学生的探索精神，它几乎可以调动全体学生的主动性与参与性。正因为受学生欢迎，学生完成的情况非常好（有的小组甚至列出了每一餐的费用预算信息），达到了扩大语言实际使用范围、提高真实情境下语言运用能力的预期效果。

在中国这一语言大环境中进行汉语教学，学校课堂外的社会大课堂为学习者提供了广阔的语言实践和语言习得空间。教师可以利用这一“地利”条件，为学生安排一些有趣的课外语言实践活动，如：在《公交车的广播》这一课，布置课外听力作业：公共汽车和地铁上，分别聆听至少四则广播，并总结每则广播的主要内容；在《工作以后》这一课，布置课外社会调查：现今培训中心最受欢迎的课程都是什么？等等。这些具有实际应用价值的作业适合初级（下）的汉语学习者的听力和口语水平，不仅能吸引学生以更主动、积极的态度学习，而且还能为后续学习积累相关语言知识和学习方法。此外，还有助于加深学习者对中国国情和文化的了解。

（三）学习与教学方法开放：小组合作学习——教学与学习方法多元化

关于小组合作学习的优越性及其在初级汉语教学阶段的适用性，已有不少研究（崔希亮，2010：59 ~ 89），此处不在赘述。开放式教学模式提倡学习方法与教学方法的开放，小组合作学习是其中的重要方法之一。这里主要结合初级听说课的教学实践阐述在听力理解训练部分如何使用小组合作学习的方式推进课堂教学。

对于听力理解训练来说，小组合作学习不仅能增加"听"的机会，还能为学生交流听力理解策略提供机会，并使学生在交流中进行意义协商，达到听力理解的目的。在听力部分的教学中，"提问—讨论"式小组活动的适用范围较广，其具体做法是由教师提出一个较为复杂或者较有争议性的听力理解问题，学习小组讨论后回答。具体环节包括：提出讨论问题→小组讨论并形成小组答案→各小组交流→形成全班认同的答案。例如，听力课文《还是自助游好》中的两位说话者一个认为跟团游好，一个认为自助游好，他们通过对话比较了两种旅游方式在各个方面的利弊：是否麻烦、是否省钱、是否自由、是否有意思、是否安全等。听完这段课文以后（一般是听两遍），教师提出问题："对话中两人认为自助游和跟团游的好处和坏处都有哪些？"然后请学生小组讨论后回答。此练习虽然属于基础性练习，但所涉及的内容比较复杂，可以采取小组学习的方式推进教学，学生也比较喜欢小组讨论后再进行回答。在讨论过程中，随着对原文语意的理解逐渐明朗，语意间的逻辑关系也清晰起来，也加深了学生对听力内容的理解。

此外，听力部分常见的小组活动还包括：商榷词语或语句语义和商榷关键词。

当学生在聆听过程中遇到生词或首次接触到某特殊句式时，其所听内容就会存在信息缺失，教师把某些关键性的、通过上下文可猜测出语义的词语或句子抽取出来。如，听《租房子》这篇听力课文后，请小组讨论：（1）"每次都把房子搞得乱七八糟的"中"乱七八糟"的词义；（2）"我自由惯了""差不多就行了""你上哪儿找这么合适的房子啊"等句的句义和语用义。各小组通过采取推敲前后的句义等猜测策略，就可能推论出缺失的内容，获得较完整的信息。这不但可以减轻学生的畏惧生词心理，提高猜词的趣味性，还有助于在互动学习中培养和训练"分析信息"策略。

记录关键词是听力技巧训练的重要内容之一（杨惠元，1996），关键词对于重构完整信息具有重要性，研究使用"关键词策略"与听力成绩正相关（张津海，

2008）。在听力训练过程中，每个学生记录的关键词都不相同，通过小组讨论，认定最有效的关键词，对学习者提高记录能力具有重要意义。

除了听力理解部分的小组活动外，听后说部分的小组活动更为多样，常见的有“小组讨论”“小组角色表演”“小组社会调查”“讲讲身边的故事”等，相关研究较多，且上文已有所涉及，这里不再阐述。

四、余　　论

教学实践表明，在使用开放式教学模式进行初级听说课教学的过程中，应注意处理好以下关系：

1.“听”和“说”

在听说课中，可理解性的听力输入是语言学习的基础，可理解性的口语输出是对语言的应用与提高训练。听力、口语部分的教学重点、教学目标不甚相同，如何把握两者之间的时间分配比例？教师要在教学中处理好这一关系。

2.“放”与“收”

这是“开放”的内容与程度问题。我们在教学中需要不断思考和探索：初、中、高级阶段语言教学，哪些内容和环节有必要“开放”？哪些“不能开放”？

3.“松”与“严”

开放式课堂教学氛围一般比较宽松，不能因此而放松对学生在掌握语言形式与运用语言方面的严格要求，应把握好教学气氛宽松与教学要求严格的关系。

五、结　　语

本文在“输入假说”（Krashen，1982）与“输出假说”（Swain，1985）等语言习得理论的基础上，提出“听说课”这一体现“听说一体化”教学模式的新型课型要求“开放式听说课教学模式”与之相适应。在阐明开放式教学模式的内涵、特点与构成要素的基础上，文章主要阐述了初级汉语听说课的三大构成要素：（1）教学内容开放，即开放与优化教学内容：教学内容贯通“教材——校园生活——中国社会——国际世界”，使学习变得有意义；（2）教学环节开放，即练习环节的侧重与延伸：重视练习形式的开放性与拓展性，在课堂教学中专门设计拓展性练习环节；要求学生利用社会大课堂提供的广阔的语言空间，在课外完成大量拓展性练习；（3）学习与教学方法开放，即教学方法与学习方法多元化：在听和说环节都提倡小组合作学习。

如何把握初级听说课“听”和“说”的时间分配比例，课堂教学中哪些环节和内容可以开放，哪些不能开放等问题，都是仍需进一步思考与探索的问题。

参考文献

崔希亮主编　2010　《对外汉语综合课课堂教学研究》，北京语言大学出版社。

李红印　2000　汉语听力教学新论，《南京大学学报》（哲学·人文科学·社会科学版）第5期。

梅根堂　2010　对新课程英语开放性教学的理解，《考试周刊》第41期。

彭素强　2009　构建开放式英语教学体系：五个开放，《湖北师范学院学报》（哲学社会科学版）第4期。

沈红丹　2008　《成功之路·进步篇·听和说》（第二册），北京语言大学出版社。

王小珊　2008　《成功之路·进步篇·听和说》（第一册），北京语言大学出版社。

杨惠元　1991　论听和说，《语言教学与研究》第1期。

杨惠元　1996　《汉语听力说话教学法》，北京语言大学出版社。

张本楠　2008　《中文听力教学导论》，北京语言大学出版社。

张津海　2008　留学生汉语听力理解策略运用的研究，《对外汉语研究》第4期，商务印书馆。

Beiley, Kathleen　2005　*Practical English Language Teaching: Speaking*, The McGraw-Him Companies.（高等教育出版社，2007）

Hall Haley, Majorie & Austin, Theresay　2004　*Content-Based Second Language Teaching and Learning: An Interactive Course*, Pearson Education Inc.（世界图书出版公司 & 培生教育出版集团，2006）

Krashen, S.D.　1982　*Principles and Practice in Second Language Acquisition*, Oxford: Pergamum.

Nunan, David　1999　*Second Language Teaching and Learning*, Heinle & Heinle Publishers.（外语教学与研究出版社，2001）

Saville-Troike, Muriel　2005　*Introducing Second Language Acquisition*, Cambridge University Press.（外语教学与研究出版社，2008）

Stern, H.H. 1983 *Fundamental Concepts of Language Teaching*, Oxford University Press.（上海外语教育出版社，1999）

Swain, M. 1985 Communicative competence: Some roles of comprehensible input and comprehensible output in its development, In S. Gass & C. Madden (Eds.), *Input in Second Language Acquisition* (pp. 235–253), Rowley, MA.: Newbury House.

孟艳华，女，1976年生，博士，北京语言大学汉语进修学院讲师。研究方向为现代汉语句法语义学、对外汉语教学。教授初级汉语、初级汉语听和说、初级汉语读和写等课程。

视听说课程教学模式研究

骆健飞

摘　要： 视听说课程以视听为手段，对学生进行听说技能的训练，培养学生成段表达的能力。本文分别从视听说课程的理论依据、教学目标、教学环节以及教学评价等方面对视听说课程的教学模式进行探讨。

关键词： 视听说　教学模式　输入假说　教学目标　教学环节

视听说课程以视听为手段，选用反映中国现实生活的汉语常用语句、对话片段、短剧、影视作品等，对学生进行听说技能的训练，培养学生运用所学词语、语句就某一话题进行成段表达的能力。该课程虽然早在上个世纪 90 年代就出现了，但在对外汉语教学中，目前还没有找到成型的、系统化的教学模式，在教材、教法、教学内容方面都需要进一步的研究。本文就分别从视听说课程的理论依据、教学目标、教学环节以及教学评价等方面对视听说课程的教学模式进行探讨。

一、理论依据

（一）输入假说与视听说课程的选材原则

在第二语言习得理论中，“习得”主要指下意识的语言习得，而“学习”则指有意识的语言学习。输入假说（the input hypothesis）就是在区分习得与学习的基础上提出来的。该假说认为，人们习得一种语言，必须通过理解信息或者接受可理解的语言输入。（Ellis, 1999）

“习得”与“学习”的关系，以及克拉申的输入假说，为视听说课程模式的建设提供了理论上的指导。首先，克拉申强调，“习得”与“学习”是完全不同的两种获得语言的方式。他认为：要想获得语言，最重要的是通过“习得”的方式进行大量的语言输入，学习者需要重视语言材料的内容、意义，而不是语法规则与形式。（Krashen, 1981）如果学生不能理解视听材料中的内容，那么自然不能习得任何语言项目，也就是说，如果视听输入变成了无意义的“噪音”，那么选材显然就是失败的。因此，我们需要考虑选材的可理解性，这是选材的基本条件。我们认为，在话题方面，学生熟悉的内容比陌生的话题更容易理解，因此话题的熟悉度成了一个考查可理解与否的指标。在语言方面，表达的清晰度、语速、词和句法的难度等也是需要考虑的因素。教师应该在充分考察本班学生语言水平的基础上，播放难度略高于学生已有语言水平的语言材料，然后由学生通过已有的语言知识以及相关的常识（非语言知识）进行猜测，来习得更难一些的语法和词汇。

（二）情感过滤假说与视听说课程选材的趣味性

“情感过滤”（affective filter）指的是阻止学习者充分利用所接受的可理解的输入来习得语言的心理障碍。根据该假说，理想的语言输入应该让学生关注信息而非形式，甚至让学生忘了他们是置身于一个外语课堂。虽然语言课堂中更多的是在学习语言，但我们也不能忽视学生的情感因素，第二语言的学习环境也是一个影响学生习得效果的重要因素，因此，选材时除了考虑材料本身的难度以外，趣味性以及社会意义也是应该考虑的。但同时我们也要看到，因为学生有个体差异，他们的学习目标、兴趣爱好和文化背景不同，这会给教师选材带来一定困难，很难完全满足所有学生的不同需求。因此，我们建议，教师在选材之前，可以对学生的兴趣爱好作初步的调查，先大致掌握本班学生的主要兴趣点，然后集中选取该题材范围内的相关材料，这样学生会更感兴趣，进而达到更好的教学效果。

例如我们可以在上课以前对学生进行问卷调查，调查中可以包括学生选择该课程的原因，他们的期望值是什么，他们想通过该门课程了解到哪些语言、文化知识，他们对于哪些话题更感兴趣，等等。在充分调研的基础上，教师可以择优选择最为合适的视听材料进行教学，学生的配合度以及专注度会大大增强。教师在这个教学环节中，可以充分发挥学生的积极性，在学生感知视听材料的大致内容，教师对其中的语法和词汇进行精讲以后，则可以把课堂留给学生。首先布置给学生观看后的任务和作业，在学生充分准备的基础上，由学生分别报告其观后感，并让学生设置一些开放性的问题，引导其他同学进行讨论和辩论，教师则起主导的作用，引导课堂的发展。但是发言的主体是学生，充分练习学生们的口语表达，让他们在接近真实的环境中进行语言输出，这可能会比一些机械的句型练习更加有效。

二、教学目标

根据前人的研究理论，结合视听说课程的特点，我们认为，这门课程的教学目标可以分为认知、情感和技能三类。

（一）认知领域

学生通过对视听材料进行初步的感知，能结合材料中的背景知识、情景以及人物的体态语等，对材料中主人公的对话、独白进行基本的理解。通过一遍常速的播放，学生的总体理解率应达到70%以上，并能对视听材料中的主要线索、重点情节有较好的把握。结合已有的语言知识，理解其中一些重点语段、对话，猜测一些尚未学习的词汇和短语，通过上下文对一些长句、难句以及段落进行猜测，并尝试记住一些重要信息。学生能在有简单准备、讨论的基础上，对材料的意义、价值、人物性格分析以及有争议性的内容进行评论，发表自己的观点。

（二）情感领域

通过本课程的学习，加深学生对中国风土人情和民俗文化的理解，对中国社会生活的认识和感受。对于带有中国文化色彩的内容产生好奇甚至疑问，还能够学会通过视频中人物的言语风格，了解人物的性格，对部分情节、人物进行评价，对材料中展现的中国社会生活以及特色文化进行评价等。

（三）技能领域

通过本课程的学习，学生能够具备或者提升汉语口语表达的能力。在教师的指导和讲解下，通过对视听材料的学习，在反复操练的基础上，能够更加迅速、连贯、精确、轻松地进行表演和再现，将台词、语调、动作、表情等融会贯通，达到视听说教学的教学目标。

三、教学环节

对于一个教学单元的教学环节，我们可以分为复习阶段、学习新课阶段和布置作业三个部分。

（一）复习环节

教师可以有针对性地对前一课或前几课进行复习、检查，通过对规律的总结以及补充练习的方法进行再练习；另外也可以通过复习阶段，检查学生是否完成了教师布置的家庭作业和思考题，加强教学的针对性。在复习阶段，我们一方面对前一次课的内容进行总结和检查，另外，也可以让学生对上次观看的视听材料进行评价，发表自己的看法。因为在上次课程中教师已经布置了相关的观后感的练习作业，因此学生可以在有准备的情况下，简短地表达自己的看法，也练习了成段表达的能力。

（二）学习新课环节

对于新课的处理，我们认为可以分为观看视听材料前的练习、观看之中的练习以及观看以后的练习三个环节。下面分别进行讨论。

1. 观看以前

首先要介绍该视听材料的相关背景知识，如果是电影类的材料，则可以介绍影片中的主要人物、人物之间的关系，以及故事发生的时间、地点等，以便让学生获得一些感性的认识。例如《爱情麻辣烫》这部电影人物众多，它以五个小故事组成整个影片内容的独特结构方式，包容和演绎了不同年龄段的人们的情感经历。教师可以对其中的每个小故事都进行一下简要的介绍，比如有的反映了爱情中的七年之痒，有的则是清纯的校园爱情故事，教师对这些内容作以简单的介绍，学生在观看时也就更容易理解其中的情节。如果是新闻、采访类的视听材料，教师则应该交代清楚该新闻发生的时间、地点，新闻中涉及了哪些人物，该新闻的主要价值和社会意义等。

其次，教师应该提出一些重点问题。在观看视听材料以前，老师可以先提出问题，然后让学生带着问题去看，增加对视听材料内容理解的目的性要求。教师可以先布置给学生一些表格或问题，让学生用简单的语言进行记录，供观看以后分享、讨论。例如在观看电影《非诚勿扰》以前，可以提醒学生，在观看男主人公秦奋发布“征婚启事”时，请大家记录以下两点内容：一是男主人公对自己的描述和评价，二是他对应征者的要求。教师可以设计如下表格让学生填写。[①]

① 表格填写的内容是预设答案，在课堂上这些项目留给学生自己完成。

表 1　男主人公对自己的评价

项目	主要特征	你的证据（材料中的语言）
长相	不够帅	你要想找一帅哥就别来了
经济	钱不太多	你要想找一钱包就别见了
……	……	……

表 2　男主人公对应征者的要求

项目	主要特征	你的证据（材料中的语言）
……	……	……

另外，教师应对视听材料中的一些难以理解的词汇、语法现象作一些简单的介绍，或提示学生注意观察和思考这些问题。如电影《岁月神偷》里，"'鞋'字半边难，'鞋'字半边佳"，"难一步佳一步、一步难一步佳"等，在影片中曾多次提到，教师可以先引导学生注意：大家知道这是什么字吗？它的繁体字谁知道？② 然后写一下，告诉学生，这个字是什么意思。电影里可能会有不同的看法，请大家注意根据情节、场景和主人公的肢体语言，推测这句话的准确含义以及要表达的思想和意义。

2. 观看之中

观看中的练习主要是一边收看视听材料，一边做练习。这个环节主要是教师引导学生有目的地看和听，不要让学生一句一句、一个词一个词地听，而是要一段一段地听，让学生学会通过语流、重音、停顿以及肢体语言、环境和背景知识等，理解材料的主要意思，并告诉学生中国人在何种语境中采用何种表达方法最为地道，引导学生理解和输入语言信息并存储于大脑之中。

为了便于学生对视听材料进行理解和掌握，我们可以做适当的停顿，然后就刚看过的部分进行提问，根据学生的回答情况检查他们的理解效果。如前文所说的《岁月神偷》中的问题，在观看完"'鞋'字半边难，'鞋'字半边佳"这一

② 因为这部电影是香港电影，香港用繁体字，"难"会写成"難"，因此前半句是说一个人只看到了"鞋"的左半部分，这里很像繁体"難"字的左半部分，于是有了"鞋字半边难"这句话。

段以后，教师可以询问学生：你们是否理解了这句话？你认为这句话的本义是什么？它还可能有什么引申义？或者你对这句话的理解是什么？……我们如果只让学生孤零零地看这一句话，学生很难理解他们是在讲什么，但是通过片中人物的工作、生活状况以及眼神、表情等，就可以让学生了解到他们所处的环境和讲出这句话的必然性了。又如《不见不散》中，男主人公弄坏了一个人的东西，这个人很生气地说："都是你们摄制组干的好事，把灯罩都给烤糊了。"这句话里"都是……干的好事"从字面上看来，容易理解成表扬某人干的某件事，但实际上，结合剧情和说话人的表情、语气，我们可以看出，说这句话的意思是在责备对方，而不是表扬。这样的情景式的提醒很容易让学生理解，并且跳出字面意思的误区，印象深刻。

另外，课堂观看的材料可能有长有短，我们建议教师对视听材料进行一定的处理，教师不需要对视听材料进行完整播放，而应该有选择性地截取片段进行播放和讲解，这样可以使教学内容更加集中，学生也能有重点地进行学习。教师也应让学生反复观看重要片段，挑选出一部分需要学生识记的生词或句子，作为总结阶段的知识点加以强调，加深学生的印象。这里需要注意的是，教师在截取有代表性的片段来进行播放和讲解时，尽量保证所截取片段在内容上、情节上的连贯和完整性，不影响整体的观看和结构，这样学生才能充分理解该视听材料的整体意义，也更易于针对材料发表自己的看法。

3. 观看以后

观看材料以后的练习主要是对理解的进一步深化。教师在确定学生是否理解了材料大意以后，展开一些扩展活动，在学生充分理解了材料中的意义的前提下，组织各种活动让学生参与，并完成观看后的表达练习。具体的方法可以有：

（1）内容复述

要求学生能用自己的话概括视听材料的内容大意。如果整个材料较长或难度较大，则可以将材料切分为几个部分，由几组学生分别将这些内容片段复述出来，然后再进行归纳、整理，理清材料大意。通过复述，可以让学生加深对视听材料的理解，同时在观看以后，学生也进行了输出练习，锻炼了用汉语进行成段表达的能力。

（2）分组讨论

教师可以在充分理解材料内容的基础上，通过观后的小组讨论加深学生自己的理解，并尝试给出自己的评价。在分组讨论前，教师先要设置一系列的引导性问题，这样的问题大致可以分为几类：首先是对视听材料中的人物的评价；其次是对视听材料中的结局的评价；也可以针对某一细节进行讨论；另外，还可以就材料中出现的文化现象或者就某个话题进行自由评说、讨论，注意提醒学生比较中国与自己国家的文化、思维差异，以及针对相同问题，不同国家的做法和态度，等等。

比如看完电影《我们俩》，就可以针对电影设置几类问题，引发学生讨论：

① 电影的最后，老人的邻居说了哪些话？你觉得说得对吗？

② 这个结局你满意吗？如果你是导演，你怎么安排电影的结局？

③ 说说这个电影中让你印象最深的一个人物及其原因。

④ 你怎么看待赡养老人的问题？在你们的国家，怎么解决人口老龄化的问题？

（3）口头报告

口头报告主要是要求学生自己针对与视听材料有关的某个感兴趣的话题进行深度的讨论和扩展，鼓励学生查阅相关文献或评论，但要告诫学生避免抄袭。报告范围上不作硬性规定。比如：针对电影《洗澡》，有的学生对该电影的导演及其拍摄风格作了一番评价；有的学生先总结归纳了很多媒体对《洗澡》的评价，然后又提出了自己的看法。这些报告都让人眼前一亮。值得注意的是，对于学生的口头报告，教师要及时予以反馈和评价，对学生的主要偏误要及时总结和纠正，并对学生所表达的内容、流利度等进行综合的考察，让学生的综合口语表达能力有一定的提高。

（4）创新活动

我们考虑到留学生学习的创造性较强，如果教师在顺利完成以上环节以后，可以适当增加创新类的活动，如角色扮演、学唱经典影片歌曲等。

角色扮演的目的是让学生在愉快的课堂氛围中进行汉语语言的实践。主要采用以下几种形式：教师先播放片断，再分配角色，让学生根据原话进行模仿；教师提供内容，要求学生按自己对角色的理解表演，然后再与电影相应的片断作比较；教师只提供画面，让学生推测人物说话的内容，然后再演角色，等等。总之，让学生充分参与，并练习用汉语进行表达，就达到了课堂的教学效果。

另外，一些电影中的插曲已经较为流行，也可以给学生作以介绍，如果学生感兴趣，则可以通过学习，在一些留学生才艺表演中作汇报表演，如《不见不散》等歌曲。

（三）布置作业环节

对于视听说课程，我们认为，除了要布置课后的泛听、预习下课生词的作业以外，还需要让学生对本课观看的材料进行反思和整理，比如准备口头报告，但要要求学生尽量使用影片中出现过的词汇和句子以及一些标准的表达评论性的语言。在下一节课中，选取部分学生对自己所做的心得总结进行汇报。最后，教师也可以引导其他学生针对刚才的口头报告做一个交流。

四、教学评价

（一）对教师、教学的评估

对于该门课程，我们可以采取调查问卷的方式，对教学的效果进行考察。具体来说，通过一系列的教学活动，在学期结束时，对学生进行一次测量，调查他们是否在各个层面都得到了提高，是否达到了自己的期望，以及是否达到了这门课程的教学目标等。我们曾经设计过如下的表格，让学生从 1 到 5，填写自己对该门课程的感受，1 为非常同意，5 为非常不同意。

表 3

项目	打分
在视听说课程中，我明显感觉用汉语进行表达的机会比较多。	
在视听说课堂上，口语任务常常会有用汉语进行思考、讨论和解决的问题。	
在视听说课堂中，我更乐于表达自己的观点，做到“有话可说，有话要说”。	
我很喜欢几人一组的小组讨论式的活动，这样让我感到放松，更容易表达自己的观点。	
我认为视听说课程中，我们讨论的都是有意义的话题，而不是为了练习口语而做的比较枯燥的练习。	
我很喜欢视听说课程中的“口头报告”环节，这对练习成段表达能力非常有帮助。	

（二）对学生学习效果的评价

根据这门课程的教学目标，我们可以通过以下三个部分，对学生的学习效果作出综合的评价。

1. 课堂表现：因为该门课程非常重视课堂中的互动、口语表达以及交际性，因此学生在课堂上是否积极表现，是否达到了听说练习的效果应该作为考评的一部分。这一部分占总成绩的 20% 左右。

2. 课后作业：在观看和学习视听材料以后，要求学生以小组的形式完成相应的作业。这一部分占总成绩的 20% 左右。

3. 期末报告：要求学生针对已学过的某一话题，做一次深入的、成段的表达练习，这一方式可以作为期末考评的手段。在这次报告中，教师可以把学生的总体成绩分为五个小部分，教师在综合考察这五部分并分别打分以后，算出学生的成绩反馈给学生，让学生了解自己在哪些方面还需要提高。具体可以考察的五个部分是：

表 4

	发音	用词	语法	流利度	表现力
本项满分	20	20	20	20	20
学生得分					

在综合考察学生的发音、用词、语法、流利度和表现力的基础上，对学生的学习效果作出最终的评价。教师可以参考这三个部分，针对不同学生的特点，适当调整评价的方式和项目。这部分占总成绩的 60% 左右。

五、结　　语

在多媒体技术不断进步与发展的今天，电影、电视剧、真实情景会话等大量视听资源都可以得到充分利用。通过这些视听材料的使用，学习者能在接近真实的情景中得到大量语言输入，同时通过真实情景的再现，让他们知道在不同场景中应该使用何种语言进行交际，大大满足了学习者的实际需要，提高了他们在真实情景中使用语言的能力。因此，如果我们能在理论的指导下，合理地开发、建设这门课程，一定能符合留学生学习汉语的需求，提高他们的学习兴趣和积极性，更好、更快地提高他们的汉语水平。

参考文献

崔永华　1999　基础汉语教学模式的改革，《世界汉语教学》第 1 期。

加　涅等　1999　《教学设计原理》，皮连生等译，华东师范大学出版社。

加　涅　1999　《学习的条件和教学论》，皮连生、王映学、郑葳等译，华东师范大学出版社。

姜丽萍　2006　关于有效陈述对外汉语教学目标的思考，《云南师范大学学报》第 4 期。

施良方　2001　《学习论》，人民教育出版社。

王建勤主编　2009　《第二语言习得研究》，商务印书馆。

杨惠元　1988　《听力训练 81 法》，现代出版社。

杨惠元　1996　《汉语听力说话教学法》，北京语言大学出版社。

杨惠元　2009　《对外汉语听说教学十四讲》，北京大学出版社。

章兼中、王武军、俞约法　1983　《国外外语教学法主要流派》，华东师范大学出版社。

Bloom, B. S. (ed)　1985　*Developing Talent in Young People*, New York: Ballentine Books.

Ellis, R.　1999　*The Study of Second Language Acquisition*, OUP London.

Krashen, S.D.　1981　*Second Language Acquisition and Second Language Learning*, Oxford: Pergamon.

Krashen, S.D.　1982　*Principles and Practice in Second Language Acquisition*, Oxford: Pergamon.

Krashen, S.D.　1985　*The Input Hypothesis: Issues and Implications*, New York: Longman.

骆健飞，男，1982 年生，硕士，北京语言大学汉语进修学院助教。2009 年参加工作，研究方向为第二语言习得、听说教学法。主要教授对外汉语视听说课。主要成果有论文《克拉申“自然顺序假说”的评介及检验的实验设计》，参与《红火中国语》系列教材的编写工作。

下编

任务型口语教学的思考与实践*

赵　雷

摘　要：本文主要探讨了任务型教学法运用于对外汉语口语教学实践的相关问题，对任务型口语教学的问卷调查结果进行了分析。文章认为将任务型教学法运用于口语教学是可行的、有效的，任务型口语教学还有很大提升的空间。

关键词：任务型教学法　口语教学　实践探索

一、引　　言

如何有效地开展口语课教学，提高教学质量和教学效率，一直是我们十分关注的问题。近年来，随着交际语言教学的深入发展，任务型教学法日益受到重视。如何在教学实践中贯彻任务型教学理念，如何使任务型教学和对外汉语口语教学紧密结合，解决口语教学多年来没有很好解决的问题，成为我们研究和探索的方向。为此，我们研制编写出了《沟通——任务型中级汉语口语》教材，在北京语言大学汉语学院二年级学生中进行了试用。通过一年多的教学实践，我们对口语教学中的一些问题有了更加深入的认识，在如何使任务型教学理念和方法运用于口语教学方面，也积累了一些经验。但实践中仍然还有很多问题没有很好地解决，要继续探索和研究。

二、运用任务法进行口语教学的缘由

（一）任务型教学法运用于口语教学的客观原因

任务型教学法是交际法的深化和发展，它是理论和实践紧密结合，培养语言综合运用能力的有效方法和途径。它反映了现代教育理念，在国际语言教学界被广泛采用。

---

* 本文中汉语学院二年级任务型口语教学的调查，是与任课教师赵建华、王晓澎、郭颖雯、于洁合作完成的。四位老师提供了任课教学班的调查统计结果，付出了辛勤的劳动，在此谨致谢忱！

1. 任务型教学法有其坚实的理论基础。它反映了第二语言习得的研究成果，即语言习得的过程并不只是语言点（词汇、语法、意念功能）的逐步累积的过程。掌握语言，必须有大量的可理解输入与输出，而学习者互动完成交际任务的过程是实现可理解输入与输出的有效途径。任务法也体现了建构主义的学习观，即学习的本质是学习者自己在已有知识、经验基础上进行建构的，而只有与他人互动、合作，才能激活其内在的各种因素，促进认知结构的扩充（同化）和改变（顺应）。

2. 任务型教学法的研究和探索不断深入。上世纪 90 年代，任务型教学法在理论上趋于成熟，90 年代后期，国际语言教学界称为“任务的年代”。西方第二语言教材和课堂教学大量运用了任务型教学理念。在《欧洲语言共同参考框架》中，完成交际任务“在框架的概念及方法论系统中处于中心地位，框架系统列举并分析了与任务有关的各要素，将任务型教学系统应用到课堂活动和语言学习中”（白乐桑、张丽，2008）。在美国，颁布了《21 世纪外语学习目标》，其中在“用英语以外的语言交际”部分中指出：“我们现在知道，如果学习者能有机会用目的语在广泛的活动中交际，语言才能学得最好。学习者在有意义的语境中用目的语用得越多，他们的能力就发展得越快。积极地使用语言是学习过程中最重要的方面，因此，学习者应该自己参与言语表达。通过行动、通过尝试、通过调整语言以满足交际需要来学习。”与《21 世纪外语学习目标》配套的《汉语学习目标》也提出了注重过程的教学进程样本和任务型的教学设计教案。《AP 汉语与文化课程概述》更明确指出，语言教学的根本目标是完成任务。在我国，教育部颁布了中学英语课程标准，明确倡导采用任务型教学途径。在对外汉语教学界，任务型教学的理念也为越来越多的教师所重视和采纳，其相关的理论和实践探索也在逐步开展。

（二）任务型教学法运用于口语教学的主观原因

1. 任务法有利于实现口语教学的目标

国际汉语教学的总目标是使学习者“最终具备语言综合运用能力”，而口语技能是语言综合运用能力要具备的技能之一。

那么，口语技能指的是什么呢？我们认为，口语技能就是指口头交际能力，它包含两层意思，即“口头”和“交际能力”。“口头”指的是“口头表达”，“口头表达”是和“书面表达”相对的概念，它力求通过“说”，通过语音语调来传递信息、表达情感，与对方进行正式的或非正式的言语沟通。交际能力包括语言能力和语用能力。语言能力指的是语音、词汇、语法、功能的知识和技能；语用能力就是在一定的场合与不同的交际对象得体、流利地进行语言交际和非语言交际的能力。

外国学习者掌握汉语后要用汉语与中国人进行口头交流，那么，这种口头交际必然带有跨文化的性质。文秋芳概括出了跨文化能力的三个方面，即对不同文化差异的敏感性、宽容性和灵活性。（文秋芳，1999）其具体含义为：在跨文化交际时，要能敏锐地感受到文化间的差异；对不同文化能够换位思考，予以尊重和理解；在此基础上采取灵活手段，在母语与目的语之间进行协调，以确保跨文化交际的成功。

由此可以看出，汉语口语课的教学目标，是培养和提高学生的跨文化口头交际能力，而这种能力是语言的综合运用能力，是一种整体素质；它既包含语言知识和能力，也包括交际策略、非言语交际技能、跨文化意识等；它不同于书面表达能力，要通过声音来达意和彼此沟通。因此，它不是靠掌握零散的语言点就能实现的，要靠语言的整体学习。这就使得我们不能指望在课堂上教会学生有限的几段课文，熟悉其中的几个交际情景和几个语言点就大功告成。而运用任务法，将能为学习者提供大量“说”的机会，使学习者通过各种真实或仿真实的口头交际活动，在运用语言的过程中，整体地体验和感悟，最终掌握汉语口头表达的知识和技能，进而形成汉语口头交际能力。所以任务型口语课，让学生“在说中悟”“在用中学”，为学习者创造了口头使用汉语的条件。

2. 任务法有利于体现口语课的课型特点

口语教学是言语技能课，因此，要符合技能训练的特点。

所谓技能训练的特点，就是“用中学”。因为技能的掌握不同于陈述性知识的掌握。技能是在掌握陈述性知识的基础上，将陈述性知识程序化，程序性知识自动化，即从显性知识到隐性知识的建构过程。汉语口头表达能力不是掌握了语言知识、技能就形成了，正如前面所言，这种综合的跨文化的口头能力不是教师能教会的，它是学习者在掌握了基本的语言知识，在使用语言的过程中建构发展起来的。而这种建构，只有通过学习者之间的合作互动、意义协商，通过大量的可理解的输入和输出，才能激活其内在的各种因素，促进其认知结构的扩充和改变。

跨文化的口头表达能力，可以转化为具体的口头表达微技能，如良好的语音能力、敏捷的思维能力、快速组织语言的能力、得体的举止谈吐能力等。这些微技能，既可以有针对性地进行单项训练，也可以全面地进行综合训练，但无论单项训练还是综合训练，都要在真实或仿真实的交际情境中实现，也就是要在双向互动进行信息、情感的沟通和交流中实现。因此，以学习者为中心，设计多种类型的交际任务，为学习者提供大量可理解的输入输出机会的任务型教学法特别适合口语教学，尤其适合已经掌握了基础语音、词汇、语法知识，需要大量实践机会的中、高级学习者。

3. 任务型教学法有利于解决口语教学中存在的问题

尽管口语课在课程设置中一直占有重要的地位，口头交际是学习者工作、生活、学习中最需要提高的言语技能，但多年来，在口语教学中存在着的很多问题却一直没有得到根本的解决。如在课堂上“学生处于被动地位，被教材和老师牵着走，学生参与课堂活动的机会不多，开口率不高”，“一些学生认为课上教的和实际用的没什么关系，因而对口语课丧失信心和兴趣”。（武惠华，2004）“许多学生反映，与精读课相比，上口语课没有多少收获，并没有提高多少口语能力。”（吴勇毅，2005）“通过毕业实习和毕业论文答辩，我们还发现，即使通过四年的本科学习即将毕业的学生所表现出的口语水平，与教学大纲规定的口语能力标准相比，与现实社会对他们口语能力的需求相比，也存在着相当大的距离。”所以，我们认为：“对外汉语口语教学从教学理念、课堂教学到教材编写都存在很多问题。”（赵雷，2008：3）

通过对任务型教学法理论的研究，我们认为采用任务型教学途径，将有利于解决口语教学中的许多问题，提高教学质量和效率。因为任务法为语言习得创造了条件，多种与学习者现实及未来相关的任务活动，激发了学习者的学习动机；以学习者为中心的真实交际互动，为其提供了意义协商的机会，使其可以综合地运用所学语言，不断地建构、丰富自身的汉语口头表达系统，进而全面提高口头表达技能，在沟通交流中学会用汉语交际。

三、任务型口语课上“任务”的内涵

我们认为口语课上学生要完成的任务，既包括学习性任务，也包括真实交际任务。真实交际任务不难理解，但学习性任务则要与传统的练习、操练区别开来。学习性任务，既然叫任务，就是要用语言做事，要以表达内容为中心，如用给出的某些词语或句式来比较两个城市或讲述一段人生经历等。这种任务在一定程度上再现了现实交际行为，但目的是为了掌握、运用某种语言结构。学习性任务是为真实交际任务服务的，常可作为真实交际任务的“任务前”活动。因此，任务活动贯穿于整个任务型教学过程。

鲁健骥指出：“要注意任务的质的方面，即是否有利于学生调动已学过的知识进行‘创造’，是否有利于他们观察语言，吸收语言，发现规律。”（鲁健骥，2010）我们赞成这种意见，不赞成强势任务法。我们认为不能为了表达内容就牺牲了对于语言结构形式的学习和掌握，这也是多数学生对于课堂学习的明确要求。忽视语言的准确性，只能使学习者的错误固化，学习止步不前。但同时，我们认为犯错误是语言学习中无法避免的问题，不能频繁地打断学生纠正错误而使其无法提高流利性，越来越不自信，否则，纠错的结果必将事与愿违。为了处理好语言形式和语言内容的平衡问题，使学生在完成真实交际任务前后更好地关注语言结构、积累词汇等相关知识，我们在教材中设计了任务前、后的语言学习活动，如课前的预习、课后的语言聚焦、用于反思与提升的“我的备忘录”、“我的进步记录表”等，还增加了便于学生自主学习的“语言工具箱”。

满足学习者未来工作和现实生活、学习的需求，使教学内容更加丰富有趣，让学生有更多说汉语的机会，能说得更多，表达内容更丰富、更流利、更准确、更得体，是学生们的普遍要求，也是口语课上教师的教学任务。

如何完成口语课的教学任务，满足学生的要求呢？我们认为要贯彻以下几条原则：第一，让学生直接参与课堂学习的时间达到最大限度；第二，让学生直接参与课堂学习的覆盖面达到最大限度；第三，让学生的交际真实性达到最大限度；第四，让学生相互之间的学习机会达到最大限度。（文秋芳，1999）

以学生为中心，课堂教学以任务活动为主线，让学习者积极用汉语进行口头交际，完成各种学习任务和真实交际任务，就使得学生直接参与课堂学习的时间达到最大限度成为了可能。利用现代化教学设备和技术手段，采用小组活动的多种形式，也能提高开口率，让学生开口的覆盖面达到最大限度。设计与学生现实和未来直接相关的交际任务，输入真实的图片、文本、录音等，能使学生课堂交际的真实性达到最大限度。帮助学生建设好合作小组，使学习小组变成为了共同的目标，分工明确、各司其职、互相激励、相互信任、互相依赖、同舟共济的合作互助单位，将使学生互相学习的机会达到最大限度，也将提高任务型课堂的学习质量。流利、准确、得体、多样，是口头表达的目标，也是衡量口头表达水平的要素。这几个方面可以通过不同的任务活动进行单项训练和综合训练。（赵雷，2008：6）

四、任务型中级口语教学的实践探索

（一）探索过程

针对对外汉语口语教学中存在的问题，我们首先进行了"建立任务型对外汉语口语教学系统的思考"（赵雷，2008：3），在教学理念、口语课堂教学等方面提出了一些初步的、宏观的想法；随后，提出了通过任务型教学途径，实现对外口语教学目标的一些具体的训练方法（赵雷，2008：6）；在理论研究和对国内外大量口语教材进行考察、分析的基础上，提出了"任务型中级汉语口语教材的编写设想"（赵雷，2010）。最后，按照这个设想，编写出了《沟通——任务型中级汉语口语》教材试用稿。

2010 年 3 月起，在汉语学院二年级上学期、下学期的听力口语课上，采用我们编写的《沟通——任务型中级汉语口语》试用教材上、下册，分别进行了一学年、半年（正在继续）的基于任务法的中级口语教学实验。

为了更好地贯彻任务型教学理念，我们在课前对任课教师进行了初步的培训，使大家明确任务法的核心理念和新教材的结构、用法、进度，并说明了与任务法配套的期末口语考试的题型和考试方法。每一课，我们都精心制作了 PPT 课件和相关的音频、视频文件，发给每位任课教师，使大家有统一的基础电子课件（任课教师可在此基础上根据本班学生情况进行增删、修改）。这样，基本保证了所有教师都能够按照任务法的要求进行教学。课前，大家认真备课，明确教学目标和具体的任务执行步骤；课间，及时交流、研讨各种问题；课后，根据教学情况及时反馈，进行教材和课件的修改。根据一年多的改革创新、探索实践的结果，我们认为汉语学院中级口语课教学有了很大改观。

（二）问卷调查结果

2010 年 12 月底，我们对汉语学院二年级听力口语课全体留学生进行了问卷调查。共发放 275 份问卷，回收有效问卷 248 份。对这些问卷我们逐一进行了统计，对开放性简答进行了抄录。主要调查结果及分析如下：

1. 关于口语教材和口语课的教学内容

（1）你喜欢现在的口语教材吗？

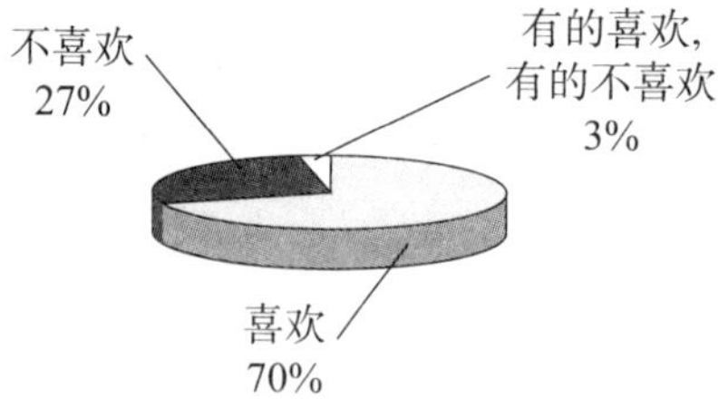

（2）你觉得口语课的教学内容对你的学习、生活及未来的工作有帮助吗？

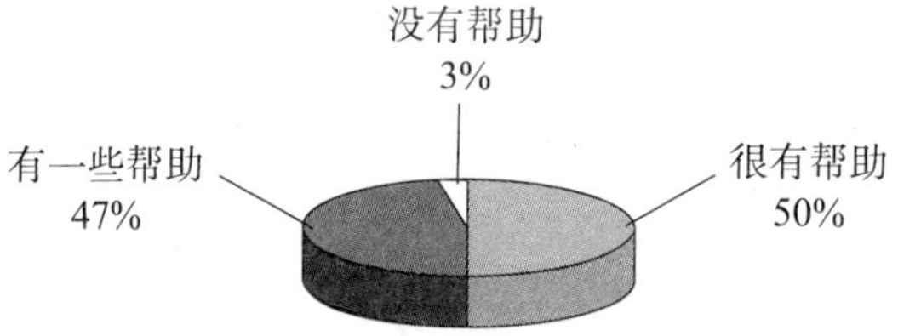

（3）你对口语课的教学内容感兴趣吗？

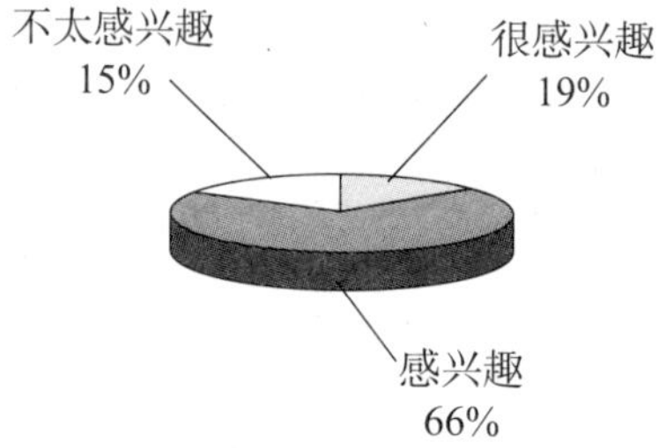

（4）你觉得口语课的内容难度怎么样？

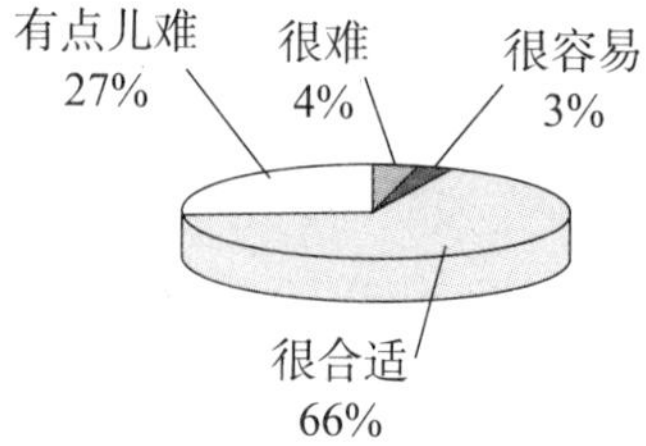

结果分析：

上述调查结果表明，我们的教材和口语课的教学内容基本能够满足大多数学习者的需要，如 70% 的学生喜欢教材，97% 的学生认为教学内容对自己有帮助，85% 的学生对口语课的教学内容感兴趣等。

但不喜欢口语教材的学生和认为口语课内容有点儿难的学生都为 27%，这个数字还是比较高的。调查中，我们了解到，学生不喜欢教材和感觉口语课难的理由主要是：教材——字太密、太小，不容易看；内容多、复杂、乱；照片、图片不清楚；没有整理出生词表供他们预习、复习。课堂教学——内容丰富，但量太大，上课时间不够，留给学生思考完成任务的准备时间少，总体周课时不够等。

产生这些问题的主要原因是：试用版教材还不完善，从版面设计到图片选择，都不是专业出版人员制作的；印厂复印出的试用教材效果很不理想，有的页面黑乎乎的一片，影响了学生的心情和使用。此外，由于现行课程设置的限制，口语课周课时不足，也造成了学生感觉教学内容量大，课上完成任务的时间紧张，完成某些任务难度较大的现象。而强调学习过程的任务型教学法，大量的任务活动都要有详细明晰的步骤、要求，这使得有些活动指令显得烦琐，增加了学生阅读和领会的难度。

另外，还有 47% 的学生认为教材对自己有一些帮助，不是很有帮助，这是一个综合性的问题，值得我们具体研究并解决。

2. 关于口语课的教学方法、学习收获

（1）你喜欢上口语课吗？

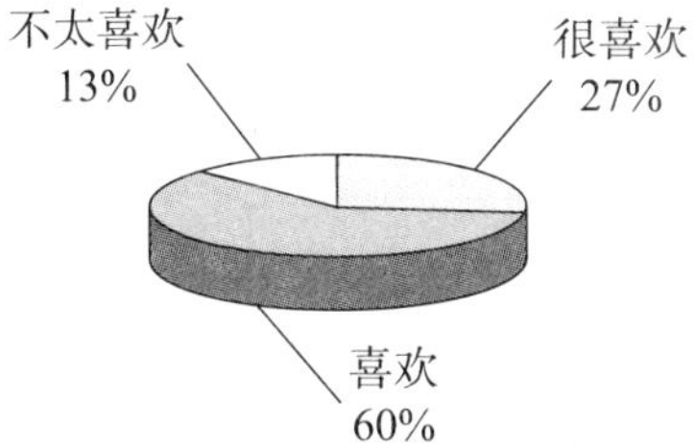

（2）你觉得哪种口语课的教学方法更好，对你帮助更大？

A. 以前口语课的教学方法好（如学习生词、课文、朗读句子、问答练习、表演课文对话、小讨论等）	B. 本学期运用的任务型教学方法好（小组合作完成各种不同的任务，在“用中学”。如热身、学习演练与真实交际、语言聚焦、视听说等）
27%	73%

（3）与以前的口语课比，你觉得现在说汉语的机会：

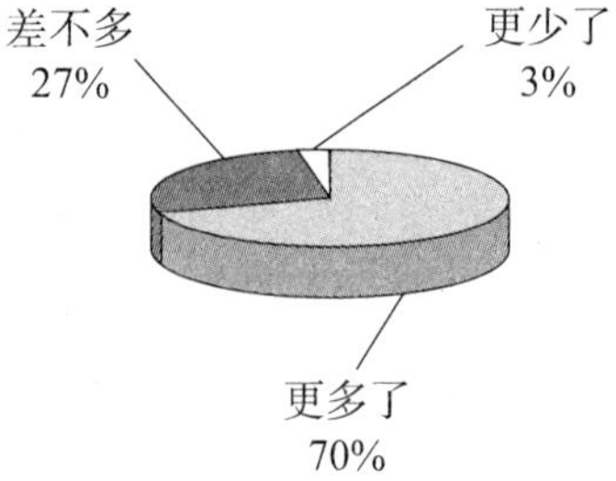

（4）你觉得自己口语课的学习收获大不大？

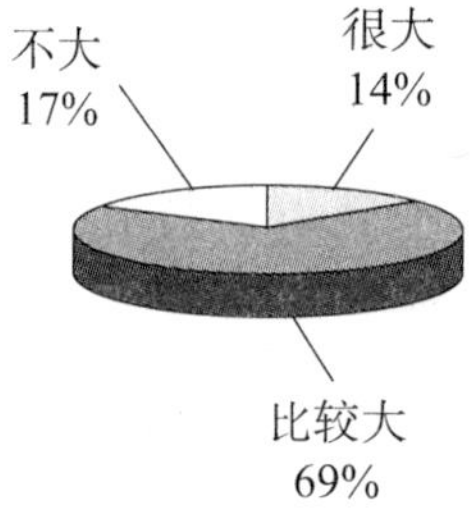

（5）通过口语课的学习，你有哪些方面的进步？（可多选）

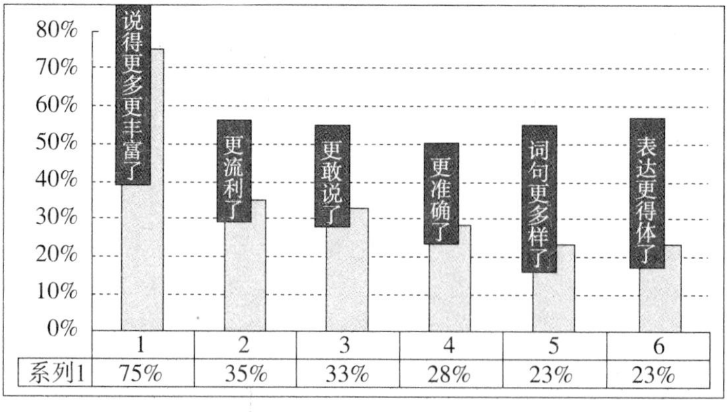

结果分析：

这些数据表明，任务型教学法运用于口语课教学，受到了绝大多数学生的欢迎。如87%的学生喜欢上口语课；73%的学生认为任务型教学法比以前的方法好；70%的学生认为自己说汉语的机会比以前的口语课多了；83%的学生认为自己的学习收获比较大或很大；通过口语课的学习，75%的学生认为自己能说的内容更多、表达内容更丰富了等。

但还有13%的学生不喜欢口语课，17%的学生认为自己收获不太大，这其中一部分属于缺乏学习动机，不努力学习的学生；一部分属于不习惯任务型教学法，喜欢或比较习惯于听说法的学生；还有一部分是属于性格非常内向，不愿意与人合作，或缺乏自信，总以准确性为第一标准，如果不能保证不出错就绝不开口的学习者。

3. 关于学习态度和学习方法

（1）你对自己本学期的学习态度如何评价？

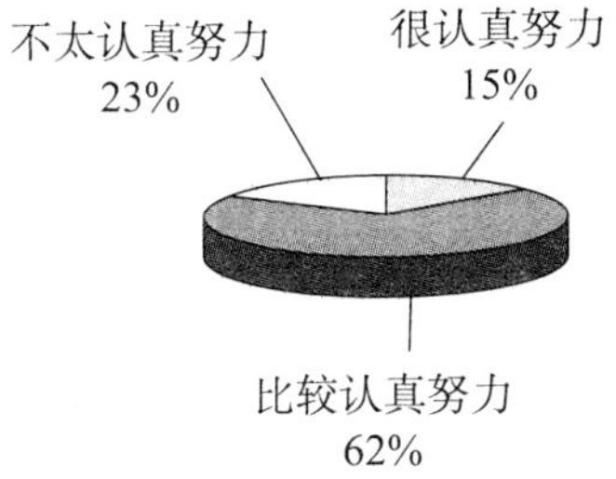

（2）你喜欢小组活动吗？

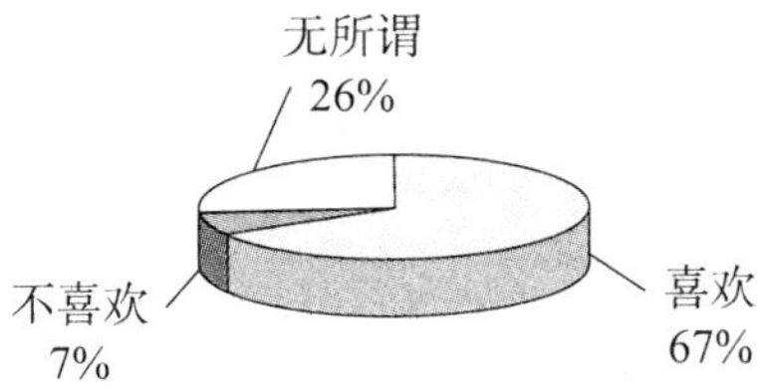

（3）你更喜欢哪种小组活动？（可多选）

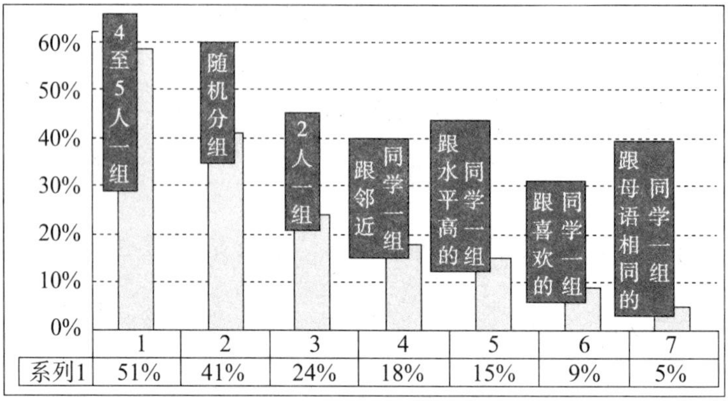

（4）～（8）题：列表如下

表 1

调查题目	是	不是
（4）练习口语的时候，我不怕说错，也很希望别人告诉我错在哪里，怎样改正。	84%	16%
（5）小组练习时，听到别人说错了，我会提醒他，并告诉他应该怎么说。	57%	43%
（6）小组练习时，如果我没听懂别人的话，我会请他再说一遍或解释一下。	84%	16%
（7）我经常跟中国朋友说汉语。	42%	58%
（8）课后，我经常跟同学说汉语。	68%	32%

结果分析：

很认真努力和比较认真努力的学生占 77%，不太认真努力的学生占 23%；喜欢小组活动的学生占 67%，不喜欢小组活动的学生占 13%。这些数据都是有着密切关联的，因为“天才出于勤奋”，“热爱是最好的老师”。在以学习者为中心的任务型课堂，不太认真的占了 23%，这个数字还是多了些。这 23% 中一定还有可以转化、争取过来“改造”好的，这部分学生很需要教师在采取一些特殊的教学策略的同时，既严格要求，又热情“帮扶”及“鼓励”。因为学生是学习的主人，激发他们的学习动机，对于取得好的教学效果、学习效果都是十分重要的。

喜欢小组活动的学生占多数，但有 26% 的学生认为有无小组活动无所谓。这部分学生是要促其转变的，因为任务型课堂离不开小组活动，而被动地参加和积极主动地参与效果是大不相同的。我们要通过不断改进和完善小组活动、帮助学生掌握小组活动的具体策略来提高小组活动的效率，从而吸引这部分学习者转变为小组活动的喜欢者和积极参与者。

4 ～ 5 人一组、随机分组、2 人结对、跟邻近同学一组，是大家比较喜欢的分组形式，也是我们经常采用的形式。

小组活动时，84% 的同学不怕说错，也希望别人能够指出自己的错误，而且，如果没有听懂别人的话也会请对方解释或重述，这说明学习者具备了“意义协商”的主观条件，而这正是语言习得的最重要的条件之一。

虽然课后经常跟同学说汉语的学生占了 68%，但常与中国人说汉语的人仅占 42%。这个比例显然是远远不够的，因为生活在目的语国家，有着使用汉语的得天独厚的外部环境，不充分利用，仅靠课堂的有限时间和有限交流，不去学以致用，是无法真正学活学好的。

4. 给老师的建议

学生给任课老师的主要建议归纳如下：

（1）关于学生说的机会和说的内容：

① 给学生机会多说。

② 让说得少的同学多说一些，多鼓励他们，给学生公平表达的机会。

③ 让学生有更多的机会发表自己的意见。

（2）关于调动学生的主动性及师生关系

让学生们多说，不是“让”，而是要让学生自己主动地说，要营造比较好的课堂气氛，老师与学生的关系要更密切。

（3）关于分组

尽量不让母语相同的同学坐在一起。

（4）关于语言结构形式的学习

① 提前布置学生预习，要留课后作业，以巩固语言。

② 多讲一些真正的口语的说法。

③ 希望老师听了学生的课堂录音后，多给学生反馈意见，帮助学生纠正错误。

④ 希望生词少一些。重要的语法，希望老师写下来。

（5）关于课堂节奏

希望课堂节奏慢一些。准备的时间、讨论的时间再多一些。

（6）关于课时和班级人数

① 口语课时间不够，需要 4 ~ 6 节。

② 口语班人太多，希望人少些。

（三）调查小结

我们的调查结果说明任务型教学法运用于口语教学是可行的，大有发展前途。只要正确合理地使用任务型教学法和任务型教材，口语课必将受到绝大多数学习者的欢迎，也会收到很好的教学效果。

任务型口语教学还有很大提升的空间。如根据学习者需求，设计出更多与学生的现实和未来关系更加密切的任务活动；努力调动全体学生的积极性、自主性；针对不同学习风格的学生采取不同的教学策略；给学生更多表达自己真实意见和情感的机会；更好地平衡语言形式和表达内容的关系；对学生完成任务的产品及时反馈，帮助其改正错误，不断地激励进步等。在提高学生口头表达的流利性、准确性、得体性、多样性方面，我们都可大有作为。

由于任务法强调真实，话题表达比较开放，每单元涉及的语句难免芜杂、容量不均、难易不等，这是我们面临的难题。如何简化任务指令，如何合理安排任务活动的顺序，使之有利于课堂教学，如何进行小组评价等问题正摆在我们的面前，亟待解决。而班级过大，周课时不足的问题，也希望学院能有妥善的解决方案。

五、结　　语

我们主张以任务法为主，但要融会贯通其他教学法的长处，使继承与创新相结合。把任务法运用于对外汉语口语教学的实践还需要有个探索、完善的过程。教材编写、课堂教学模式、合作小组的建设、师生角色的转变、教育技术的支持、形成性评价、任务型口试等方面都还有很多具体问题等待我们去摸索、研究、解决。我们的探索才刚刚开始，无论成功的经验还是失败的教训，都希望能为同行，能为口语教学的改革、发展、进步，能为对外汉语口语教学事业尽己绵薄之力。停滞，就意味着倒退，而倒退是没有出路的，我们只能奋然前行，因为这是我们的职责所在。

参考文献

白乐桑、张　丽　2008　《欧洲语言共同参考框架》新理念对汉语教学的启示与推动——处于选择关头的汉语教学，《世界汉语教学》第3期。

国家汉办　2007　21世纪外语学习目标，《国外汉语教学标准与课程大纲——参考资料之一》（内部资料）。

鲁健骥　2010　关于创造型对外汉语教学与创造式汉语学习的思考，《语言教学与研究》第4期。

文秋芳　1999　《英语口语测试与教学》，上海外语教育出版社。

吴勇毅　2005　从任务型语言教学反思对外汉语口语教材的编写，《国际汉语教学动态与研究》第3期。

吴中伟、郭　鹏　2009　《对外汉语任务型教学》，北京大学出版社。

武惠华　2004　谈口语课堂活动及课下练习设计，《汉语口语与书面语教学》，北京大学出版社。

赵　雷　2008　建立任务型对外汉语口语教学系统的思考，《语言教学与研究》第3期。

赵　雷　2008　对外汉语口语教学目标的实现，《汉语学习》第6期。

赵　雷　2010　任务型中级汉语口语教材的编写设想，《第九届国际汉语教学研讨会论文选》，高等教育出版社。

赵雷，女，1963年生，硕士，北京语言大学汉语学院副教授。1986年参加工作，研究方向为对外汉语教学。教授汉语听力口语、技能课教学法等课程。曾荣获北京语言大学优秀教学奖等。主要成果有：合作编写《中级汉语——听和说》《国际商务汉语》《汉字教程》《口语习用语功能词典》等教材和工具书，发表《谈反问句教学》《建立任务型对外汉语口语教学系统的思考》等论文多篇。

口语课怎样突出交际性原则

李小丽

摘　要：一直以来，我们都十分重视口语教学的“交际性”训练，但无论是话题的选择还是教学设计和教学方法的实施，并没有充分考虑学生的需求，不利于调动学生的学习主动性，忽视了对学生创造性学习能力的培养。本文在理解交际性原则的基础上，对口语教学存在的问题进行分析、思考，并提出有效组织口语课堂教学的建议。

关键词：口语教学　交际性　创造性

汉语口语课作为一门专项技能训练课，其教学方法和教学目标非常明确，就是运用交际法教学原则，课堂上交际互动，精讲多练，以培养学生的汉语交际能力，提高口语表达水平。在汉语口语教学中，我们一直十分重视课堂的“交际性”训练，但由于教师对交际性教学原则的偏颇理解，以及传统教学模式和教材编写框架的局限，交际性教学原则往往流于形式，似乎“交际”只是热热闹闹的对话练习和简单的口语操练，学生仍处于被动学习过程中，缺乏思考性学习，从根本上忽视了培养学生在对汉语认知和理解的基础上用汉语进行交际的能力，即创造性学习能力。

本文在理解交际性原则的基础上，分析、思考口语教学存在的问题，提出有效组织口语课堂教学的建议。

一、语言交际能力和交际性教学原则

“语言交际能力”是20世纪70年代初美国语言学家Hymes最先提出的。他认为语言交际是在特定语境中说话者和听话者、写作者和读者之间的意义转换。也就是说，一个合格的语言学习者应该能恰当地使用所学语言与他人进行有效的沟通与交流，即必须掌握使用这种语言的“交际能力”。而在此之前，人们对学习者语言能力的理解只限制在语言知识范围内，主要指语法规则、词汇知识及语音系统等。随着交际理论的提出，一些英美国家的语言教育学家也认为传统的结构教学法以及当时英语教学流行的"听说法"，并不能有效地解决学生的语言交际能力问题，认为语言教学的中心应着眼于交际能力的培养，而不仅仅局限于对语言形式的掌握。于是，以交际理论为基础建立的交际语言教学逐渐形成并广为传播。

交际语言教学的核心是交际性教学原则。其基本特征包括：(1)语言是表达意义的体系；(2)语言的主要功能是交际功能；(3)语言的主要单位不仅是语法、结构特征，还包括功能范畴。(转引自鲍丽娟等，2008)实质可以概括为：语言教学和学习的重点不应该只局限于语言知识(如语法规则、词汇知识及语音系统等)的传授和掌握，而应该在语言教学的过程中突出语言的交际性，即"强调语言教学中学习者的思想交流和语言任务的完成"(刘延、郭瑞，2008)。

为了实现这一目标，交际教学法以 Wilkins 的概念功能大纲为基础，根据学生的具体交际需要，以语义概念和语言功能组织教学内容。它重视学生在语言习得中的作用，强调第二语言教学应针对学生的具体语言需要来培养语言交际能力。即"为交际而学"(learning for communication)和"通过交际来学"(learning through communication)。(转引自黄国文，1993)采用交际教学法，学生兴趣大、收效快，能在短时间内用所学语言恰当、得体地表达一些完整的意思，学有所用。这无疑有助于提高学生的学习积极性和创造性。

二、对口语教学问题的认识与思考

交际性原则的核心是强调根据学生具体的交际需要，在运用中学习掌握语言。体现在课堂教学上，就是要注重学生的能动作用，力求创造接近现实真实的课堂语言交际环境，加强互动活动，也就是要"以教师为主导，以学生为中心"。近些年来，我们一直比较重视口语课堂的"交际化"训练，注重学生交际能力的培养，但实际教学效果并不理想，具体表现在以下几个方面。

(一)教材的使用未全面考虑学生的交际需要

教材所承担的主要任务是展示功能和话题，提供口语句式、表达框架和交际策略，培养口语成段表达能力。教材是课堂教学的依据，在口语课上，"教师一般关心的是按照课文内容以及课本给出的各项练习，制定教学活动去完成教学计划。根据学生是否能完成教学安排并顺利走完教学的全过程来评定课堂教学的成功与否”（蒋以亮，2005），至于学生对所学内容是否感兴趣，学习过程是被动完成还是积极参与，话题内容和表达方式是否能在生活中进行有效的交际，一般说来，口语教师是很少全面考虑的。更应引起我们注意的是，口语教材里的话题，尤其是中高级的话题内容离学生的现实生活相距太远，不能引起学生的兴趣。初级口语教材主要是按照功能项目和情景编写的，如打招呼、问路、去银行、购物等，实用性较强，学生可以模仿、记忆各种相应的功能表达式，而且课后就能用于实践。不过这种模式也只限于初级口语教学的前期阶段，其他阶段，尤其是中高级阶段的口语话题，多以介绍中国和中国传统文化为主，是“以中国人的口吻叙述中国人的事情，价值取向也是中国式的”（刘元满，2008），缺乏真实感，使得学生只是作为知识常识学习，最多按教师要求复述一下课文内容，然后简单地表明自己的态度，学生往往为说而说，感情较难投入。这些与学生现实生活有距离的东西，让学生感到无话可说，难以激活储存在他们头脑里的语言材料，即使学过也无法在实际交际中运用，其结果只能是严重挫伤学生的学习积极性。根据蒋以亮（2005）的调查，学生对这些话题内容的反映是“课文内容太‘死’；口语应该是我们自己对话；对有些话题不感兴趣，因而无话可说；即使是有兴趣的话题，课文的内容也并非是我们想说的”。武荣强、宋青（2009）的调查也发现，只有 52% 的学生对中级汉语口语课的教学效果表示满意。陈侃等（2010）的调查结果是：学生对中高级口语教学和教师的满意度低于初级口语；在中高级阶段，口语课评估得分也低于读写和听力两课型。

由于口语课过多地依赖课本内容来设计教学活动，没有全面考虑学生的交际需求和思想需求，而且话题离学生现实生活太远，激活不了学生的学习欲望和兴趣，以至于口语教学效果和课程目标相悖。

（二）对“以教师为主导，以学生为中心”的理解偏颇

传统的听说法、视听法都是教师教，学生学，教师在课堂上的中心地位不可替代。而交际教学法强调在语言教学的过程中突出语言的交际性，要“为交际而学”“通过交际来学”，因此，课堂教学的中心应是学生而非教师，教师只是作为交际训练的监控者和组织者，在交际过程中发挥指导和引导作用。可是，由于对教师的主导作用和学生的中心作用认识不够，常常使得口语课的师生交际互动不能顺利进行，教学效果达不到预期目标。其普遍现象是把“交际”仅仅理解为学

生的开口率，而忽视了教师对口语课的指导与引导作用。

陈侃等（2010）将高级汉语口语教学存在的问题归结为：

- 课型特点不明确
- 过度放任学生“自由谈话”，课堂缺少控制
- 盲目追求开口率，课堂话语缺少质量

汝淑媛（2005）将教师的不当行为总结为：

- 教师的解释不够精当，占用了过多课堂时间
- 给学生做的机械操练过多，真实语境太少，不能做到真正意义上的互动交流
- 教师的问题过难，或太笼统、抽象，或跳跃性过大，使学生无从回答
- 教师的问题过于简单，学生不屑于回答
- 教师不了解学生的生活，不能把握学生的兴趣所在，所谈话题不能引起学生的兴趣
- 教师不能监控学生的言语，不能帮助学生提升他们的语言形式的层次，不能及时指出或改正他们的错误
- 教师在自己感兴趣的话题上把持话语权，无视学生的存在，剥夺了学生的练习机会
- 教师不能把握交际的主题，由学生牵着鼻子走
- 教师不能根据学生各自的特点给他们相应的均等的说话机会
- 将师生互动变成没有教师存在的学生之间的互动

鲁健骥（2010）则指出，近几年来，我们重视了语言教学的交际性，但对交际性的理解有偏颇，往往把“交际”理解为“口头交际”，而忽视了整体上让学生在理解的基础上掌握汉语、运用汉语。他认为我们对教师讲解语言知识的要求只是原则性的，如精讲多练，讲解不得超过教学时间的20%，由易到难、以旧引新等，而对如何使讲解过程也成为学生的创造式学习过程重视不够，学生在课堂上仍处于被动理解状态，对老师教什么、怎么教心中无数，学了这一步，不知道下一步干什么，因为课堂交际互动一切都由教师“包办”，学生只要带着一张嘴、两只耳朵、一双眼睛来上课就够了。

蒋以亮（2005）认为，念、记、背目前是初级口语课堂的主要活动，而且教

师为了尽量给学生多的“口语”练习机会，安排的练习一个接一个，学生也就在教师的“主导”之下“开口”“交流”，这类按照课文思路对话、背诵的记忆活动，将口语练习纳入课文给定的轨道式限制性活动，学生不能按照自己的欲望展开思想，进行对话交流，有的学生甚至认为“不是用课本帮助我们，而是控制我们的思维”。

虽然各层级口语课最后多少都设计了课堂交际活动，但同时却指定了符合课文内容的表达框架，看似给了学生自由表达的空间，实际上极为有限，因为非开放型的思维定式还是束缚着学生的创造性思维，表达的思想并非出自他们的意愿。这也是为什么在组织自编对话、自由表达、小组讨论等课堂交际活动时，课堂气氛仍显压抑的原因之一。

综上所述，口语教学虽然强调了“交际化”，但无论是话题的选择、教师的课堂教学设计和教学方法，还是引导学生进行交际训练的整个学习过程，我们都在不自觉地掌控着学生的思维活动，制约着学生语言学习的创造力，用“规范”的教学模式逐渐消减着学生对口语课的期望值和激情。学生感觉收效不大，教师也感叹上好口语课并不容易。

三、有效组织口语课堂教学的建议

从以上分析可知，口语教学效果不理想的原因主要是没有全面考虑学生的学习需求，教学设计、教学方法不利于真正调动起学生的主观能动性，忽视了学生在对汉语认知和理解的基础上用汉语进行交际的创造性能力。倘若我们在口语教学中能创造性地运用交际性原则，使学习内容有利于学生展开思想，教学设计有利于突出课型特点，课堂活动的组织有利于激发学生学习的主动性和创造性，那么，口语课一定能取得更好的效果，受到学生的欢迎。

（一）创造性地利用教材

交际性原则的核心是强调在运用中学习掌握语言，但前提是必须考虑学生具体的交际需要。从初级口语（下）到中高级口语课，以话题为中心组织教学是很理想的方法，能有效地调动起学生的学习兴趣，进行深入的谈话训练。问题在于如何使话题的选择和话题内容的构建从学生的意愿出发，体现学生的交际需要。其实，这一问题早就引起了研究者的注意，王若江（1999）提出话题选择应遵循四个原则：难度适宜；贴近学生实际，抓到学生兴奋点；增加世界共性话题；贴近学生的知识水平。既然现行教材的话题体现不了学生的需求和意愿，使用者就不能过多地依赖教材，要根据学生需要，想方设法地对话题内容进行再加工，力争找到话题内容与学生产生共鸣的契合点。这就需要教师在口语教学活动开展以前做一些内容改编，并补充一些甚至是大量的相关素材。

教学实践表明，学生热衷于那些带有时代性的、与个人生活经验相关的（如饮食、旅游、教育、就业、婚姻、科技与生活等）话题表达，但怎样找到话题内容与学生产生共鸣的契合点呢？最好的方式是与学生进行“话题协商”，在此基础上通过课前小组任务性计划（要求各组讨论确定一个与中心话题相关的兴趣点）决定课堂交际活动的话题内容。比如，中级口语课在谈论旅游话题时，有的学生根据已有的旅行经历，制作了旅游线路图，介绍了目的地的旅游资源和风土人情，尤其是给大家提供了几点节省旅游费用且简便易行的经验，于是，该课有关旅游话题的中心就以“实惠快乐的旅行”展开。在“任务执行”中，学生分组尽情畅游中国，“任务展示”变成了小组竞赛，学生的表达热情极高，他们会想方设法地挖掘自己头脑中储存的汉语知识，组员之间互相诱发表达欲望，课堂气氛异常活跃。再比如，高级口语课上有关于中国教育问题的话题，学生是大学生、成年人，他们对中国大学生的学习、就业情况比“望子成龙”的中国式教育更感兴趣，于是学生要求采访中国朋友（大学生）的受教育情况，进而在口语课上对中国的“一考定终身”制度展开了讨论，他们对造成这种状况的历史原因和社会原因分析得很深刻。有的学生认为：“因为中国是世界上最具发展前景的国家，所以高考制度一定会改革。”

课堂活动的成效与话题的引导、学生对中心话题的感知度和接受度紧密相关。只要课堂上呈现的话题能与学生的生活经验相契合，就能引起他们的共鸣，学生就会主动地表达自己的思想；只有调动起了学生的思想交流，才能激活学生潜在的语言能力。这一切的关键，在于教师如何活化教材，创造性地利用教材。

（二）教学设计应突出课型各阶段性特点

交际性原则强调语言教学的重点不应该只局限于语言知识的传授和掌握，还应该在语言教学的过程中突出语言的交际性，这无疑给教师提出了更高的要求。口语课教学不能把握交际的主题，盲目追求开口率，过度放任学生自由谈话，课堂话语缺少质量，等等，就在于我们对“以教师为主导”的认识不足。交际教学法倡导以学生为中心，并不是要教师把课堂交与学生，而是认为教师应有更多、更重的工作。他既要能准确分析学生的需求和兴趣，又要能有效地组织课堂教学活动，创造一个丰富多变的语言交际环境。在这样的环境里，教师不仅是共同交际的伙伴，还应是交际的组织者、监控者，好的口语教师更应成为交际的楷模和资源。因此，课堂教学的成效，与教师对学生的需求分析是否准确、课堂教学的设计是否合理、教学活动的组织是否适当有紧密的关联。

口语交际能力的内涵，决定了口语交际能力的训练目标在各层级应有所侧重，因此，教学设计必须凸显各阶段性特点。教学设计的关键是先根据学生的需求和实际语言能力选择好话题，然后在此基础上创造模拟交际环境，并运用各种教学手段完成整个教学过程。展示新语言材料（生词、课文）——就语言材料进行口头练习（朗读、问答等）——学习语言结构和基本交际表达法——学生就课文内容自由表达（对话、角色扮演、讨论、辩论等）。这种口语教学模式目前已基本成为学界的共识，问题在于如何抓住初、中、高各层级的阶段性特点，突出同一教学模式中操练内容和操练方法的侧重点和相异点。比如，对课文的处理，初级阶段由于学生的语言能力有限，可在教师的引导下熟悉生词和相应的语言结构，然后以朗读、问答形式检查学生对课文的掌握情况，学生理解课文内容即可。到了中、高级阶段，虽然可以采用同样的方式，但应该突出话题，采用整体认读的形式完成对话题核心的掌握。需注意的是：第一，不要让学生机械性地复述课文内容，也不要一味地指定词语让学生造课文中的句子，而是要让学生在理解课文的基础上用自己的话语创造性地再现课文材料，当学生表达遇到障碍时教师再适时提示出相关生词和表达式（可以板书或用 PPT）。第二，采用问题推进式教学法引导学生逐层理解课文内容，并在学生理解课文内容的基础上，随时将话题延展开，只要是与学生生活有契合点的话题均可以延伸开来，让学生自由表达。可以组内互动，代表报告，尽可能让思想交流、师生互动、生生互动贯穿于每个教学环节中。第三，穿插相应的口语表达功能练习，如人物说话特点、说话语气、性格分析、怎样说话更得体等。总之，教学设计要有意识地引导学生追求话题、追求思想内容，将课文处理变成一个与学生交流思想的平台，让学生在表达课文、思考问题、表达看法的过程中完成课文学习。

（三）教学方法和课堂活动的组织要能充分启发学生的创造精神和独立活动

交际性原则强调“通过交际来学”，认为学生在语言学习过程中有很大的能动作用，他们不仅可以就整个学习计划同教师进行讨论，共同作出决定，还能对自己自身的语言学习负责。语言心理学也认为对信息作自我处理是语言习得的理论基础。（罗新红，1997）问题在于教师如何在语言教学的过程中，有意识地多给学生独立活动的空间，以激发和培养学生这种语言学习的能动性和创造性。多媒体辅助教学手段的运用打破了传统的一支笔、一本书的教学模式，为交际互动训练创造了丰富的硬件条件。然而，花样繁杂的课堂意味着教学手段的进步，并不代表真实的教学效果。好的课堂活动组织应该自然流畅、水到渠成，这种不露痕迹的功夫在课堂之外，其基础是师生之间的心有灵犀、配合默契。要做到这一点，教师就要想方设法地发掘学生的主观能动性，激活他们创造性学习的能力。

在课堂教学过程中，我们往往忽略了让学生做自己力所能及的事，很少给他们独立活动的空间，低估了他们的创造性能力。实际上，学生在有了一定的汉语基础之后，非常渴望向他人“炫耀”以获得能力的认可和目标激励，教师要善于利用、引导学生的认知心理。为了尽可能多地为学生提供独立活动的空间，我们倡导口语教学应将课前活动与课中、课后的活动结合起来，根据学生的汉语水平分阶段、分层次地设计课前活动内容和活动量。

这里所说的课前活动，除了包括课前预习之外，还包括“任务完成”。也就是说，预习的内容不仅要量化（生词、功能表达式有多少），还要为学生提供详细、具体的任务提纲，要让学生知道将要上的课要完成什么内容，教师每一个环节和步骤要做什么，对学生的参与要求是什么，等等，使学生在课前就对该课的学习有一个明确、具体的目标，自觉地为自己设定一个期望值。比如，“小组讨论”是口语课常用的一种互动形式，由于口语表达即时性和课堂时间的限制，以及学生表达时不可避免的语言障碍，往往使话题难以深入，学生无法开拓思维、展开思想，只能围绕课文材料做文章，说的话仍然是课文造句，并不是靠头脑想出来的，课后一两天就忘了，谈不上真正习得。倘若协商好话题后就给学生提供明确的讨论内容和表达要求，然后分小组，小组再分角色查找资料、调查情况、分析比较问题，作好充分的课前任务准备；课上可以小组归纳、讨论，形成完整的小组意见，然后再由各小组表达意见，互相补充，最后形成完整的看法。教师的作用是在整个过程中不断地启发、引导，最后强化总结的内容，并对学生在过程中的表现给予评价。

辩论教学模式也是促进学生系统、完整地表达自己的思想感情，激发学生创造性学习的有效方式。在组织展开辩论活动前，要有课前热身，即课前活动阶段，目的是让学生明确各自的角色以及相应的意义表达和相关的表达结构。具体做法是：要求学生通过预习找出各自的任务，即课文材料中对某一话题的正反观点，并思考、确定自己的观点和论据；有意识地选择意义表达时应使用的语言结构；鼓励见仁见智，发表个人见解；指定主持人，要求熟悉有关辩论的规定程序，注意语言表达策略（如怎么表达得体、如何开头、如何结尾等）。课上辩论开始时，根据学生的思考和意愿将学生分为正方、反方和评论组，在支持人引导下按规定程序进行辩论，最后评论组点评（包括对正、反方成员及主持人的表现评价）。由于鼓励学生发表不同见解，并且学生参与辩论是“有备而来”，课堂辩论时就会时时闪现思想碰撞的火花和亮点，学生兴致极高，课堂生动有趣。课前活动的设置安排，目的就是尽量多地为学生提供独立活动的空间，将以师生互动为主的课堂主要交流形式转变成学生之间的交流合作。由于话题中心是“协商”的，而且有意识地让学生展开思想、创设花样，一定会触及学生的兴奋点，调动他们的学习热情，为取得良好的教学效果作好铺垫。

综上所述，交际性原则的核心是注重学生在语言学习过程中的能动作用，强调根据学生的交际需要，在运用中学习掌握语言。语言是学出来的，不是教出来的，我们只有在教学实践中科学理解交际性理论，创造性地运用交际性原则，使学习内容、教学设计、课堂活动的组织有利于激发学生学习的主动性和创造性，让学生展开思想、开拓思维，在理解的基础上掌握、运用汉语进行有效的交际练习，才能真正培养学生的交际能力，提高口语表达水平。

参考文献

鲍丽娟、史立辉、孙永红　2008　交际原则下的汉语词汇教学策略，《长春大学学报》第5期。

陈　侃、尉万传、毛良斌　2010　中高级汉语口语教师的“主持人”意识，《语言教学与研究》第4期。

黄国文　1993　交际能力与交际语言教学，《现代外语》第3期。

蒋以亮　2005　以“学生”为中心，改进口语教学，《第八届国际汉语教学讨论会论文选》，高等教育出版社。

刘　延、郭　瑞　2008　试论交际性教学原则与研究生英语教学，《学位与研究生教育》第6期。

刘元满　2008　高级口语教材的话题、情景和话轮，《北京师范大学学报》（社会科学版）第5期。

鲁健骥　2010　关于创造型对外汉语教学与创造式汉语学习的思考，《语言教学与研究》第4期。

罗新红　1997　对交际教学法的几点质疑，《国外外语教学》第4期。

汝淑媛　2005　从交际式教学法谈汉语口语课堂教学，《企业家天地·理论前沿》第11期。

王若江　1999　对汉语口语课的反思，《汉语学习》第2期。

武荣强、宋　青　2009　当前中级汉语口语教学现状的调研及分析，《湘潭师范学院学报》第1期。

李小丽，女，1963年生，北京语言大学汉语进修学院副教授。1986年参加工作，研究方向为对外汉语课程与教学论。教授过听、说、读、写各门技能课，尤以综合课和口语课教学见长。主要成果有：论文《初级阶段口语教学应重视成段表达能力的训练》《初级阶段口语课教学规范化问题》等，合作或独自编写教材《成功之路·成功篇》（第二册）、《大学汉语·读写》（第二册、第四册）等。

初级阶段口语教学新模式研究

——基于任务型教学与形成性评价的初级口语教学模式构建

张媛媛

摘　要：本文针对初级阶段口语教学的自身特点，借鉴任务型教学法和形成性评价的理论和方法，构建了一个基于任务型教学与形成性评价的初级口语教学模式。此模式兼顾交际能力的培养和语言形式学习，力求实现学生在教学过程中的主体地位，且此模式可适用于不同类型的口语教材，具有一定的可推广性。

关键词：任务型教学法　形成性评价　口语教学　教学模式

一、引　　言

口语教学作为培养学生口头表达技能的主要课型，是对外汉语教学中的重要课型之一。有调查显示，众多留学生认为，口头交际是他们工作与学习的第一需要，用汉语说话是他们使用最多的言语技能，口语课是最重要的课程。（高彦德等，1993；阮黎容，2006）然而，实际教学过程中，口语课一直未能有效地满足学生的需求，学生对口语课的总体满意度不高。（武惠华，2004；吴勇毅，2005；赵雷，2008）反思目前的口语教学，问题主要集中在以下几个方面：

1. 课型特点不突出

目前，许多口语教材规定的口语课堂活动过于注重词语讲解及句型分析，口语练习和表达训练多限于造句、完成句子、针对课文回答问题或复述课文大意等，没有体现出和综合技能课的区别，造成了口语课当综合课上的尴尬局面。

2. 教学效果不尽如人意

在上述口语教学模式下，教学重点是语言形式，没有充分的时间和操练形式进行口语表达的训练，导致学生出现知识点与实际应用脱节的现象。

3. 教学方法过于单调，课堂气氛沉闷

目前口语课的教学形式多为先讲课文，分角色朗读课文，然后讨论或者谈谈感想，教学方法过于单一，使学生感到单调乏味，完全没有新鲜感，课堂气氛沉闷，从而影响了口语课的教学质量。

赵金铭（2004）指出："'说的汉语'的教学目的，是培养言语交际能力，重在口头表达，力求达意和彼此言语沟通"，"'说的汉语'的最大特点是口语表达时有特定的语言环境和具体的听话对象"，因此，"说的汉语"和"看的汉语"应该有不同的教学系统，有不同的教学方法和要求。可见，如何真正提高口语教学的质量与效率，使学生在有限的时间内掌握汉语口语规律并能灵活得体地进行言语交际，是我们亟须解决的重要问题之一。

针对上述情况，我们以初级口语教学为切入点，针对初级阶段口语教学的自身特点，借用任务教学法的框架，将适合初级阶段口语教学的基于任务的新型教学法和形成性评价相结合，构建一个基于任务型教学与形成性评价的初级口语教学模式，以期为口语教学提供新的教学思路。

二、新型口语教学模式构建的理论基础

（一）任务型教学法

任务型教学法兴起于20世纪80年代，该教学法强调语言学习的社会性以及学习者的主动性对促进个体学习的重要作用。提出了"做中学"（do and say things now so that as a result you will learn language）的主张，即通过选择、编排教学任务，创造有交际意义的具有真实性的语言环境，使学习者在完成第二语言使用任务的过程中习得第二语言。（刘壮、戴雪梅、阎彤、竺燕，2007）

将任务型教学法引入初级阶段口语教学的主要理由在于：（1）在任务活动中学生焦虑度有所降低，学习压力相对减小；（2）学生有较多的开口机会；（3）具有真实交际所需要的"自然语境"，比以学习语言结构和语法规则为主体的"形式语境"更有利于学习口语；（4）学生在完成一个个任务的过程中会有很大的成就感，这种成就感可以反过来促进他们的学习积极性，使他们更加积极地参与到交际互动的任务活动中，从而提高他们的汉语口语能力。

（二）形成性评价

"形成性评价"（formative assessment）这一概念是Scriven在其1967年所著的《评价方法论》中首先提出来的。Cowie & Bell（1999）认为，形成性评价是在教

学过程中，为了增强学习，教师和学生对于学生的学习情况进行判断、评价的过程。学生通过形成性评价不断了解自己的学习状况，教师及时向学生反馈信息，促使学生更好地学习或自我反思，促成高质量的学习。

与终结性评价相比，形成性评价的优点在于：（1）形成性评价能不断激励学生学习，帮助学生获得成功感，树立自信心，成为学生继续进步的动力；（2）形成性评价可帮助学生反思和调控学习过程，培养他们的自主学习精神，促进他们语言综合运用能力的全面发展；（3）形成性评价为教师提供教学反馈信息，以便于教师反思和调整教学行为，不断提高教育教学水平。

三、新型口语教学模式简说

基于任务型教学法和形成性评价，我们尝试建构一个新型初级阶段口语教学模式。在此模式中，我们结合初级阶段汉语口语教学特点，对任务型教学法进行了改进，并将基于任务的新型口语教学法和形成性评价有机结合，使二者相互促进，以期使学生在有限的时间内掌握汉语口语规律，并能灵活得体地进行言语交际。新型口语教学模式总体架构详见图 1。

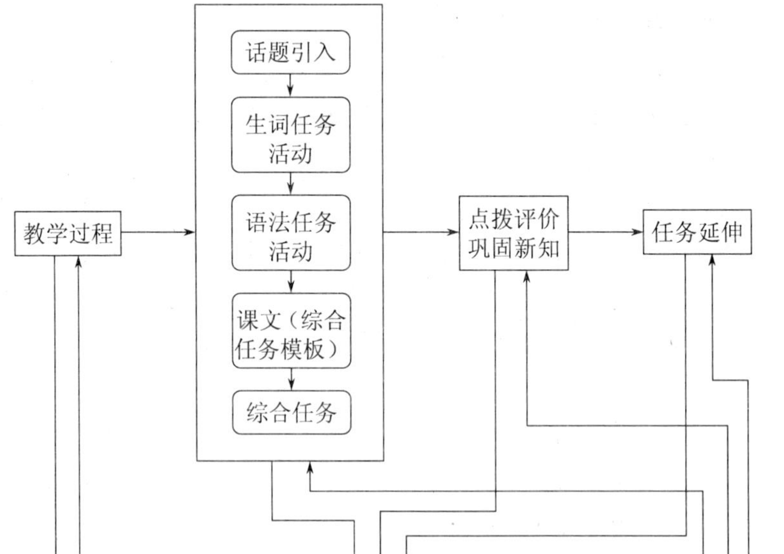

图 1　新型口语教学模式架构

从图 1 中我们可以看到，新型口语教学模式架构中，教学过程主要分为三个阶段：阶梯任务链、点拨评价和任务延伸。其中“任务集合”阶段主要是学生学习新知识的过程。“点拨评价”阶段是指老师通过形成性评价所获得的学生掌握新知识的情况，进行指导点评，使学生巩固新知识的过程。“任务延伸”阶段主要指学生课后完成相应任务以强化新知识的过程。新型口语教学模式架构中，形成性评价体系始终贯穿于整个教学过程中。它从教学的各个环节收集学生的学习情况，并将结论反作用于教学，使教学更加贴近教学对象，可提高教学效率。

四、新型口语教学法与传统任务型教学法的关系

从 Willis1996 年提出其经典任务操作模式以来，大部分任务型教学的倡导者都将任务型教学过程分成任务前、任务中、任务后三个阶段。Willis 的任务前阶段以介绍任务主题和任务为主要目标，反对任务之前详细学习语言结构。语言结构的练习主要集中在任务后阶段的任务聚焦环节。此模式虽然被很多学者推崇，但由于其对于关注语言形式的设计多集中在任务后阶段的语言聚焦中，在任务中阶段，学生对语言意义的关注就可能以牺牲语言形式为代价。为了完成任务，学生可能使用简单词汇、交际策略等方式。我们认为，这样一来，有可能降低交际任务的执行效率。如果学生也借助各种手段完成了任务，但未产生或极少产生对语言形式的需求和关注，那任务后的语言聚焦活动就很难在此基础上有效地开展，要学习的语言形式将难以获得。

虽然此后 Skehan 对该模式进行了一些调整，以促使学生执行任务时既关注意义也关注形式并能注意到新形式，但是 Skehan 本人也指出不能保证这些语言形式一定会被学习者在完成任务时运用，也不能保证在这短暂的时间内学习就会发生。

为了解决这个问题，在我们构建的新型口语教学模式中，并没有完全遵循任务型教学法的任务前、任务中、任务后阶段来划分，同时也没有将语言点都集中在任务后阶段操练。整体教学过程上我们基本延续传统的教学顺序：话题导入——生词——语法——课文——综合任务。但是，教学过程的每个环节都是一个任务集合，新模式下每个教学环节都由若干任务活动组成。换言之，我们把任务型教学法分派到口语教学的每个环节中，即每个环节按照任务的三个阶段展开。（详见图 2）

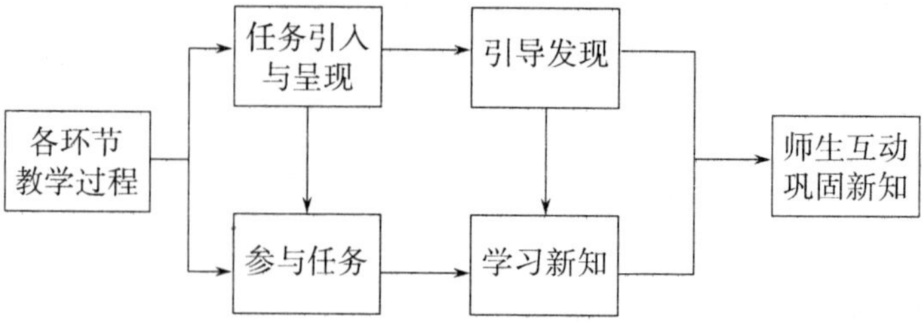

图 2　单个教学环节的教学过程

在每个环节的教学过程中，教师的主要作用是引入任务并将任务呈现给学生，同时在任务过程中引导学生发现新知识、获得新知识。学生则是通过参与、完成各种任务活动学习到新知识。最后每个小任务结束后老师会通过师生互动性活动使学生巩固新知识，为下个阶段的学习奠定基础。

经过这种改造后，新型口语教学模式较传统任务型教学法增加了以下优点：

1. 更易达到教学预期

传统任务型教学法以完成交际任务为主要线索，这个任务包括了很多相关生词、语法结构、表达方式。设计者希望通过学生完成此项交际任务，同时学习到这些新知识。但是所有的生疏内容一下子在任务中要求学生运用，在所遇到的困难超过学生个体预期的时候，学生本能地会寻求各种交际策略、借助各种手段来达到交际目标，语言学习的效率很难保证。本文提倡的新型口语教学模式将交际任务分派到教学的每个环节中。在完成每个任务的时候，只牵涉到一项新的学习内容，这样降低了完成任务的难度，学生会更容易运用新的知识完成各项任务。在所有的知识点都通过任务活动让学生基本掌握的基础上，再引入综合任务，这样学生会水到渠成地运用相关生词、语法、表达方式来完成综合任务。

2. 学生更易获得成就感，学习动力加强

依据动机理论，人们愿意花费努力去做的事情有两种：一种是他们指望一做就能成功的事；另一种是他们很在乎成功所带来的收益的事。新型口语教学模式采用阶梯任务链，就每个任务来说有难度但可以征服，完成每个任务的过程也是学生逐步掌握新知的过程。学生在此过程中收获的成就感也逐级递增。

五、形成性评价在新型口语教学模式中的应用

语言测试和语言教学相互联系、相互影响。语言学家 Arthur Hughes 把二者的关系客观地定义为“伙伴关系”（partnership）。开展基于任务的新型口语教学亟须一套新的评价体系，以真正反映学生的语言知识、语言能力和教师的教学效果。

在新模式下，我们引入形成性评价，辅以终结性评价，以期有效地提高学生的汉语口语水平。具体实施情况如图 3。

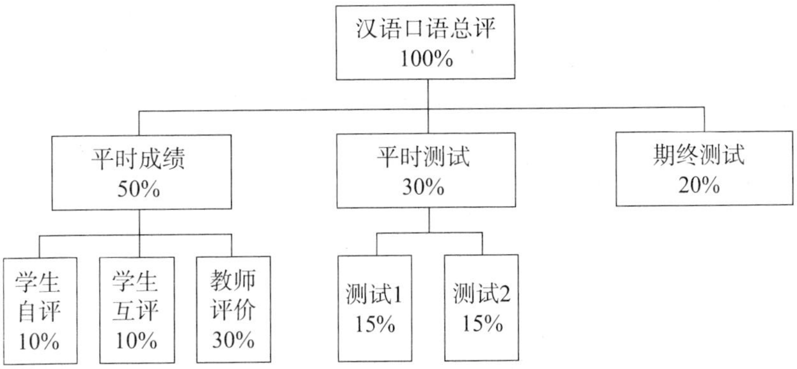

图 3　汉语口语总评构成

如图 3 所示，学生的汉语口语总评价由三部分组成：平时成绩、平时测试和期终测试。其中，学生的平时成绩以学生平时在口语任务活动中的表现为依据，主要涉及课堂出勤、课前准备、课上参与、课上展示和课后作业完成情况。对于学生在活动中的表现既有老师和其他同学的口头赞扬，也有笔头记录，这些都将作为学生自评、互评和教师评价的依据。

形成性口语评价的测试模式为：师生面对面口语测试。学生根据教师所给的试题，或看图进行描述，或对自己经历过的事情进行讲述，或就某事阐述自己的观点，或两名学生之间进行对话（教师从中可以观察学生是否具有与他人交际的能力），或师生直接对话。

基于形成性评价的新型口语评价体系使教学更加切合学生的个体需要。同时，通过评价体系中的自我评价、相互评价，不但培养了学生的自我学习能力、评价能力，同时也增强了学生的学习自信心，将评价与学习融为一体。

六、小　　结

本文中，我们针对现行口语课所呈现的一些问题，以初级阶段口语教学为切入点，结合任务型教学法和形成性评价理论，建构了一个基于任务型新型教学法和形成性评价的口语教学模式，希望能为汉语口语教学提供新思路。我们认为，新型口语教学模式具有以下优点：

1. 既注重交际能力又兼顾语言形式，力图使二者在学习过程中得到有机结合，互相促进，以达到高效提高汉语口语能力的目的。

2. 力求实现学生的主体地位，激发学习兴趣，增强他们的汉语表达自信。

3. 有较强的可推广性。目前，一些新的教学模式无法大范围应用于教学，一个重要原因就是缺少相应的配套教材。我们建构的模式不仅适用于基于任务的初级口语教材，同时，在没有这类教材的情况下，也可以把传统口语教材的内容运用于这个模式中。

参考文献

高彦德、李国强、郭　旭　1993　《外国人学习与使用汉语情况调查研究报告》，北京语言学院出版社。

刘　壮、戴雪梅、阎　彤、竺　燕　2007　任务式教学法给对外汉语教学的启示，《世界汉语教学》第2期。

阮黎容　2006　高级口语教材及相关问题的调查研究，北京语言大学汉语学院汉语言专业学位论文。

吴勇毅　2005　从任务型语言教学反思对外汉语口语教材的编写，《国际汉语教学动态与研究》第3期。

武惠华　2004　谈口语课堂活动及课下练习设计，《汉语口语与书面语教学》，北京大学出版社。

赵金铭　2004　“说的汉语”与“看的汉语”，《汉语口语与书面语教学》，北京大学出版社。

赵　雷　2008　建立任务型对外汉语口语教学系统的思考，《语言教学与研究》第3期。

Cowie B. & Bell B.　1999　A Model of Formative Assessment in Science Education, *Assessment in Education*, (1).

Genesee F, Upshur JA.　2001　*Classroom-based Evaluation in Second Language Education*, Cambridge: Cambridge University Press.（张连仲导读　2001　外语教学与研究出版社）

Hughes　1989　*A Testing for Language Teachers*, Cambridge: Cambridge University Press.

Skehan, P.A　1998　*Cognitive Approach to Language Learning*, Oxford: Oxford University Press.

Willis, J.A　1996　Flexible Framework for Task-based Learning, In Willis, J. & Willis, D.. *Challenge and Change in Language Teaching*, Macmlillan Publishers Limited.

张媛媛，女，1980年生，硕士，北京语言大学汉语速成学院讲师。2006年参加工作，研究方向为对外汉语教学及教材研究。

浅谈初级对外汉语提问式听说课教学模式

岳维善

摘　要：语言教学的本质是能力教学。能力是生命的一种表象，因此，听说课最本质的任务是将教材上那无生命的词、句变成学生生命的机能——听说能力。提问式听说课教学模式能使学生从跟着老师被动学变成主动学。运用这个模式，老师可“促其有问、奖其发问、教其会问、使其善问”，从而实现学生在课堂上从“语言的汉语”向“言语的汉语”的转化。

关键词：初级对外汉语教学　提问式听说课教学模式

不少法国人在碰到了什么解决不了的难题时，有个口头禅：“C’est du Chinois.”意思是“这是汉语，别较劲了！”可见“汉语之难”对于欧美人是多么可怕了。

可是，这个“难”是可以破除的。这里主要谈谈听说课的教法问题。要上好听说课，首先要有正确的理论认识，其次要有有效的教学模式。

语言教学的本质是能力教学。那么能力是什么呢？能力是生命机能的别称，是生命的一种表象。因此，听说课最本质的任务是将书本上那无生命的词、句变成学生生命的机能——汉语的听说能力。

听说能力在课堂上怎样生成、怎样提升呢？

《易经》中说：“日往则月来，月往则日来。日月相推而明生焉；寒往则暑来，暑往则寒来。寒暑相推而岁生焉。”其中的“相推”和“生焉”四字道出的重要的哲学道理也表现了听说课课堂教学的规律。课堂教学的本质就是“阴阳互抱为一、相反相成、生成并发展能力的矛盾运动”。其中，教和学是矛盾的两个方面，相对立而存在，相斗争而发展。教是矛盾的主要方面，起主导作用。这在初级阶段的课堂教学中表现得尤为突出。整个课堂就像一个太极图，师生就是一阴一阳，就像“太极推手”运动中的一师一徒，你来我往，一招一式。学生是主体，但要由老师来主导。学生在自觉的训练中，自身说汉语和听汉语的能力就从无到有，从小到大地生成并强大起来。

在这教与学的矛盾运动中，老师的主导作用主要体现在：通过对“情”和“度”两个字的掌控，加强师生间的默契，加大师生的努力力度，从而掌控学生语言能力的造就。所谓“情”，是指老师对学生高度的负责之情，是指老师要在课堂上用自己的激情点燃学生的激情。没有激情的课堂是学不好汉语的。所谓“度”，是指老师课堂上应掌控好的“内容的密度、训练的力度、熟练的程度”三项。其中的“内容密度”指的是教学过程中资料的难、易、繁、简、多、少的合理布局。“训练力度”包括四个方面：（1）字、词、句夯实的力度；（2）教学环节之间衔接的力度；（3）学生参与听、说、读、写活动努力的力度；（4）学生内心感受到的压力的力度。没有压力，就没有成功。其中的“熟练程度”是指课程结束时，主要句型学生能否脱口而出、不假思索。课堂教学这个“太极图”要变成“太极球”，运转得如何，完全在于老师如何主导了。

提问式听说课教学模式体现了上述的理念，而且提供了老师可以充分发挥主导作用的可能。用这个模式训练学生，听能听得“准、全、灵”；说能说得“准、快、巧”。即：听要听得准确无误，完全不漏，快速灵光；说要说得声、韵、调标准，快捷地道，得体有效。

老师的主导作用还应见诸一个“活”字上，要自觉地使课堂活起来。这个“活”，一是说书上的字、词、句要活起来，使之变成学生身上生命表象的一种听得着、看得见、活生生的听说能力。二是说学生的头脑要活起来，要从跟着老师被动学变成主动学，要用当堂所学的汉语来思考问题，来提问题，来表达自己的心意，从而实现学生在课堂上从“语言的汉语”向“言语的汉语”的转化。

一、“问”在言语过程中的地位

课堂教学中的做法一般都是老师问，学生答。可是，提问式听说课教学的做法则是“学生问，老师答；学生问，学生答；人人都在问，处处都在问”。

言语过程的形式主要是问与答。问是言语过程的起点，也是言语过程能得以发展的关键。在言语交际过程中，刺激与反应是一对矛盾。刺激是矛盾的主要方面，它起主导作用。无论是刺激对方还是接受对方的刺激，然后作出反应，刺激无疑都是使言语过程能得以开始并继续下去的决定性因素。神经语言学认为：“动机和意向是言语的起点。”[①] 这“动机和意向”在言语交际过程中的表现形式是什么呢？那就是“问”。

在《汉语会话301句》（北京语言大学出版社）这部大受好评的教材中，全部301个句型中含81个问句，占37%，而前100句中竟含42个问句，占42%。一部精心设计的以句型为精髓的教材里含有如此多的问句，绝非偶然。

牵牛要牵牛鼻子，汉语听说课课堂教学不能不抓“问”的教学。

二、激发问的欲望

要学习汉语的外国人一般都具有强烈的问的欲望。他们要学习汉语，也要了解中国。面对着拥有十三亿人口和五千年历史的泱泱大国，他们觉得很神秘、很好奇。这么多人，这么大的国家，人们的生活、文化、风俗、习惯、历史乃至心理状态，甚至特别具体的吃饭、穿衣等问题，他们有太多太多的问题要问了，只是苦于不会问。其实，学生的这种心态正好为教师实施提问式教学奠定了较好的心理基础。问的欲望的激发会使学生产生学习汉语的强大的动力和热情。关键在于教师能否利用它，促其有问，奖其发问，教其会问，使其善问。问的积极性一旦调动起来，不但能充分激发人的大脑机能，提高人的记忆质量，而且能帮助教师实现使学生从“语言的汉语”向“言语的汉语”的转化，从而使那些书本上死的语句变成了学生生活中活生生的有灵魂的语言。

要使学生问得起来，关键在老师。如果老师能根据教学内容来改变自己的身份，宣布自己扮演什么角色，从而给学生创造新的语境，就更便于学生发问了。另外，学生在问的过程中得到满意的回答，获得恰当的鼓励，问的欲望就会更加强烈，积极性就会更高。除了文化、历史、政策等方面外，学生还会比较关心老师的家庭。这也无妨。老师确实也是他们了解中国的一个窗口。有一次，一个老师宣布自己是他们同龄的朋友，让他们提问时，学生问：“你喜欢你的妻子吗？”“你们什么时候结婚的？”老师都自然如实地回答了。学生们打消了戒心与顾虑，问就会源源而来。

① 赵吉生、卫志强译　1987《神经语言学》，北京大学出版社，第36页。

三、教会问的方法

开学的第一课，就要开宗明义地说："学习汉语，首先要学习问。问是很重要的，而且问也是不难学会的。"生活中有千千万万的问题，可以选择各式各样的问法。但是归纳起来，汉语问的方法却仅仅只有四种，包括九个类型。我们为每个类型的各种变化都选定一个句型，一共也才只有30个。这是学好汉语的钥匙，学生一定要先学会它。

决心下定，方法也要选好。要在我们的教学中使学生问问题熟练化，就必须把汉语的问法系统化、简单化。

汉语的第一种问法是"是非问"，包含四个类型。一是在陈述句的末尾加"吗"。二是在陈述句后，另外加上"好吗"或"行吗""对吗""可以吗"，等等。三是用疑问语气表示疑问，其书面形式，只是在陈述句后改用问号即可。四是用"吧"的疑问句，当提问的人对某事有了某种估计，又不能完全肯定时，在陈述句尾加上"吧"就可以了。

第二种问法是"特指问"，包括一般特指问（即用疑问代词的问法）和用"呢"的特指问。

第三种问法是"正反问"，其中含有一般正反问和用"是不是"的正反问。

第四种问法是"选择问"。

把这四种方法的九个类型及其变化都配好例句，定为30个基本句型，进而将之列成表格，把四种问法的分类、各类的句型、表示的意义、基本格式、结构特点以及回答方式等一并展现在一张表上，实现了系统化和简单化，而且学生人手一表。（见第134页"问法教学表"）在此基础上，可以采取"短期突击，天天实践"的做法。第一周全部教完，而后天天进行各种问法的操练。通过教学真正实现问法的"熟练化"。

四、实现问的训练

任何一种语言技能的掌握都离不开大量的实践。实施问的训练，方法概括为"见面两问、每词必问、一句多问、多句一问"四种。

（一）见面两问

上课开始，每个学生都要用学过的词语，有准备地就以前所学过的汉语知识范围向老师问两个问题，这叫见面两问。事先有规定，如果问题无语病，而且是真实的问题，不是明知故问，老师必答。这里突出强调：问要问真实的问题。有毛病的问句，老师纠正错误而不回答。如果仅仅是重复书上的现成句型，老师也不回答。这一教学活动，既达到了复习已学过的语言知识的目的，又迫使学生实践由语言向言语的转化，同时更激发并鼓励了学生用汉语发问的欲望。韩国高丽大学的一批学生在北语学习七周，自始至终，天天如此。学生问得主动，老师回答得自然，课堂成为师生双向活动的交际场合，师生关系也和谐、融洽。既实践了问的训练，提高了学生运用汉语的言语表达能力，又加深了他们对老师的了解，增进了对中国的感情。

（二）每词必问

每课的生词，要做到每词必问。学生负责在课前将生词抄在黑板上，逐个轮流，每人一次。这是汉字的学习过程，也是对学生学习的促进过程。更重要的是学生在抄写的过程中会发现很多要问的问题。

生词的发音和组句，是教师示范在前。这样先入为主，不但可以保证能输入正确的语音信息，而且可给学生以正确的语感，进而再让学生针对教师的句子提问。每词必问，每问都让全班同学重复并回答。其间要进行声、韵、调的训练，更要进行重音、停顿的训练。要让学生掌握句中的音强、音延，以至句子的节奏，要在语调的训练上下大工夫。在这里，一个学生用一个生词组成的问句，全班同学都在重复，都在回答。他在小有成功的兴奋中轻轻松松地就掌握住了这个词。同时全班同学也都提高了这个词的使用频率，加强了学生大脑词库对这一生词的“近视性”（神经语言学释为“近期曾经相识”）。由此，便可以大大提高言语交际中对这个词的检索水平。

词与词不同，有难易的区别，也有常用不常用的差异。有的还有特殊的语法功能。因此，搞“每词必问”的训练，方法与力度也因词而异，而且这一教学活动要与句型、课文教学融为一体。老师的指挥与控制是在组句的过程中实现的。组句是由词到词组，由词组到短句，再到长句。逐步发问，逐步加长。句，要组成本课的句型、课文以及替换练习中的句子。重点词语和能组成代表本课语法点的句子的词语还要多组一两句。例如《汉语会话301句》中的第九课，共有16

个生词。可用从简单到复杂的方式，最后组成这样两个句子：（1）我**知道**他**住**在九号**楼**二**层** 324 **号房间**。（2）他**欢迎**我们**常**一起去他那儿**玩儿**。（黑体字为本课生词）其中含九个生词，而且含有本课规定为教学任务的全部两个语法点（连动句和状语）。另外本课注释中的“儿”和“多少”就可以在学生针对第一句的提问中练习。由于句子是一点儿一点儿地长起来的，每一步都有语调与节奏的严格训练，都有问有答，难度虽然比教材加大了，但学生也能较好地掌握。

（三）一句多问

训练说的技巧主要靠模仿，训练问的能力同样也是靠模仿。不过，这里叫学生模仿，是搞“一句多问”的模仿。这是每课的重头戏，主要是在课文与句型的教学中进行。例如，“弟弟昨天买回来一本书”。这个句子的教学分三步进行。首先在老师用正常语速说出此句后，马上让学生说出全句的中心词——“弟弟”“买”“书”。随即明确：这是句子的“主、谓、宾”，继而用标准的语音、语调练熟此句及针对其“主、谓、宾”的各种问题。第二步用填充扩展法逐一加上此句的定语“一本”，状语“昨天”和补语“回来”。学生逐项填充扩展，逐步模仿老师完全正常的语速和自然的语调。第三步要求学生逐一对此句的不同句子成分提出不同的问题。共提出如下九个问题：（1）弟弟昨天买回来一本什么？（特指问，问宾语）（2）弟弟昨天买回来几本书？（特指问，问定语）（3）弟弟昨天买没买回来一本书？（正反问，问补语）（4）弟弟什么时候买回来一本书？（特指问，问状语）（5）谁昨天买回来一本书？（特指问，问主语）（6）弟弟昨天买回来一本书吗？（是非问，问全句）（7）弟弟昨天买回来一本书没有？（正反问，问补语）（8）弟弟昨天还是今天买回来一本书？（选择问，问状语）（9）弟弟昨天买回来一本书？（是非问，问全句）——用疑问语气表示疑问的是非问句，它的逻辑重音可作四五种变化，语义也有四五种相应的变化。教师逐一演示，学生一一模仿、认真体味。此时，学生发问的语速、语调都已初具水平。本课的每一个句型都是这样处理，课文中的长句也都这样处理。一个句子表层的句子结构形式及其决定的语音特点在每一次填充扩展过程中都有相应的变化。在每一次发问过程中，这些变化又都有发展。“如果说成分是句子的一个单位，那么命题可以说是意义的单位。因此在理解句子的过程中，如果我们能够辨认出成分的界限，我们就可以理解它们所代表的意义。"[②] 事实上，只有清晰地辨认句子成分，才能对同一句子针对不同命题进行多角度、不同方式的提问。而这些提问与作答必然使人们在语言心理机制方面高频率地产生转换与倒转换的过程。即，每一次提问，都是由深层结构到表层结构的转换；每一次被问，都是由表层结构到深层结构的倒转换。可以说，这个过程完成得越快、越自如，人的言语能力就越强。

（四）多句一问

多句一问，是在课文的教学中进行的。这是要学生从单一的句子走到句群中去。在一段以至通篇之中进行概括性、抽象性的发问，从问小问题发展到问大问题，言语能力在宏观与微观的变化中得到一定的升华。为实现这种升华，我们可以在进行了“每词必问，一句多问，多句一问”训练的基础上，引导并安排学生进行有交际动机的、富有交际价值和创造性的提问训练。这就是在准备第二天上课伊始的“见面两问”中要解决的问题。这就是要强调一定要问“真实的问题”的原因之所在了。

五、听说课教学的“三四经”和“六字诀”

汉语听说课教学，不管是传统教法还是提问式教法，都应该牢记“四个要”、“四个实现”和“四个注意”——简称“三四经”。

听说课教学，一要以字词为基础；二要以句子为灵魂；三要以课文为中心；四要以练习为镜子。四者之间，要做到“灵魂无处不在”。

在微观上：作为灵魂的句子的教学应逐步实现“准确——流利——地道——发展”。

要把句子说地道，教学中应注意汉语句子的停顿、重音、旋律、速度四个方面。

句子的教学是听说课教学的根本之所在，应力求贯彻好“少而精，熟而溜”这个“六字诀”。少而精，体现的是“伤其十指，不如断其一指”的战略思想。日积月累的结果是“丰富而精准”，是“熟练而地道”。熟而溜，是达到说汉语时

② 桂诗春　1985《心理语言学》，上海外语教育出版社，第 93 页。

不考虑语法却符合语法的“不假思索”的状态。长此以往，能达到“无为而无不为”的境界。言语行为本无法，语法是从人们的言语习惯中总结提炼出来的。当语法又变成了人们的言语行为时——“语而无法”的状态，才是我们语法教学追求的最高境界。教学中，“少”是“丰富”的手段，“溜”是“精”的途径。在我们的教学生涯中，每天都要念这“三四经”，每天都要执行“少而精，熟而溜”这六字之诀。

六、进行问的考核

教要教“问”，考就要考“问”。考核有督促与引导作用，是实现教学目的的手段。要培养学生问的能力，就要重视考核办法的变革。即口试中将传统考试的“老师问，学生答”的模式变为“学生问，老师答”。学生问的形式越多，问的内容越贴切、越丰富越好。

（一）题型

可以准备五组考题供学生抽签，每组含四类题目。

1. 一问一答，就某一专题，学生向老师发问，进行五分钟会话。例如，在教《汉语会话 301 句》时的一次考试，出了如下五个专题：（1）告别；（2）去医院看病人；（3）祝贺生日；（4）找旅馆；（5）托运行李。

2. 一句多问，对考签上的一句话，学生至少要向老师问五个问题。

3. 多句一问，对一段话，学生概括性地问一个问题。

4. 任意问两个问题，要求学生就考场环境，任意向老师问两个问题。

这种考试方式，得从第一单元测验开始。学生逐渐适应后，兴趣浓厚，对教学有明显的促进作用。

（二）评判标准

考核中，如何判断与衡量学生问的水平呢？这里有四条问的准则。

1. 量的准则——每个问句只能有一个质疑点。

2. 质的准则——质疑点要明确。

3. 关系准则——内容要符合语境要求，尽量做到得体。

4. 方式准则——语音、语调准确，语气、语速恰当。

有的专家说："对外汉语所教的内容只能是作为语言的汉语，但是教学目的却是要学生把作为语言的汉语转化为自己言语的汉语。这个转化只是学生单方面的事，老师是无能为力的。"[3] 这个转化是不是只是学生单方面的事呢？在课堂上，教师能不能发挥作用，帮助并促成这种转化呢？很明显，问，可以帮老师的大忙。让学生问，从被动地答到自发地问；从问书上的内容到问自己心中的内容；从问一句到连续问几句；从问分散的、具体的小问题到问概括性的大问题；从模仿着问到创造性地问——尽最大的可能让学生自己问，自己进行言语交际。这不就是从"语言"向"言语"的转化吗？

人类的言语行为是通过刺激—反应链来实现的。人们注重刺激与反应的连接，尤其注重刺激，并依靠刺激来控制反应。人们的口头会话过程，不只是被动地接收对方的声音信号作出反应的过程，而是双方的一个主动的心理过程。会话之所以能得以进行，必然有赖于双方交替地发出刺激与作出反应。会话的发展情况是依靠刺激来控制的，而刺激的言语形式则主要是问。因此，教师要教会学生汉语，要提高他们的言语交际能力，使他们具有强有力的听说能力。听要听得"准、全、灵"，说要说得"准、快、巧"。要帮助学生更快、更好地实现把作为"语言的汉语"转化为"言语的汉语"，那就要注重问的教学，搞好问的教学。听说课就要采用提问式的教学模式。

参考文献

桂诗春　1985　《心理语言学》，上海外语教育出版社。

李德津、程美珍　1988　《外国人实用汉语语法》，华语教学出版社。

刘月华等　2001　《实用现代汉语语法》，商务印书馆。

盛　炎　1990　《语言教学原理》，重庆出版社。

邢公畹　1993　从对外汉语教学看"语言"、"言语"划分的必要性，《世界汉语教学》第2期。

赵吉生、卫志强译　1987　《神经语言学》，北京大学出版社。

③ 邢公畹　1993　从对外汉语教学看"语言"、"言语"划分的必要性，《世界汉语教学》第2期。

岳维善，男，1944年生，北京语言大学副教授。主要从事初级对外汉语教学工作，目前主要研究初级对外汉语课堂教学的理念与模式。曾获1994年全国优秀课堂教学竞赛三等奖。

问法教学表

问法	类别	基本句型	表示的意义	基本格式	结构特点	回答方式
是非问	用“吗”的是非问	（1）张老师在家吗？	询问情况的肯定或否定。	主＋谓（＋宾）＋吗？	词序跟陈述句一样，句尾有“吗”。	或答肯定或答否定。
	用“好吗”“行吗”“可以吗”……的是非问	（2）我们上午去，好吗？	说话人先提出自己的估计、要求，然后征求对方的意见。	主＋谓（＋宾）＋好吗？	在陈述句后，另加“好吗”“行吗”“可以吗”……	只用肯定或否定的答语即可。
	用疑问语气表示疑问的是非问	（3）小张没来？	询问情况的肯定或否定。	主＋谓（＋宾）？	在陈述句后用“？”。	或答肯定或答否定。
	用“吧”的是非问	（4）这是你的女儿吧？	说话人对某事有了某种估计，又不能肯定，带探寻意。	主＋谓（＋宾）＋吧？	在陈述句后加“吧”。	或全肯定或全否定。
特指问	用疑问代词的特指问	（5）谁是老师？ （6）哪个人去？ （7）这本书怎么样？ （8）你看什么？ （9）他在哪儿学习？ （10）他什么时候去？ （11）我们怎么去？ （12）复习几天？ （13）这儿有多少人？ （14）这条路有多长？*	询问某人、某事或某种情况。	（1）疑问代词＋谓（＋宾）？ （2）主＋疑问代词？ （3）主＋谓＋疑问代词（＋宾）？ （4）主＋疑问代词＋谓（＋宾）？	词序跟陈述句一样，疑问代词放在要求回答的句子成分的位置。	回答所询问的人、事物或情况。
	用“呢”的特指问	（15）哥哥呢？ （16）窗户干净了，地板呢？ （17）他不同意呢？	询问人或事物在哪儿或怎么样，或问“如果……怎么办”。	（1）词＋“呢？” （2）词组＋“呢？” （3）主＋谓（＋宾）＋“呢？”	多用于独语句。	回答人或事物所处位置或情况，或回答有什么办法。

* “多”可问程度（如：多＋大／高／长／重／宽／远），也可问年龄。

（续表）

问法	类别	基本句型	表示的意义	基本格式	结构特点	回答方式
正反问	一般正反问	（18）你去不去北京？ （19）你去北京不去？ （20）你去北京不去北京？ （21）你去北京了没有？ （22）北京大不大？	询问某情况的肯定与否定。	（1）主＋谓＋“不（没）”＋谓（＋宾）？ （2）主＋谓＋宾＋“不（没）”＋谓（＋宾）？ （3）主＋谓＋宾＋“了没有”？	并列谓语的肯定形式与否定形式，肯定形式在前。	或答肯定或答否定。
	用“是不是”的正反问	（23）你是不是去北京？ （24）是不是你去北京？ （25）你去北京，是不是？ （26）我是不是找他谈谈？	进一步证实某种情况或征求同意。	（1）主＋“是不是”＋谓（＋宾）？ （2）“是不是”＋主＋谓（＋宾）？ （3）主＋谓＋宾＋“是不是”？ （4）主＋“是不是”＋谓＋宾＋……？	“是不是”可放在主语前或句尾，也可以放在谓语前。	或答肯定或答否定。
选择问		（27）你去北京还是去上海？ （28）你今天去北京还是明天去北京？ （29）你去还是他去？	询问人或事物是几种情况中的哪一种。	（1）主＋谓＋宾$_1$＋“还是”＋谓＋宾$_2$？ （2）主＋状$_1$＋谓（＋宾）＋“还是”＋状$_2$＋谓（＋宾）？ （3）主$_1$＋谓（＋宾）＋“还是”＋主$_2$＋谓（＋宾）？	对连接两个或两个以上的词或词组提问。	选择几项中的一项回答。

注：“您贵姓？”是一个特殊问句，暂定为第30句。

初中级汉语口语课的主题式教学模式探讨

魏耕耘

摘　要："基于内容的教学"（CBI）是一种把语言教学和主题内容或学科知识结合起来的教学理念，主题式教学是这一理念的基本模式之一。本文将主题式教学模式引入初中级汉语口语课，探讨在现行对外汉语教材的基础上，如何使初中级口语课程设置和课堂教学实现主题化，并进一步构建初中级汉语口语的主题式教学模式。

关键词：主题式教学模式　基于内容的教学（CBI）　口语课堂教学

一、主题式教学模式的概念

（一）主题式教学模式的基本理念

主题式教学模式的基础是"基于内容的教学"，即 CBI（Content Based Instruction）教学理念。这一理念起源于 20 世纪 60 年代末，加拿大蒙特利尔的教师在幼儿园实验班采用的"沉浸式教学法"（immersion instruction）。该理念将语言用某个学科的知识，或是某个主题串联起来进行教学，将主题或学科内容与语言教学活动融合在一起，倡导"通过学习主题，而不是单纯学习语言形式来获得语言能力"（Leaver, 1989），这是与以往传统第二语言教学的最大不同之处。在这一教学模式中，语言只是学习内容的媒介或工具，而主题内容或学科内容则成为学习语言的源泉。这样，第二语言教学的重心就集中在语言所承载的意义上，而不是语言形式上。CBI 理念认为，对主题内容或学科内容学习的过程，跟母语习得的过程更为接近，因此可以更为有效地帮助学生习得第二语言。

主题式教学是"基于内容的教学"（CBI）理念运用最为广泛的一种教学模式，适用于各个语言等级的第二语言学习者。这一模式充分体现了建构主义所尊崇的"以学生为中心"原则，在某一主题或某一学科背景下，注重学习过程，关注学生在学习过程中的亲身体验，注重培养学生自主学习能力和独立思考能力。对于学习者语言水平相对较低的初中级对外汉语课程来说，将主题式教学模式引入课程设置和课堂教学，无疑会增强学生的学习动机，进一步发展学生自我学习汉语的能力。

（二）“基于内容的教学”理念与实际教学过程中的“六－T”法

“基于内容的教学”只是一种理念，如何使这一理念科学、有效地运用到语言教学的课程设置和课堂教学之中呢？针对 CBI 在实际教学中的具体操作方式，Stoller（1997）提出了“六－T”法。所谓“六－T”包括：第一，主题（Themes），这是贯穿课程设置的主要思想。第二，课文（Texts），广义上的课文包括教学内容和资源（content resources），不仅仅包括实际意义上的“课文”，还包括各种补充阅读材料、录像资料、听力口语练习材料等。第三，话题（Topics），是基于内容之上对主题更深层次的讨论。第四，线索（Threads），把一个以上的主题有机地串联起来以增加课程设置的相关性。第五，任务（Tasks），这里所说的任务与语言学习直接相关，如词汇教学、语言结构、篇章结构、交际技能、学习策略的教学等，都属于实际教学中的任务。第六，过渡（Transitions），是指同一主题下，不同话题之间如何自然地转换连接。在上述六因素中，除了线索（Threads）主要是跟课程设置和教材编写有关以外，其他五个因素都可以与具体的课堂教学发生紧密的联系，运用到实际课堂教学中去。

下面我们将从教学目标、教学内容、语言要素教学和教学过程四个方面来说明如何在初中级对外汉语口语课堂教学中运用主题式教学模式。

二、主题式教学模式在初中级对外汉语口语课堂教学中的应用

（一）课堂教学目标的主题化

主题式语言教学模式强调在课堂中通过具体的主题内容（subject matter），甚至是其他学科的知识，来强化语言本身的学习。通过对主题内容或某一学科知识的学习、讨论和练习，来学习或习得承载主题内容的语言表达形式。因此，主题式口语教学模式的目标不再仅仅是传统的语言形式或语法结构，而是如何运用目的语来介绍、讨论各种主题，表达自己对各个主题的观点，以及运用目的语完成各种主题报告，等等。因此，在现有教材内容基础上提炼并确定恰当的教学主题，就成为课程设置和课堂教学的基础；而对于学习者来说，能否了解目的语言背景下该主题的各方面内容，能否运用目的语来介绍该主题并自由地表达自己的

观点，就成为课堂教学的目标之一。

尽管现有口语课教材的编写并非严格遵循 CBI 理念，也并非“以主题为纲”，但是编写者们在梳理教材结构时，大多都会选择与学习者日常生活紧密相关的主题或话题。所撰写的课文和副课文，基本上也都紧密围绕一个大主题来进行讨论；或者是就同一主题的深入探讨，或是对同一主题不同方面的延伸。因此，任课教师可以在现有教学内容，主要是课文内容的基础上，提炼并确立每课书的大主题；然后，再根据各篇小课文的内容提炼相关副主题。选择提炼主题时，既要考虑语言教学内容，又要涵盖文化教学的部分，两者缺一不可。

对于没有特殊学习目的的基础阶段的学习者来说，与语言日常交流功能和社会文化功能紧密相关的主题更契合学生的学习目的。曾妙芬（2007）在总结美国 AP 中文教学主题时，结合语言与文化教学，将主题归纳为三大类：（1）不同公共场合的主题，如在宿舍、在餐厅、在邮局、在飞机场、在图书馆、在火车站、在旅行社、在学校、在教室、在医院、在其他公共场所等；（2）以自我为中心的主题，如自我介绍、买东西、看病、谈天气、租房子、问路和方向、做客、邀请 / 约时、看电影、我住的地方和城市、暑假寒假生活、选课、去中国留学等；（3）社会文化相关主题，如家庭、教育、名胜古迹、婚姻、知名人物、中国代表节日、健康、饮食文化、重要成语故事、典型的中国文化艺术活动、其他社会文化主题等。

我们以准中级口语课教材《汉语口语速成·提高篇》（北京语言大学出版社）的部分课文为例，看看如何归纳提炼口语课的主题和副主题：

第一课　让我们认识一下，好吗？——<u>自我介绍主题</u>

课文一　下面我来做个自我介绍　（副主题 1——轻松随便的自我介绍）

课文二　欢迎加入三 T 公司　（副主题 2——正式场合的自我介绍）

课文三　你叫——叫什么来着？　（副主题 3——如何介绍解释中文名字）

课文四　我们这就算认识了！　（副主题 4——初识的朋友如何聊天儿）

第十课　我想咨询一下——<u>咨询主题</u>

课文一　特别值得一提的是……　（副主题 1——对大学的咨询和介绍）

课文二　是一家规模很大的企业　（副主题 2——对公司的咨询和介绍）

课文三　可以说跟五星级宾馆没有两样　（副主题3——对旅行社、宾馆的咨询和介绍）

第十六课　轻轻松松挣大钱——工作主题

课文一　听说你找到了很好的工作　（副主题1——从待遇角度谈工作）

课文二　如果你每天都是硬着头皮去上班……　（副主题2——理想工作的标准）

课文三　摇滚青年　（副主题3——业余爱好跟工作的关系）

课文四　这山望着那山高　（副主题4——稳定的工作和跳槽）

第十七课　永远的爱情　永远的家——婚姻主题

课文一　所以结婚又叫成家　（副主题1——中国传统思想中的婚姻家庭观念）

课文二　你对爱人撒谎吗？　（副主题2——婚姻中的问题：撒谎是否有利于婚姻的稳定）

课文三　就是有妻子，恐怕也快离婚了　（副主题3——现代社会给婚姻家庭带来的影响）

确定主题时要考虑学生的实际需要和学习兴趣，还要考虑学生目前的语言能力能否达到讨论此主题所需要的水平，以及教师自身驾驭该主题的能力。具体提炼归纳主题时，既要考虑语言的实际语用功能，也要关注与整体社会文化的关联。有些主题与语言运用沟通能力密切相关，有些主题与增进中国文化整体性的了解直接相关。

随着人类社会的发展，文化方面的主题会越来越趋于多元化和多样化，小到老百姓日常生活的衣食住行、柴米油盐，大到国家政策、政治、经济、社会制度等高深的主题，都会有所涉及，而且同一主题也会随着社会的进步而有所发展。例如，“逛街购物”一直是第二语言课堂教学很受欢迎的一个主题，现在随着网络购物的日益普遍，教师就可以在这一大主题下，扩展出“网上购物”“二手竞拍”“网络团购”等新型副主题来。因此，对外汉语教师也需要紧跟社会发展趋势，对新事物、新词语、新思维保持敏感和关注。

（二）教学内容的主题化

传统意义上的教学内容，主要是指书面的教学资料，如生词、课文、语法句型结构、固定表达用法以及课后练习等。主题式教学模式的教学资料和资源的范围更为宽泛，包括教师准备的各种与主题相关的目的语原版语言资料和资源，如补充阅读材料、图片、表格、录音材料、录像资料、PPT、flash、原声电影，以及与主题相关的目的语博客、网站等，都归于此类。语言输入的丰富多样，会刺激学生对目的语和目的语文化产生更为浓厚的兴趣，也会更深入、更广泛地了解目的语社会。

如何从教学内容上进一步突出口语课的“主题”模式？首先，在课程主题已经确定的基础上，教师要对所能提供的教学资料做主题化归类、整理和筛选，结合教学对象的现有汉语水平，围绕主题为学生提供可能需要的各种语言资料。以准中级口语教材《汉语口语速成·提高篇》第十三课课文一《今天真倒霉》为例，根据课文内容提炼出主题“倒霉的经历”，然后围绕这一主题，总结学生以前学过的各种跟“倒霉”相关的语言形式，以及学生现有语言水平应该了解和掌握的跟“倒霉主题”相关的语言形式。例如：

1. 日常生活中经常遇到的倒霉事儿（语言形式：生词、短语、简单结构等）；

2. 开车、坐车时发生的倒霉事儿（语言形式：生词、短语、简单结构等）；

3. 遇到倒霉事儿时用哪些句子表达倒霉的感觉（语言形式：习惯用语、俗语、成语等）；

4. 描述倒霉经历时经常会用到哪些句式结构（语言形式：句式结构等）；

5. 课文讲述的倒霉事儿（语言形式：复句结构、篇章结构等）。

此外，配备与“倒霉”主题相关的图片和视频。

其次，围绕主题内容，尽量提供与学生日常生活紧密相关的语言材料，这对他们的生活、学习、社交以及个性发展等都具有实际意义，而且这样才能使学生从被动的接受者转变为积极的倾听者和对话者（施良方，2000）。因此，教师提供给学生的例句等教学内容既要来源于学生的日常生活，也要围绕主题提供一定的新信息。如果能够提供本班同学亲身经历的与主题相关的事例则更为理想。以本课为例，曾经有学生在上这一课之前，刚刚把手机掉到公共厕所的马桶里。这位同学非常希望用汉语跟大家讲一讲这个又好气又好笑的倒霉经历，所以教师在本课中有意识地准备了一张“手机掉到马桶里了”的图片，引导学生知道如何用汉语来表达，取得了良好的课堂教学效果。

第三，教师尽可能提供多种形式的语言资料，以加强、丰富同一主题的语言输入。仍以“倒霉”主题为例，教师提供了电影《人在囧途》的几段视频。相信看过这部电影的同学，都会认可该电影的故事情节与本课的主题完全一致。需要注意的是，当同一主题的资料比较繁杂时，教师得做好筛选工作，做到丰富而不繁复，多样而不庞杂。

（三）语言要素学习的主题化

虽然主题式教学模式的目标不仅仅是语言形式，但语言形式依然是语言课堂教学的重要目标之一。学习者要通过对主题内容的学习，掌握并能够熟练运用跟主题相关的语言形式和交际技能，这就是“六－T法”中所说的“任务”（Tasks）。以上述“倒霉”主题为例，在课堂教学中需要完成的语言任务主要有：（1）词汇学习任务：日常生活中经常会遇到的倒霉事儿，以及本课的生词和短语；（2）常用成语、俗语的学习任务：遇到倒霉事儿时的常用表达方式；（3）语法结构的学习任务：描述倒霉经历时经常会用到的句式结构；（4）听说、阅读、复述语段的学习任务：学习课文中描述的倒霉经历；（5）语篇分析、篇章结构的学习任务：通过课文展示出来的描述倒霉经历的篇章结构；（6）自由运用各种语言要素的学习任务：利用上述篇章结构，讲述自己或别人的倒霉经历，等等。

总之，通过对某一主题内容的教学，学生可以“有意义”地学习如何运用各种语言形式来表达这一主题。至于认读汉字、阅读篇章、听力练习、纠音正音以及口语表达等关注语言形式的教学环节和教学因素，都融合在对主题内容的学习之中。此外，还可以通过课后作业展示学生在写作和成段表达方面学习的情况，这也是对主题的进一步延伸。

教师通过对主题内容的教学，紧紧围绕主题提供相关的词汇、短语、常用短语或表达方式以及表达这一主题会用到的语法结构，等等，以达到语言要素习得的教学目标。在实际教学过程中，教师要关注以下问题：

第一，围绕主题引入适当的语境，这对于学生理解主题内容和语言形式都有很大帮助，这种观点在第二语言教学界已经成为一种共识。课堂教学中恰当而又实用的语境设置，需要达到以下几点要求：首先，可以帮助学生理解学习内容的上下文；其次，要紧密围绕本课的主题内容，尽量做到具体化；第三，教师能够简单明了地解释清楚，便于学生的目的语输出；第四，学生能够运用自己的汉语水平模仿表达。请看以下三个例句：

（1）就拿国庆节来说吧，差不多有上万人去这个公园。

（2）这个公园的人总是很多，就拿国庆节来说吧，差不多有上万人去这个公园。

（3）颐和园在北京非常有名，所以去那儿的人特别多。就拿国庆节来说吧，差不多有上万人去这个公园。

“就拿……来说吧”是一个举例表达方式，多用在对某一情况的介绍表述之后。上述三个例句在语法形式上都比较规范，但是例（1）中的语境信息几乎为零，完全缺失。学生在听到这个句子以后，很难尽快还原该例句的使用语境，也很难理解“就拿……来说吧”作为举例表达方式的含义和用法。这样就会影响学生当时在课堂上的理解和课后的正确使用。例（2）中的语境基本上还原了，不过所含有的信息比较简单，不够具体，学生并不知道“这个公园”为什么总是有很多人。而例（3）相比之下则更为具体地选用了现实中的真实信息，为学生提供了真实情景；此外，表达语境所用的语言形式难度适中，学生很容易上口，便于他们听说表达。比较起来，第三个例子所设置的语境最为恰当。

第二，在语言要素的主题式教学过程中，要尽量体现交际过程的真实性。真实正常的语言交际，是建立在信息交换的基础之上的。例如，在学习生词“凭”（课文里的句子是“不是所有的人都只凭第一印象判断人的”）时，可以有以下练习方式：

（4）看电影凭电影票进电影院。

图书馆凭图书证借书。

（5）师问：看电影凭什么进电影院？

学生目标语：看电影凭电影票进电影院 → 看电影凭票入内。

师问：我们学校的图书馆凭什么借书？

学生目标语：我们学校的图书馆凭图书证借书。

（6）你会不会只凭衣服打扮判断人？
你会不会只凭第一印象判断人？
在你们国家，找工作的时候，公司会不会只凭第一印象判断人？
依你看，公司应该凭什么判断人？

上述三组例句都具备一定的语义信息。第一组例句，操练方式是教师说句子，然后学生复述，属于单一信息的交流，不属于真实的语言交际。第二组例句，是师生之间的一问一答，属于一个话轮的言语交际，只不过老师的问题是有固定答案的，无论由谁回答答案都是一致的。这一组例句能够帮助学生理解生词“凭”的含义和用法，主要关注点在于语言形式，同时具备一定的交际性。第三组例句，与课文主题直接相关，此类问题的关注焦点在于所问的内容，每个学生的答案都有可能不一样。在这里，语言形式是作为意义的载体出现的。因此，第三组例句更能够体现交际过程的真实性，而且紧紧围绕本课主题，是主题式教学模式的典型操练方式。

第三，在学习和操练语言要素的过程中，教师要尽量引导每个学生参与到对主题内容的讨论和学习中来，使课堂互动的方式多样化，因为“课堂所发生的一切都是通过互动交流来实现的”（Ellis, 1994）。不同的互动方式对提高课堂教学效率，增强学习者的上课热情和学习动机都有重要的影响。教师应该尽可能创造各种机会增加课堂中的互动方式，积极开展师生之间、生生之间、学生小组之内和学生小组之间的各类互动活动，尽可能给每个进入课堂的同学都提供展示自我、表达自己想法的机会。此外，也要注意给不同性格和语言水平的学生以不同的主题任务，积极引导水平相对较高的同学帮助水平较低的同学完成主题任务，这种小组合作本身就是一种语言的交流。

第四，主题式教学模式下的口语课堂活动也要考虑学生的认知因素和情感因素。以口语课的自由表达任务为例，一方面要适当高于学生现有的语言水平，能够对学生产生一定的挑战，但是也可以通过他们自己的思考和努力完成任务，这样才会有学习的成就感，也会促进以后的课堂教学；另一方面，给出的任务也不能超出学生认知能力，否则学生很难完成主题任务，容易产生挫败感。在这一点上，也符合 Krashen（1982）的“可懂输入原则”。

我们仍以《汉语口语速成·提高篇》第十三课课文一《倒霉的经历》为例。课文结构简化如下：

表 1

表达的意义	语言结构形式
一般来说正常的情况……	按理说……可是……
发生了不希望发生的事	偏偏……
费了很大力气才解决	费了九牛二虎之力才……
表达内心感受	你说倒霉不倒霉？

一般来说，口语课教师要求学生自由表达的任务，往往是利用课文里提供的语法结构，讲一个自己或别人的倒霉经历。这样的主题任务不失偏颇，但是对学生认知能力的挑战比较低，趣味性也不强。教师可以在围绕主题引申出来的话题上做一些拓展设计。例如：让学生两人一组，合作完成一个“倒霉”故事。根据小组成员背景的不同，给出不同的话题。例如：

（7）跟朋友一起开车去山西旅行（发生了……倒霉事儿）；

（8）最好的朋友要结婚了（发生了……倒霉事儿）；

（9）爸爸妈妈来北京看我（发生了……倒霉事儿）；

（10）你妻子今天过生日（发生了……倒霉事儿）。

学生可以根据上述不同的话题，编出各自不同的倒霉经历，可以是真实的，也可以是虚构的。要求是情节合理、语法规范。教师在分组和设置情境时，还要考虑到学生的具体背景。例如喜欢开车和旅行的同学可以做话题（7），比较感性的女同学可以做话题（8），已经结婚的男同学可以做话题（10）。类似的主题式任务由于内容不同、语境具体，而且更接近学生的生活，就会充分调动起学生的兴趣和积极参与的愿望。此外，每个小组的话题各自不同，所以在这个环节的展示阶段，学生们会因为任务之间的信息差（information gap），而对其他小组的对话产生兴趣，也便于老师引导学生小组之间的互动。

在这一教学环节中，学生往往会给教师带来惊喜。教师经常会发现，学生的口语表达能力常常会比老师预期的要高。以话题（8）为例，一组学生完成的自由表达如下：

我最好的朋友要结婚了，按理说我应该高兴，可是当我看到请柬上新郎照片的时候，忍不住有点儿心酸。因为他就是我在大学里曾经喜欢过的那个男人。世界上的男人那么多，为什么我的朋友偏偏要跟他结婚呢？我费了九牛二虎之力才把这个男人忘了，可是现在又要跟他见面了，你说倒霉不倒霉？

这一教学环节可以充分发挥学生的主动性和创造性，同时还可以帮助学生养成自我学习的能力。例如，有学生通过运用，延伸了上面的语言结构形式，提出疑问：要是费了很大力气还没有解决，应该怎么说？（费了九牛二虎之力也没有……）补充了教师所提供的教学资料，同时也达到了良好的课堂教学效果。

（四）教学过程的主题化

第二语言课堂教学所说的教学过程，主要是指课堂教学的各个环节或是教学步骤。如何在初中级口语课堂教学中，通过围绕主题内容的学习，达成语言要素之间自下而上的生成与转换？如何做到各教学环节之间的自然过渡？

对于基础阶段的对外汉语口语课堂教学来说，语言形式的教学仍然属于自下而上的学习过程，也就是一种由词汇到短语，由短语到短句，由短句再到长句，再由句子到段落表达的语言生成过程。这一过程如果紧紧围绕主题进行的话，会自然而然地生成综合性语段。也就是说，如果词汇的讲练，短语、表达方式的讲练以及句式结构和语法形式的讲练都能够有意识地围绕同一话题内容进行的话，教师就可以把上述话题内容和语言形式整合起来，从而生成语段，完成自然过渡。例如，上面《倒霉的经历》一课，教师在讲练“按理说”“偏偏”“费了九牛二虎之力”“你说倒霉不倒霉”等语言形式时，通过同一个话题“妻子过生日”，引导学生说出如下句子：

（11）今天妻子过生日，按理说我应该早点儿回家，可是汽车走着走着，偏偏没有汽油了，你说倒霉不倒霉？

（12）我费了九牛二虎之力才把车推到加油站。

（13）回到家的时候，我妻子非常生气。我费了九牛二虎之力才让妻子高兴起来。

在此基础上引导学生整合话题内容，生成如下语段：

今天妻子过生日，按理说我应该早点儿回家，可是下班回家的路上，汽车走着走着，偏偏没有汽油了。我费了九牛二虎之力把车推到加油站，才加满了油，你说倒霉不倒霉？回到家的时候，已经很晚了，我妻子非常生气，我费了九牛二虎之力才让妻子高兴起来。

当然，由句子向语段生成的过程中，会需要一些意义和形式上的衔接，如此方能生成自然通顺的语段。例如上文中的“下班回家的路上”“才加满了油”“已经很晚了”，加上这几个衔接方式以后的段落相对比较流畅。同时，这一语段中的重要语言结构也是课文一的结构（见表 1），因此达到从语段到课文语篇的自然过渡，进一步延展到话题自由表达环节。

此外，围绕同一“倒霉”主题提供的《人在囧途》视频，要求学生在课后用语篇结构描述电影中人物的倒霉经历，将口语课堂的主题式教学模式延伸到课堂之外。

三、主题式汉语口语课堂教学模式的优势和需要注意的问题

主题式语言课堂教学模式的活动“围绕具体的主题”，课堂活动旨在刺激学生通过运用目的语进行思考和学习。通过有意义地对主题内容的学习，了解、掌握并熟练运用承载主题内容的载体——第二语言形式。这一教学手段“自然地把四种传统的语言技能有机地结合起来”（Brinton, Snow &. Wesche, 1989），使学生在对语言的综合运用中习得第二语言，真正实现了“在做中学”和“体验式”语言教学。正如蔡坚（2002）所总结的，跟传统第二语言教学相比，这一理念的优势在于：其一，这种语言教学理念消除了语言学习和主题内容学习之间的人为分割，给予语言课堂一定程度的真实性和目的性；其二，学生使用第二语言直接吸收信息的同时，发展了语言能力；其三，围绕主题所组织的有意义的材料，对于学生来说比较容易记忆和领会（Anderson，1990）；其四，学生在掌握语言的同时，对于某一个主题能够有比较充分全面的了解（Bereiter & Scardamalia, 1993）。

在汉语作为第二语言的实际教学中，主题式教学模式已经受到了北美中文教学界的普遍关注，众多中文项目都在课程设置中采用了主题式教学模式。学生们通过对一个个主题内容的学习，例如用汉语探讨诸如中国教育、独生子女等实际

的社会、历史、文化问题来学习汉语言，了解中国社会和传统文化。学生需要完成各种各样的主题任务，例如小组讨论、跟中国学生座谈、对中国人的采访、完成各类主题报告，等等。某一暑期中文在华项目在学习“中国教育”这一主题时，甚至联系了地方小学，给汉语学习者一个星期的时间，让他们用汉语给中国的小学生上一门课。在学习主题内容的过程中，在运用汉语完成各项具体任务的实践中，学习者需要跟各种背景的中国人沟通，用汉语思考问题，用汉语表达自己的想法，最终达到成功习得这一语言的目的。

当然，对外汉语口语课堂在采取主题式教学模式的时候也需要注意一些问题。其一，慎重地选择和确定主题内容，教师在提炼和总结主题与话题时，要有所筛选和取舍；其二，通过学生的具体需求来分析确定不同学习者的具体要求和学习目的，以此作为提炼选取主题和话题的基础；其三，注重语言输入形式的多样性，同时尽可能增加学生语言输出能力的训练，特别是口头报告和书面报告。

综上所述，主题式语言教学模式以其自然并且人性化的教学理念，得到了第二语言教学界的关注和普遍认可。作为对外汉语教师，我们应当深入了解并在课堂教学中积极地尝试使用这一模式，使我们的汉语课程设置更为充分地“主题化”“情景化”，真正做到“有意义地”学习。

参考文献

陈　绂　2006　五个“C”和 AP 汉语与文化课教材的编写，《语言文字应用》第 6 期。

蔡　坚　2002　第二语言习得与 CBI 教学模式的研究，《北京第二外国语学院学报》第 3 期。

常俊跃、刘　莉　2009　内容依托教学模式及对大学双语教学的启示，《江苏高教教学研究》第 1 期。

戴庆宁、吕　晔　2004　CBI 教学理念及其教学模式，《国外外语教学》第 4 期。

吕玉兰　2008　课堂教学中的教师引入内容分析，《世界汉语教学》第 1 期。

王　鹏、张国辉　2010　CBI 主题式教学模式在大学英语课堂应用探析，《现代企业教育》第 6 期。

曾妙芬　2007　《推动专业化的 AP 中文教学——大学二年级中文教学成功模式之探讨与应用》，北京语言大学出版社。

Anderson, J.　1990　*Cognitive Psychology and Its Implications (3rd ed.)*, New York: W.H. Freeman.

Bereiter, C., & Scardmalia, M.　1993　*Surpassing Ourselves: An Inquiry into the Nature and*

Implications of Expertise, Chicago: Open Court Press.

Brinton, D. , Snow, M. & Wesche, M. 1989 Content-based instruction for foreign language classrooms, *Foreign Language Annals*.

Ellis, R 1994 *The Study of Second Language Acquisition*.（上海外语教育出版社，1999 年）

Krashen, S.D. 1982 *Principles and Practice in Second Language Acquisition*, Oxford: Pergamon Press. UK.

Krashen, S.D. & T. Terrell. 1983 *The Natural Approach: Language Acquisition in the Classroom*, San Francisco: Alemany Press.

Leaver, B.L. & Stryker, S. B. 1985 Content-based instruction for foreign language classrooms, *Foreign Language Annals*.

Stoller, F. & Grabe, W. 1997 A six-T's approach to content-based instruction, *In the content-based classroom: Perspectives on integrating language and content*, Eds. Snow, M and Brinton, D. White Plains. NY: Longman.

魏耕耘，女，1976 年生，硕士，北京语言大学汉语速成学院讲师。2002 年参加工作，主要研究兴趣为对外汉语课堂教学、第二语言习得。曾获得国家汉办“国际汉语教学优秀教学成果奖”。主要成果有论文《对外汉语课堂教学交际化问题的探讨》。

中高级口语教学模式的一种探索

余文青

摘　要：交际练习是语言学习过程中的最重要的活动之一。在交际练习中，一个动态的、富有个性化的、意义丰富的话题能最大限度地诱发学生谈话、交流的欲望，大大提高学生的开口率，提高学生学汉语的兴趣。因此在口语课的交际练习中，话题选择至关重要。根据笔者的体验，把话题的选择权和控制权交给学生，是获得理想交际话题的最佳途径。本文拟描述一种基于上述理念建立的中高级汉语口语课堂教学模式——“今天我主持”的设计和实施。

关键词：话题控制权　教学模式　中高级口语教学

一、引　言

现有的中高级口语课的教学多以话题交际的方式进行。一个能引起共鸣的话题能最大限度地诱发学生发表意见的欲望，使学生使用已经学过或正在学习或自学的各种知识，通过表达和纠正的反复过程，提高使用汉语解决问题的能力。课堂中涉及的谈话题材越广，学生接触到的词汇、表达内容就越丰富，口语级别就越可以得到提高。口语级别越高，越有利于学生充分表达自己的内在思想感情和复杂的心理活动（苏焰，1995）。反之，一个索然无味的话题，会导致学生兴趣的丧失，影响到课堂讨论正常运转和学生对知识和技能的掌握。因此，话题的选择直接影响到教学效果。

汲传波（2005）认为：“把话题控制权交给学生，会有助于提高第二语言习得的效率。”王若江（1999）在高级口语课上开展了“我做主持人”的活动，请同学们轮流做主持人，提出自己最感兴趣的话题，组织学生讨论。“把话题控制权交给学生”，体现了“以学生为主”的教学理念，把以教师为中心的课堂转向以学生为中心的活动。笔者在近几年中的教学实践中尝试了这一方法，很受学生的欢迎。

本文拟从口语课堂实践入手，说明笔者对“今天我主持”的活动设计和实施。

二、设计的依据

本文探讨的口语教学的“今天我主持”活动是以以下两种理论为指导思想的：

（一）“以学生为主体”的理论

20世纪六七十年代，受人本主义心理学影响的“人本派”教学方法产生，语言教学强调“以学生为主体”，充分发挥学生的主动性，教为学服务，探讨如何为成功的学习创造必须的条件。

20世纪末到本世纪初流行的任务型语言教学法，以语言习得理论和社会建构理论为基础，强调以学生为中心，学生在完成任务的过程中学习语言，并鼓励学生创造性地使用语言，即“在做中学，在用中学”。在活动过程中，学生关注的重点不是所使用的语言形式，而是意义的表达与传达。

（二）互动理论

20世纪70年代后，一些研究者在寻求语言教学过程中与习得有直接关系的各种因素时，发现第二语言的高度互动是学习者获得语言的关键。在传统的教学体系中，课堂互动只局限于师生之间，忽视了学生之间的相互影响。“以学生为主”的课堂教学，强调生生之间的高度互动，在互动中培养语言的交际能力，获得语言。Brumfit（1984）认为，生生互动将促成学生语言学习与社会行为更好地结合，并对学生认知和情感的发展有着相当大的贡献，可使学生减少焦虑，增加对学习的投入。

三、教学模式

“今天我主持”的活动包括活动前的设计、活动中的组织与实施、活动后的评价与延伸三部分，其课堂活动的模式框架如下：

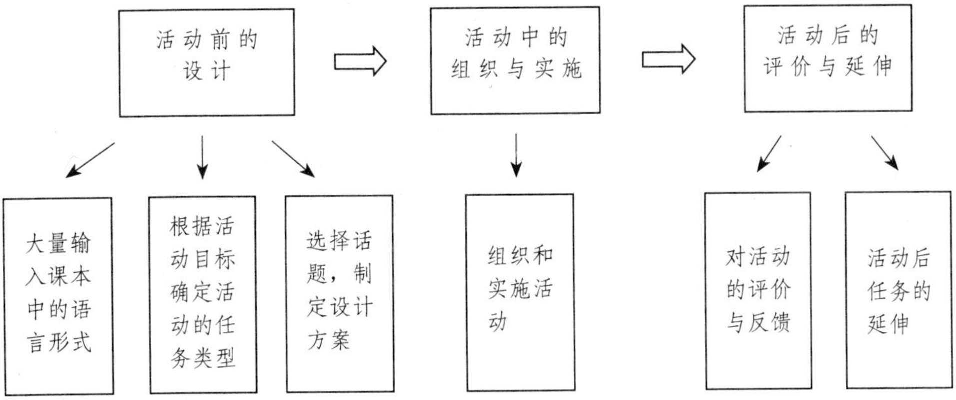

（一）活动前的设计

1. 设计原则

“今天我主持”活动的目的不仅是就某一话题交换看法，其终极目标是提高语言能力。因此我们的活动应以教材中所学的内容为基础和依托，在此基础上进行话题的延伸。设计的任务不但在类型上与教材相关，在语言形式、功能项上也应相关。学生在完成任务的过程中提高汉语的交际能力。

2. 教师的任务

首先，大量输入和操练课本中学过的语言形式，包括成语、惯用语、关联语句、学习内容所包含的功能项、固定的语段表达格式等，确定活动目标。

其次，根据教学目标确定活动的任务类型。如表演、采访、辩论、小组讨论等。一般要求学生要完成的任务类型应与课本中刚学过的任务类型一致。

再次，对学生所选话题提出要求，主要包括：

（1）避免文化冲突。很多学生愿意选择一些有挑战性的、争论性强的话题。但我们的学生政治观点、宗教信仰都不尽相同，因此应该避免出现一些批评他国政治制度和某民族的宗教信仰的话题。

（2）切忌“大”而“空”。如有的学生提出了“资本主义好还是社会主义好”的话题，这样的话题太大，过于抽象化，讨论的时候往往空话连篇，单调乏味。因此话题的讨论应该有一个切入点，最好从某一具体事件入手。

（3）注重可论性。众所周知的或唯一的答案无法引起大家的讨论。如曾有一个拥有社会学博士学位的学生组织了“你是否赞成重婚”的话题讨论。所有学生的答案只有一个——“不赞成”，结果讨论无法进行下去。

3. 学生的任务

选择话题、搜寻和收集信息、制定设计方案。

（二）活动中的组织与实施

1. 学生的任务

（1）学生主持人可用视频、音频、图片或阅读材料引入话题，对话题的背景资料作出必要的说明解释，大概15分钟。

（2）提出思考题，请学生们讨论、辩论。

（3）学生阐述完各自的观点后，学生主持人总结大家的观点。

例如，一个韩国学生做主持时，先给大家展示了大量的仿冒产品图片，然后在PPT中出现“山寨”两个字（这在当时是最流行的词语），接着解释了这个词语的语源和流变，引入话题“山寨文化”。主持人从几个角度分析了山寨文化产生的原因，人们对山寨文化所持的观点等。提出思考题：“你们对‘山寨文化’有什么看法？”，“你认为‘山寨文化’的利与弊是什么？”最后在大家讨论完后，总结山寨文化的利与弊。主持讨论的时间一般为50分钟，但在教学实践中笔者发现一些学生极有兴趣的话题往往要进行两节课。

2. 教师的作用

“今天我主持”的活动“以学生为主体，以教师为主导”，因此，教师不是简单地做一个听众，而应该是活动的记录者、引导者、协调者和参与者。在学生的活动过程中，教师需要做以下工作：

（1）记录。教师要认真记录学生在运用语言时的好词、好句及暴露出的问题，作为活动后点评的依据。

（2）引导。教师对学生在主持时要操练什么、掌握什么，要做到心中有数，在发现讨论跑题时、话题无法推进时要及时引导。

（3）协调。为了保证所有的学生都有发言的机会，当出现有些学生侃侃而谈，有些学生插不上话，有些学生沉默不语时，教师要适时地作出反应，对每个学生的发言有所控制，进行调度、协调。

（4）参与。对学生主持的话题，教师可以适时发表自己的观点，这样即能表明自己是活动中的一员，又能引导话题的走向。

（三）活动后的评价与延伸

1. 对活动的评价与反馈

活动后，教师对学生的主持和讨论的情况作出客观的评价。

首先要肯定主持人为活动所做出的努力。特别要提及主持人在主持过程中的精彩之处，以此鼓励学生。

其次，对活动过程中存在的问题，教师要提出建议，希望后面主持活动的学生能够借鉴；对活动之初所确定的活动目标中的重要语言项目进行有意识地学习、复习、巩固；对学生在活动中使用的成语、惯用语、经典的语句要在黑板上展示出来，让所有学生都理解掌握；同时要指出学生在语言运用上普遍存在的问题和不足。

最后，要求每个学生提交一份书面作业，就本次活动所讨论的话题阐述自己的观点。书面作业中要体现活动之初所确定的活动目标中的重要语言项目。

2. 活动后任务的延伸

口语练习是多样性的。教师在设计口语活动时应有意识地将每次活动联系起来，把每一次活动的结束看做是下一次活动的开始。如这次的语言活动的任务是讨论或辩论，下一次的活动任务可以是要求学生做一个调查报告。学生主持人可以在自己主持的讨论中得到大量的有价值的信息，反过来学生们的激烈讨论也可以激发主持人的灵感，产生完成新的任务的欲望。例如，一个学生主持的题目是“什么是好工作”。她先简单介绍了一下自己国家年轻人求职的情况，然后提出思考题：“你认为什么样的工作算是好工作？”“在你们国家，高学历的人更容易找到工作吗？”“你愿意做鸡头还是凤尾？”等等。主持活动结束后，这个学生在大家讨论的基础上设计了一份调查问卷，在下一次活动中她做了《各国年轻人求职观的调查报告》。调查报告既是一个新任务，也是对上一个任务的总结和补充说明。

活动后任务的延伸，巩固和加深了所学的知识，更主要的是把口语练习延伸到课堂外，使教学活动能在更大的空间中展示。

四、“今天我主持”教学模式的特点

根据笔者的体验，这一模式具有以下特点：

（一）所有的学生都能获得足够的用目的语进行表达的机会

“今天我主持”的活动是学生讲，学生听；学生问，学生答，是在生生互动下完成的。这种活动使学生在课堂上有更多的时间和机会使用目的语，可以增加学习者语言实践的广度和深度。每个学生都有一次做主持人的机会，他们能利用这个机会用目的语和大家讨论自己最关心的问题。

另一方面，这种模式克服了“教师中心”的课堂教学中的不足：只是在师生之间互动，老师是“主角”，学生是“配角”；学生在老师的指挥下解决问题或进行各种语言形式的操练；课堂上老师讲，学生听；老师问，学生答，每个学生一堂课下来参加语言实践活动的机会并不多。

（二）活动形式灵活多样

“今天我主持”的活动形式多样，有话题讨论、辩论、采访、分角色扮演、小组游戏等。学生主持人根据话题内容不断变换活动方式，使课堂气氛更加活跃，对学生更有吸引力。

如一个学生在主持讨论“事业和家庭哪个重要”时，先放一段电影《居家男人》男女主人公就事业与家庭的问题争论的片段，然后要求学生们根据自己的看法，改变影片中男女主人公的台词，分角色表演。学生们通过自己的表演对影片的内容作出了新的诠释。

再如一个学生在主持“狗肉、鲸鱼可以吃吗”的话题讨论时，将全班同学分为正反方两组，组织大家辩论。在西方学生看来，这不应当是“话题”，但在日韩学生眼里却是有话可说的大话题。辩论的精彩之处随处可见。这种小组辩论有助于学生语言能力的训练和提高，有助于其批判性与创造性思维的培养和开发。

（三）活动内容丰富，有助于学生增长见识

有人认为留学生的生活和社会经验不多，因而在话题的选择上要选择“小”而“近”的话题，如生活、友谊、家庭、前途等方面的话题。但是通过这几年的课堂教学实践，我们发现，现在进入中高级班学习的生源与十几年前多是日韩在校大学生的情况已经有了很大不同，有越来越多欧美学生和公司派来的日韩学生学习中高级汉语。这些学生素质高、阅历较广、知识面较宽、有良好的教育背景。他们对于现有教材中涉及较多的恋爱、婚姻、子女教育、就业等话题缺少参与讨论的激情。他们关心的是一些具有前瞻性的、社会性的问题，如同性恋问

题、低碳生活、歧视问题、贫富差距问题、经济发展与幸福指数、“爱国”是褒义还是贬义、死刑制度是否合理，等等。他们也关心自己身边正在发生或将要发生的问题，如怎样看传统文化与现代文明的冲突？什么是时尚？电子书会代替纸质书吗？如何看待转基因食品？干细胞研究给我们带来了什么？再如传统食品PK快餐、社交网站等话题。通过讨论这些包罗万象的话题，学生们既学习了语言，又增长了知识，建立了国际视野。

（四）激发学生的学习动机与学习积极性

因为话题的控制权在自己的手里，每个做主持人的学生都力图用所学过的语言知识把自己最擅长、最有见解的那部分知识讲给大家，而参与讨论的“听众”也想通过语言的学习获取更多的新知识、新文化。这种互动极大地激发了学生们的学习热情、他们学习主动，富有创造性，能够利用自己所掌握的知识发现、研究、解决问题。

为了使自己主持的话题更有吸引力，一些学生紧跟新闻热点。例如，丹麦哥本哈根世界气候会议刚刚结束，一个意大利学生就熬夜准备了与此新闻有关的话题，在介绍了本次会议的主要内容及中国为保护环境所做出的承诺后，提出了保护环境与发展经济是否矛盾的话题让大家讨论。这种话题很有时效性、挑战性，学生有强烈的参与意识，也容易在讨论、辩论的过程中获得成就感。

五、余　　论

口语课的“今天我主持”活动，使我们看到教材在话题的选择上往往与学生的兴趣有差距。这提醒我们在编写教材时要与时俱进，用那些具有世界性的、前瞻性的、知识性的话题更新教材的内容。“新的知识性文化穿插在课文中，会使学习者在不知不觉中谈吐变得博学多闻，自然也会大大增加教材的趣味性”（许希阳，2009）。另一方面，在教学方法的设计上，中高级口语教材多重视功能、结构的练习，缺少基于任务的课堂活动，这也是今后可以改进的地方。

参考文献

陈　侃　2010　中高级汉语口语教师的“主持人”意识，《语言教学与研究》第4期。

国庆祝　2007　《剑桥英语教师宝典——课堂讨论》，南开大学出版社。

汲传波 2005 对外汉语口语教材的话题选择，《云南师范大学学报》第6期。

孔凡莲 2008 对外汉语口语课堂小组活动研究，山东大学硕士研究生学位论文。

李晓琪 2006 《对外汉语口语教学研究》，商务印书馆。

苏 焰 1995 谈谈外国留学生中高级口语教学，《武汉大学学报》第3期。

王若江 1999 对汉语口语课的反思，《汉语学习》第2期。

王小曼 2005 论汉语本科专业高级口语教材的编写原则——从口语教学实际谈起，《云南师范大学学报》第5期。

许希阳 2009 以问题为导向的任务型教学研究——以对外汉语口语教学为例，《暨南大学华文学院学报》第3期。

赵金铭 1998 论对外汉语教材评估，《语言教学与研究》第3期。

余文青，女，1962年生，北京语言大学汉语速成学院副教授。1984年参加工作，研究方向为对外汉语教学模式和教学法。主要教授中高级口语和视听说课程。主要成果有：论文《对留学生口语词汇和笔语词汇的调查》《留学生使用“把”字句的调查报告》《关于留学生听读关系的调查报告》《关于一至四年级的口语教学衔接与口语教材衔接的问题》等。

浅析商贸口语课留学生提问能力的训练

刘丽瑛

摘　要： 通过调查分析，本文从本科学历教育商贸口语课留学生提问能力的训练入手，简要说明课堂提问训练的现状，即从训练层级、训练重点、训练范畴等三个方面说明课堂发问训练的状况。从语用角度，将商务活动中的发问方式分为三大类：功能问题、策略问题和文化问题。在此基础上，重点探究如何创建商贸口语课堂提问训练的多层级框架，旨在提高学习者自主运用汉语进行商务沟通的能力。

关键词： 提问能力　训练现状　发问方式　训练框架

一、引　　言

在商务汉语教学中，商贸谈判是一门新兴的交叉学科，也是一门务实性强的实践课程。20 世纪 80 年代末期后，国内高等院校先后开设外贸口语、商务口语、经贸洽谈、商务谈判等口语课程，并将此类课程设为专业方向的必修课或选修课。经过 20 多年的发展，商贸口语交际技能的训练框架已初步建立，但尚未形成一套科学的教学训练体系，可以说仍处于探索阶段。本文从本科学历教育商贸口语课留学生提问能力训练的现状研究入手，重点探究在商务活动中的发问种类，以及如何创建商贸口语课堂提问训练的多层级框架，旨在提高学习者自主运用汉语进行商务沟通的能力。

二、课堂提问训练的现状

爱因斯坦说："提出一个问题往往比解决一个问题更重要。"也就是说，解决问题的前提条件是提出问题，否则解决问题就无从谈起。在商务口语教学中，如何提高学生的发问能力是非常重要的，它直接关系到学习者口头言语交际能力的高低。但需要说明的是，目前课堂提问能力的训练层级、训练重点以及训练范围仍较模糊，亟待深入研究与实践。

（一）提问训练的层级

作为教学手段，课堂提问的作用是为了促进学生参与教学活动，加强学生记忆，激发学生思考，提高学生习得能力。但不可否认的是，目前学生发问能力的训练多数限于对教材内容的理解和运用，目的是为了寻找正确答案。调查数据显示[①]，北京语言大学汉语学院分别有41%和62%的留学生认为发问训练主要是针对“词语”或“句子”进行提问，即记忆或理解性问题的提问。根据段落提问的仅为10%，而针对篇章提出跳跃、概括性的问题的分别占5%和8%。再有，76%的留学生是根据课文内容提出不懂或质疑的问题，由教师来解疑答惑。上述情况说明，课堂提问训练的重点是以教材内容的语义层面为主，认知层面的训练为辅。也就是说，语义层面的发问训练是从对课文重点词语或句式的理解入手，提出记忆或理解性的问题。而认知层面的发问训练是针对课文的段落或篇章提出评价、分析、应用或综合性的问题。但如何向语用层面的发问训练延伸呢？可以说，这方面的训练仍较模糊。通过听课调查，语用层面的发问训练已引起教学一线老师的重视。

（二）提问训练的重点

吕必松认为，“言语交际技能不是通过言语技能的训练就能自动获得的，而是必须结合语用规则的教学进行专门的训练才能获得。”（吕必松，1997：46）有鉴于此，课堂提问训练如果仅限于对疑问句的使用，这对提高学习者的交际发问能力收效甚微。换言之，用形式不同的问句进行发问训练，只能局限于言语技能的训练层面。如岳维善（1995）把提问训练的重点归纳为是非问、特指问、正反问、选择问等四类问句。在此基础上，把问句的基本句型划分为30个。在发问训练中，采取“见面两问，每词必问，一句多问，多句一问”（李晓琪，2006：207 ~ 209）的训练方法。但不可否认的是，“要做到言语得体，就必须根据交际对象、交际目的和交际场合的特点，对语体、语音形式、词语、句式和应对方式

① 2009年12月初，北京语言大学汉语学院2009届的部分研究生组成调查小组，对北京语言大学汉语学院、汉语进修学院以及汉语速成学院的部分教师进行了问卷调查，回收有效问卷60份。同时，对汉语学院的留学生也进行了问卷调查，回收有效问卷114份。

等进行正确的选择”（吕必松，1997：46）。从近年的研究成果看，学生提问能力的训练重点主要有以下三点变化：一是从上述四种疑问句的使用转向以功能发问为训练重点，创设形式不同的功能问句，如征询发问、劝说发问或抱怨发问等；二是疑问结构体向非问功能拓展，即从疑问句向反问句、陈述句扩展；三是语用层面的发问训练重点突出提问策略，如试探发问、澄清发问、引导发问等多种发问方式。

（三）提问训练的范畴

20 世纪中叶，美国现代教育家杜威（John Dewey）提出，教学过程应该是学生独立自主地发现、分析、解决问题的过程。通过听课调查，笔者发现课堂提问主体已由教师提问向学生提问、学生问答、师生问答等多元互动方式转变。可以说，教师的提问达到了突出教学重点、检查学生理解、了解学生难点、评价教学效果、沟通师生情感的目的。但值得商榷的是，学生提问能力的训练范围仍局限于“有疑而问”或“半疑而问”，如上文提到的功能问句和策略问句。但对“无疑而问”的提问训练还是一个空域，如礼貌发问、邀请发问、设问发问等交际文化问题的训练还属于空白点。也就是说，在真实的交际场景，礼貌委婉的发问方式是商务汉语文化因素的重要组成部分，应涵盖于提问能力的训练范畴。

三、发问方式的类型②

在商务谈判中，发问是相互沟通的基本方法。通过“发问”，提出问题，进而分析和解决问题。发问的目的不仅是为了弄清事实的真相，获取信息（甘长银，2004：109），更重要的是启发对方思维，促进双方的沟通与交流。在发问前，不仅要把握发问的时机，还要注意发问的方式，才能提高效率。从语用角度，可将发问方式分为三类：

（一）按功能问题划分

这类发问方式目的性强，限制了听话人的回答范围，基本属于封闭式的问题。听话人的答复无须更多的思考时间，可用肯定或否定方式回答，而发问人能获取特定的信息。

② 这部分例句是从《汉语外贸口语 30 课》（1991）和《商务汉语谈判教程》（试用本）中筛选出来的。

1. 征询发问。这种发问是“半疑而问”，有“商量”的含义。发问人先要表明询问的范围或己方的看法等，进而征求听话人的意见。说话人常用是非问句或选择问句，限定询问的范围。例如：

刚才说的，还有补充的吗？

第四季度是验收工作，支付20%。你看行吗？

您看，我们是按年交纳租金，还是按季度交纳？

2. 猜测发问。说话人的发问是为了弄清对方的交际目的，以便做出准确的判断，常用使用副词“到底”或“究竟”，加上语气助词“啊”或“呢”的特指问句。句尾语调高平，且可拖长，表示猜测。有时也可用陈述句提出问题，表示猜疑。例如：

经理，到底葫芦里卖的是什么药啊？

对方这样，究竟是为什么呢，张老板？

这又不是第一次进货，这里面肯定有文章。

3. 劝说发问。这种提问方式是“无疑而问”，常用表示反问的“何必”“何苦”“何不”“何况”等词语，劝解听话人改变某种做法、看法或想法。有时句尾带语气助词“呢”，表示“不需要”或“不值得”。有时也用“怎么说呢”“何乐而不为呢”等固定句子发问，委婉礼貌地劝说或劝导对方。例如：

何必呢？别这么执著。

怎么说呢？遇事不能怕事，但小不忍则乱大谋。

如果接受兼并的条件，对双方都有利，何乐而不为呢？

4. 抱怨发问。这种提问是“无疑而问”，表示说话人对某事的“不满”。常用反问句或语气助词“吧”的是非问句，以表明己方的态度。例如：

怎么搞的？真让人伤脑筋。

说老实话，董事长对我很信任，哪能说走就走？

你看，我们出口的是羊绒围巾，而不是羊毛的，对吧？

5. 提示发问。这种礼貌、直接的发问方式，首句常使用“想必您也知道（清楚、了解、理解、注意到了等）”“坦率地说”“恕我直言”等插入语，以缓解说话人的语气。其后用陈述句，表明己方的意见、要求等。例如：

想必您也知道，还有其他的岗位空缺。

不知贵方注意到没，转让商标的使用地区只限于在德国和中国。

坦率地说吧，转让的技术只限于在中国境内这一条件。

（二）按策略问题划分

从提问技巧看，这类发问可采用“曲问”策略，就是说“问在此而意在彼”。也可采用“直问”的策略，以便抓住关键问题。无论是“曲问”还是“直问”，其目的都是为了引出未知信息，调整谈判的方向或预期的目标。听话人需要思考后才能回答。

1. 试探发问。这种提问方式的目的明确，基本限定了答复的范围，说话人的发问有较强的“暗示作用”。常用假设问句或否定的是非问句等提出要求，借以探寻对方的虚实。例如：

雷部长，要是有更好的发展机会呢？

说白了，想聘你做我们的法律顾问，怎么样？

贵方不接受任何一种托收方式吗？

2. 协商发问。说话人采用“直问”策略，需要表明己方的想法、看法或意见等，同时提出新的要求。这是一种委婉的发问方式，常用“这样行吗”“这样好吗”“你说呢”等短句，句尾有语气助词“吗”或“呢”，表示尊重对方。有时也用正反问句发问。例如：

这样好吗？在国内采购一部分。

要不这样，第四度支付25%。您说呢？

能不能（能否）改动一下？在塘沽港交货。

3. 澄清发问。说话人采用这种策略提问，是为了核实相关的信息或弄清对方的意图。在商务谈判中，说话人常针对交易的关键问题而发问，进而从反馈的信息中得到印证或证实，以避免误解或出现差错等。例如：

是这样，贵方用欧元报价，对吧？

你是说9月30日以前全部交货？（语调上扬“↗”）

A：王经理，我对现有商标有点儿新的设想。

B：你的意思是要改换商标吗？

4. 引导发问。这种提问属于“曲问”策略，也就是说，说话人礼貌地提出新问题，转入另一个话题。这种发问方式具有较强的诱导作用，听话人很难有选择的余地。有时，说话人也可用陈述句提出问题。例如：

设想一下，工作压力大，怎么排解？

这样行吗？随订单付现，可以不调整价格。

我很想了解一下日本专家在中国的居住条件。

5. 借助发问。这种提问采取的是“曲问”策略，常用陈述句发问。说话人是根据第三方的意见或引用权威人士或机构的资料而提出问题，以增强可信度或说服力等。例如：

据官方消息，近期不会有太大的变化。

商检报告证明，其中三成的遥控器有毛病，主要是信号反应不灵敏。

A：你是说，调高价位？（澄清性发问）

B：你看，据专家分析，美元对欧元的汇率还会下跌。（借助性发问）

6. 迂回发问。可以说，这是一种以退为进的发问策略。说话人委婉、礼貌地说明情况或看法、意见等，让听话人表明自己的态度或决定。这种发问方式如果使用反问句，“应注意语调的委婉，措辞要得体”（甘长银，2004：108）。例如：

坦率地说，如果不是考虑双方多年的合作关系，怎么会报这个价格呢？（报价不高）

这个问题可以让步，那么在付款方式上贵方应该给我一点儿方便了吧？（提出新的要求）

用美元支付不得不考虑汇率下跌的因素。在加价2%的条件下，可以考虑用美元支付。

（三）按文化问题划分

从文化背景知识看，这类发问方式属于交际文化范畴，主要是指“暗含在语言内的文化因素”（张占一，1992：98）。赵琴认为，这类非信息需求型的疑问句属于“无疑而问”，是不作为寻求信息来行使言语行为的疑问句，是一种间接言语行为，其语用功能的行使依赖于听话人对发问人言外之意的准确推测（赵琴，2006：144）。

1. 寒暄发问。在商务活动中，说话人的发问是为了增进彼此的情感，常用于刚见面或谈判开始时，目的是为了拉近双方的关系或营造谈判的气氛。例如：

张老板，在哪儿发财呢？

怎么样？近来生意不错吧？

张老板，听说贵公司的产品销路不错？（语调上扬“↗”）

2. 暗示发问。这种提问方式比较含蓄，属于“深层的、非普通意义的表达方式，即不经直接说明而听话人能理解、了解或明白”的疑问方式。常用假设句提出问题，表明己方的态度。这种发问不仅留有余地，还婉拒了对方的某种要求。可以说，是“通过词汇的语义体现疑问的”（赵琴，2006：144）。例如：

要是这样，可能会失去良好的合作机会。

看来，在这个问题上，我们还需要时间。

如果贵方坚持用日元支付，我们只好另外去寻找机会了。

3. 邀请发问。这种“曲问”方式是“无疑而问”，目的是为了向对方发出邀请。一般用是非问句提问，其后紧随陈述句，说明原因。有时说话人也用“怎么样”开头，其后表明发问的目的。有时先发出邀请，句尾用“好吗”“行吗”“可以吗”等词语，礼貌地征询对方的意见。例如：

威廉先生，今晚有空儿吗？去看京剧。

怎么样？要是来中国发展，可以进一步合作。

这样吧，如果没特殊情况，今晚聚一下，好吗？

4. 设问发问。从修辞角度讲，是自问自答的发问方式，它属于“无疑而问”。说话人根据听话人的意见或询问，礼貌地表明己方的看法、意见等，目的在于引起对方注意，启发对方思考。设问句可用于首句、句中或句尾，有承上启下的作用。例如：

A：听说，有些展会的场地空间有限，室内空气不尽人意。

B：怎么说呢？现在这种现象不多啦。

A：杰克先生，上批货销得怎么样？

B：怎么说呢？要是在外观设计上再下点儿工夫，或许销路更好。

四、发问训练的框架③

吕必松先生在《汉语教学中技能训练的系统性问题》中提出，"把言语技能训练和言语交际技能训练有机地结合起来，组成完整的训练系统。两种技能训练结合的方式可以多种多样。如在教授某种表达方式时，可由言语技能训练直接延伸到言语交际技能训练；也可把学过的不同的表达方式按语用项目归类，进行对比练习；还可以把两种技能融合起来进行操练。"（吕必松，1997：46）借鉴上述的训练构想，笔者认为在商贸口语教学中学生提问能力的训练应该是多层面的。

（一）语义层面的发问训练

进入新课后，商贸口语课常以读后问的方式导入教学重点或难点。也就是说，首先要分角色朗读，然后让学生根据课文内容提出问题。在这一教学环节中，学生的注意力主要集中在课文内容上。调查数据显示，学生使用频率最高的三个疑问代词是"为什么""什么"和"怎么"，分别占总数的81%、70%和56%。前文已说过，多数学生针对词语或句子提出问题，以展示性问题为主。以下是留学生在课堂上提出的10个问句：

（1）奥利亚交了什么资料？

（2）奥利亚来应聘，交了什么资料？

（3）奥利亚来应聘，忘带什么东西了？

（4）奥利亚大学毕业了吗？

（5）奥利亚为什么说"在中国就业有难度"？

（6）什么是"僧多粥少"？

（7）"僧多粥少"什么意思？

（8）奥利亚能阅读英文资料吗？

③ 这部分例句是针对《商务汉语谈判教程》（试用本）的"第一单元·会话1"的内容提出的，训练对象为汉语学院刚升入三年级的学生。笔者采取课堂记录方式，筛选部分问句或语段。

（9）奥利亚是什么性格？

（10）奥利亚是什么样的人？

从问题类型看，（1）至（8）的问题属于展示性问题，即在课文中有固定答案。而（9）和（10）属于参考性问题，答案是多样的，学生要自由组合句式。从问题的范围看，基本涵盖了课文第一段的主要信息。但不难看出，上述问题主要是针对句子成分发问的，而忽略了交际问题的语义层面。在训练中，教师要将学生提出的记忆、理解性问题向概括性问题延伸。也就是说，教师应在学生（1）、（2）、（3）问句的基础上重新发问。例如：

在面试时，奥利亚应该递交哪些个人资料？

可以说，教师的发问范围应该逐步扩大，使信息涵盖量向外延伸，目的是为了让学生掌握概括性的发问方式。同时，教师还应以考官的身份来设计情景问句，向学生发问。例如：

考　官：李先生，个人资料带了吗？

应聘者：带了。请看，有简历、成绩单复印件，还有一寸免冠照片两张。

笔者认为，这种角色转变训练不可忽视，是向情景交际问题延伸的重要环节，可以让学习者感悟真实的问答方式。总之，这种发问训练“可由言语技能训练直接延伸到言语交际技能训练”（吕必松，1997：46）。

（二）认知层面的发问训练

从问题的认知层次看，美国教育家特内（Turney）根据布鲁姆的《教育目标分类学——认知领域》的基本思想而创设了“布鲁姆—特内提问模式”，20世纪50年代后被广泛采用。该提问模式把教学提问分成由低到高的六个不同水平，即“记忆”“理解”“应用”“分析”“综合”“评价”六种类型，每个水平的提问都与学生不同类型的思维活动相联系。这种分类说明了问题类型的层次，在此基础上，有的学者又进行了二维分类法，将记忆、理解性提问归为低层次提问，又将应用、分析、综合、评价等四种提问归为高层次提问。

参照上述提问类型的划分，可以说学生的前8个问题属于低层次发问，即记忆和理解性问题。而学生提出的（9）和（10）可归为分析和评价性问题，应属于高层次发问。在发问训练中，怎么把两种技能融合起来进行操练呢？笔者认为，学生的提问要在先，教师的发问要在后，这样针对性强，有的放矢，可以做到由易到难，逐步深入。如该课中的“僧多粥少”属于交际问题，是教学难点。“僧多粥少”比喻“人多东西少，不够分配”(《现代汉语词典》(第5版)，第1179页)，本课借喻“就业的人多岗位少，不够分配”。发问训练的步骤是：

第一步，教师针对学生(6)、(7)的问题进行提问。例如：

李先生(某学生)，“僧多粥少”指的是什么意思？

在此基础上，让学生彼此之间进行“称谓”替换，其他内容不变或稍加改动，使学生掌握在听不懂或看不懂的场景下如何以澄清方式向对方发问。例如：

刘经理，“僧多粥少”指的是什么意思？(探询发问)
赵先生，“僧多粥少”是说找工作难，对吧？(澄清发问)
黄小姐，“僧多粥少”指的是工作岗位少，对吧？(澄清发问)

第二步，教师要求学生用“免冠照片”替换“僧多粥少”，在使用中发问。这种“以言行事”的发问训练，可以使两种技能融为一体，让学生在提问训练中掌握重点词语的运用方法。例如：

郭先生，“免冠照片”指的是什么意思？(探询发问)
金先生，你要的是这张免冠照片吧？(澄清发问)
周秘书，你要的是哪张免冠照片？(探询发问)

再有，教师要根据该课交际功能的教学重点来设计发问。也就是说，从上下文的语境看，学生提出的问题(9)，显然没有理解奥丽亚说话的目的——从性格方面，说明自己能胜任这份工作，而不是说她是什么性格的人。针对(9)，教师应重新发问。例如：

师：奥利亚从哪方面说明自己能胜任那份工作？
生：怎么说呢？我觉得，她从性格方面说明自己能胜任那份工作。比如，她说自己的性格比较内向、好静、能长时间做事。她认为自己比较适合这个职位。

以上对话，教师提出的问题是展示性问题，要求学生以“提示方式”来回答。学生要把所了解的信息重新组合起来，说明自己的看法。而教师的这类发问，学生一定要以第三人称的方式来回答，以便掌握从直接引语向间接引语的转换方式。

需要注意的是，新课结束前，教师要针对（10）提出两个参考性问题，供全体学生自由讨论。例如：

师：以提示方式说明奥利亚应聘成功的主要原因是什么，请举例说明。

生：想必您也注意到了，她的口头表达能力不错。再有，这人比较自信。比如说，她临走时说，“希望能够继续这次谈话”。还有，她说，分内的工作没什么可讨价还价的；特殊情况，分外的工作也可以做。从这点可以看出，她对工作的态度很认真。从性格上看，可能更适合笔头翻译。经理，您说呢？

师：以提示方式说明奥利亚应聘失败的主要原因是什么，请举例说明。

生：怎么说呢？我觉得她可能胜任不了这份工作。想必您也注意到了，她的英文水平达不到公司的要求。还有，她的性格比较内向，与人合作可能会有问题。您看，她是在校的学生，希望找一份弹性工作。说句不客气的话，不太适合这个职位。您说是吧？

从言语行为理论看，如果学生的回答是“以言行事”，就是一种真实的交际语言。学生的自由发问，应视为有效提问。如以设问方式开头，说明自己的观点。说话人采用礼貌策略，从性格方面说明奥利亚是否胜任俄汉翻译工作，最后以征询发问方式结束。这种发问训练，是在师生问答过程中把两种技能训练融合起来，为创设问题情景链奠定了基础。

（三）语用层面的发问训练

邢公畹先生认为，“对外汉语所教的内容只能作为语言的汉语，但是教学目的却是要学生把作为语言的汉语转化为自己言语的汉语。”（邢公畹，1993：88）这个转化过程，在课上教师可以让学生问，从被动地答到自发地问；从问书上的内容到问自己心中的问题。也就是说，语用层面的发问训练，就是帮助学生把汉语从语言向言语转化的过程。

语用层面的发问训练是在语义和认知层级的训练基础上再次向外延伸，使学习者能够把已知信息与未知信息连接起来，从而达到说自己想要说的话的目的。如该课以提示、提醒、暗示等三种功能表达方式作为训练重点，可将“应聘职位”作为话题转变的轴心。也就是说，当学生掌握了应聘“俄汉书面翻译”的表达方式后，可让学生应聘“公关部经理”。根据应聘职务的变化，要求学生从性格方面来说明自己能否胜任那份工作。例如：

A：说说看，为什么应聘公关部经理这个职位？

B：怎么说呢？我这人比较外向，容易跟他人沟通。我觉得，比较适合这份工作。

又如，应聘“口头翻译”，要求学生以提示方式说明自己的能力和水平。例如：

A：你觉得能胜任这份工作吗？

B：怎么说呢？我这人比较外向，沟通能力强。想必您也知道，我是北京语言大学毕业的，已获得汉语水平考试的高级证书。要是有机会，我想我能胜任。

再如，应聘“经理助理或秘书”，要求学生从工作经验或工作态度等方面来说明自己能否胜任这份工作。例如：

A：还有其他的空缺，不感兴趣吗？

B：想必您也知道，在这个方面我有两年的工作经验。再有，我这人很讲职业道德，可以说更适合这份工作。

上述“应聘职务”的扩展发问训练，重在回答。换言之，教师设计的问题情景链是为了让学生从不同角度说明自己是否能胜任这份工作，如从性格、能力、水平、经验、爱好等方面来说明自己的竞争优势。需要注意的是，教师设计的问题情景链一定要紧扣教学重点，这样才能达到举一反三的作用。也就是说，要根据“教材内容的内在联系、逻辑顺序和学生已有的知识、能力”，“由易到难，设计一系列问题，使学生的认识逐渐深入、提高”（张绪杰，2007：82）。

再有，语用层面的发问训练应从培养学生潜在问题意识入手，把功能问题、策略问题和交际文化问题作为发问训练的重点，要求学生把已知信息转化为“自己语言的汉语”，说明看法，提出建议。这一训练可由教师来设计情景问题，以案例、图表、漫画等形式展开，并向学生提供相关的信息，让其构建问题情景链。譬如，L公司想招聘一名“技术总监”，委托达利人才中介公司办理此事。以下图表内容中，赵先生和王先生的个人信息可作为学生的已知信息，要求学生先以书面形式完成，字数为100 ~ 150字。这样，可为学生的一分钟自由发言作好准备。请参考下表：

表 1

个人优势	赵先生	王先生
个性特点	较有激情	相对内向、冷静
专业特长	较好	较好
团队经验	善于调动资源，号召力和亲和力强	有较强的团队管理经验
市场敏感度	新产品策划能力强	对产品销售有较多的经历
创新精神	优秀	较好
对待工作的态度	目标导向	成就导向
作　业	你认为，应聘哪位（赵先生和王先生）更适合 L 公司的需要？	

针对学生的书面作业，教师应根据教学训练重点提出要求：第一，要有开头和结尾。如以提示方式开头的“怎么说呢”“想必您也知道”或以称谓等方式进入话题。结束谈话可用“这么说吧”（解释方式）“说句不客气的话”“对吧（礼貌征询）”等方式结尾。第二，拟定谈话对象，由学生自定。如与上司谈话或与达利公司的经理谈话等。第三，说话人要表明交际意图，即自己的看法、想法或意见等。如你认为 L 公司应该聘用赵先生，要进行分析，说明情况、原因等。第四，语体风格不但要得体、礼貌，还要口语化。以下例段，是根据学生的作业而修改的。例如：

怎么说呢？从客户的需要看，俩人各有所长。想必您也知道，赵先生呢沟通能力强，对新事物的反应快，而王先生呢有管理经验。俗话说得好，三个臭皮匠，顶个诸葛亮。这么说吧，要是俩人配合得好，对L公司的今后发展非常有利。

赵总，我觉得俩人的条件都不符合 L 公司的要求。从表面上看，赵先生的条件好像比较符合 L 公司的需要。想必您也注意到了，赵先生没有管理经验。话又说回来，王先生有管理能力，但在其他方面不如赵先生。说句不客气的话，最好重新物色选人。

经理，根据我们的要求，达利公司物色了两个人，请看，这是他们的简历。我觉得他们各有各的优势。怎么说呢？如果公司只聘任一个，我觉得王先生可能更符合我们的要求。俗话说得好，人无完人嘛。哪有十全十美的，对吧？我觉得，能力是可以培养的。

周经理，想必您也清楚公司的情况。这么说吧，这俩人的条件都不错，各有各的优势。话又说回来，人无完人嘛。要是聘任其中的一个，可能赵先生更适合贵方的需要。说句不客气的话，高级管理人才的竞争非常激烈，要是聘用赵先生，对贵公司今后的发展也许会起到重要的作用。希望能尽快决定，周经理。

根据交际的礼貌与合作原则，学生所表述的内容一定要"符合交际双方的身份，符合交际目的和交际场合的需要"（吕必松，1997：46），而"交际目的"是语段发问训练的核心内容，教师应总结说明学生的多种观点。以上述作业为例，有人认为两个人都应该聘用，有人希望重新物色人选，有人认为王先生适合这个职位，还有人认为赵先生更适合这个职位。以上四种观点，是作业点评的重点。可以说，用这种礼貌委婉的方式说明自己的看法或意见，达到了语段发问训练的交际目的。例如：

这么说吧，要是俩人配合得好，对L公司的今后发展非常有利。

说句不客气的话，最好重新物色选人。

我觉得王先生可能更符合我们的要求。

要是聘用赵先生，对贵公司今后的发展也许会起到重要的作用。

再有，要明确人物身份及其相互关系，如利达公司内部的上下级谈话、L公司内部的上下级谈话、利达公司与L公司之间的客户交谈等。在此基础上进行小组讨论，或者各小组派代表参加班级的专题讨论会。需要注意的是，这种拓展式的语段发问训练有一定的难度，课前要有所准备，才会收到预期的效果。可以说，这种专题讨论可构成一个指向明确、体现教学思路、具有适当思维容量的"问题链"，打通学生的思路，使学生有序地思考，获得知识，掌握学习方法，得到能力的良性迁移。还有，这种多思维指向、多思维途径、多思维结果的问题，引导学生联想所学知识，寻找多种解答途径，有利于学生准确地掌握和灵活地运用知识。（张绪杰，2007：82）笔者认为，学习者的上述四种观点，是根据图表的已知信息提出了自己的未知问题。这种语段发问训练不仅有利于学习者发散思维的成长，也能把新旧知识自然融合起来，快速提高留学生在言语交际中的发问能力。

五、结　　语

由于对外汉语教学课堂提问研究的侧重点不同，多年的教学实战主要围绕提问作用、提问类型、提问主体、提问方式、提问策略以及课堂提问的有效性等方面进行多角度的探究，但涉及留学生发问能力的培养及其训练方法的研究成果有限，亟待深入研究与实践。笔者认为，在商务汉语口语教学中应以问题为导向，贯彻整个教学的始终。而发问训练的重点在于让学生掌握不同的发问方式，这有助于提高学生运用汉语进行商务交际的能力。

参考文献

甘长银　2004　商务谈判中的提问技巧，《齐齐哈尔大学学报》第1期。
何　敏　2005　浅谈问题导向教学模式在商务汉语教学中的运用，《世界经济情况》第19期。
李晓琪　2006　《对外汉语口语教学研究》，商务印书馆。
吕必松　1997　汉语教学中技能训练的系统性问题，《语言文字应用》第3期。
邢公畹　1993　从对外汉语教学看“语言”、“言语”划分的必要性，《世界汉语教学》第2期。
徐盛桓　1999　疑问句探询功能的迁移，《中国语文》第1期。
张绪杰　2007　课堂提问的策略，《淮阴师范学院教育科学论坛》第4期。
张占一　1992　交际文化琐谈，《语言教学与研究》第4期。
赵　琴　2006　无疑而问——语用视角下疑问句的分类管窥，《重庆工学院学报》第3期。

刘丽瑛，女，1951年生，北京语言大学汉语学院副教授。研究方向为商务汉语教学及其教材编写。主要教授经贸洽淡课。主要成果有：论文《外贸口语中的委婉表达》《经贸汉语教学初探》《经贸术语与经贸术语教学》《体验式教学模式在商贸汉语口语课教学中的运用》等。先后参加《汉语外贸口语30课》《国际商贸汉语》《经贸洽谈ABC》等多部商务汉语教材的编写工作。此外，还曾参加《中高级对外汉语等级大纲》《对外汉语教学中高级阶段功能大纲》《经贸汉语本科教学词汇大纲》的编撰工作。

初级汉语口语教学策略初探*

王治敏

摘　要： 行动研究是一线教师在教学过程中通过自身教学、总结教学经验、解决实际问题的有效方法。本文根据目前口语教学中存在的问题，以班级为单位进行教学实验，总结出可用于口语课堂教学的有效策略和方法。实验表明，布置自由演讲任务、增加角色表演、挖掘隐含角色转述、重点词语训练等实验可取得明显的教学效果。本文同时也对教材进行了深入分析，提出了合理化建议。

关键词： 行动研究　口语教学模式　教材编写

一、引　言

口语教学是对外汉语教学重要的组成部分，口语教学的任务是培养学生用所学词语进行成段表达，使学生能够根据所学生词和句式组织相关话题，陈述自己的想法或观点。根据调查我们发现，有些同学不喜欢口语课，原因在于口语课教学缺乏趣味性，模式单一；课文内容欠生动，教材缺乏实用性；教师采用的教学方法和综合课大致雷同等。如何提高口语教学的生动性、趣味性，怎么样探索到一种有效的教学策略和方法，是专家们一直关注的问题。常丹阳（2000）提出高级口语教学应淡化教材，通过设置交际情景提问、课堂辩论、实地采访等方法来体现课程特点。王晓华（2006）曾提出以语义为核心来组织语言，连句成段，连段成篇，能够使学生较好、较快地提高汉语口语表达能力。王秀娟（2006）提出口语教学要注重插入语在对外汉语口语教学中的分量。陈作宏（2003）提出在语境中练习语言点的策略。口语教学能否利用实验的方法探索出有效的模式，是值得探索和尝试的课题。

* 本研究得到北京语言大学教学实验课支持，在此表示感谢。

行动研究是近年来国际上较为流行的课堂教学实践研究方法，该方法可以使用小样本进行实验，解决问题的针对性较强。崔永华（2004）倡导用行动研究法来解决对外汉语教学中遇到的各种问题。受其启发，笔者针对口语教学中存在的问题，以班级为单位进行了相关实验，总结出可用于口语课堂教学的方法和策略，供汉语口语教学的一线教师参考。实验对象为北京语言大学汉语学院一年级来华留学生，班级人数共计 21 人。使用教材为《初级汉语口语》（提高篇），北京大学出版社出版。

二、口语教学策略的实践

（一）课前提问策略，调动学生的积极性和主动性

口语课的课前提问可以作为上课的前奏，是口语课教学一个必不可少的环节。如果课前提问设计得好，不仅可以调动学生的积极性，而且还能为后续的课文处理起到很好的铺垫作用。热身话题通常以口头作业方式提前布置，学生课下查阅资料，这样能充分利用学生的课余时间，锻炼学生自我学习的能力。例如：在讲授《请参加我们的婚礼》时，设计的热身话题为：别人结婚的时候应该怎样祝贺？这是学生在目的语环境中经常遇到，但又不知如何回答的问题，因此教师在这一课可以适当地补充一些相关知识，增加学生的口语交际能力。

通过学生查阅资料，可以总结出如下问候用语。例如：

祝贺你们、新婚幸福、幸福美满、恩恩爱爱、早生贵子
和谐美满、百年好合、白头到老、相亲相爱、相敬如宾

课堂可以通过填写表格，或者集中提问等方式，让学生说出自己知道的用语。对于个别用语要给予纠正，例如：嫁鸡随鸡，嫁狗随狗，在结婚的时候一般不说，可以说“夫唱妇随”。

该环节也可增加竞猜互动游戏。比如，教师给出情境，学生快速抢答。例如：

教师：结婚的时候，新郎很有才气，新娘长得很漂亮，这时可以怎么问候？
学生：郎才女貌。你们真是郎才女貌，祝贺你们。
教师：新郎和新娘在出生之前就安排好了，他们一定会成为夫妻。
学生：前生注定。

学生对这些问题非常感兴趣，特别是教师给出情景时，同学争先恐后说出自己的答案。但是学生的回答往往不准确，在这种情况下，教师不是一下子公布正确答案，而是鼓励学生积极思考，说出心中的所有猜测。如果哪位同学能说出正确答案，同学都特别羡慕，而这位同学也会很有成就感。

课前的提问也可以设计学生意想不到的问题。例如：当谈到男女平等这个话题时，我们提出以下两个问题（见表1），让学生根据提示总结。

表1

社会上对男人有哪些不平等？	社会上对女人有哪些不平等？
1. 男人当兵	1.
2.	2.
3.	3. 女人做家务
4.	4.
5.	5.
6.	6.

实验发现，学生对这个问题的讨论比较热烈，而且还总结出社会上对男人不平等的方面。如：

（1）没有男人专门的节日。

（2）男人要当兵。

（3）男人没有产假。

（4）男人需要给女人让座。

（5）男人和女人一起吃饭，通常要男人请客。

（6）男人去酒吧需要交费，而女人可以免费。

通过学生的自己发现，选择恰当的汉语来表达自己的观点，教师也可以根据上述理由让学生总结，完整地表述出来，观点陈述和成段表达相结合，一举两得。

课后作业对于热身话题的讨论至关重要。一般情况下，学生不喜欢留口语课书面作业，但是对于口头作业，情况有所不同，笔者进行了问卷调查，结果如下表。

表 2

你喜欢留口语课作业吗?	非常喜欢	喜欢	不喜欢
选择人数	1	13	7
所占比例	4.76%	61.91%	33.33%

调查结果表明，大多数同学支持留口头作业。因此热身话题中较难的问题可通过留口头作业提前让学生考虑，这样可使得课前讨论更充分。

（二）布置学生演讲任务

课前提问的关键是要设计好学生感兴趣的话题，当然也不限于提问这一种方式，也可以根据学生的实际进行提问。比如在前一节课布置任务，让学生准备一个自由的话题，内容不限。可以讲一个有趣的故事，也可以介绍一个好玩儿的地方。下次上课时让这名同学到台上主讲，其他同学提问。实验发现，学生们对台上的演讲非常重视，准备的内容也很丰富，有的讲朋友来中国被敲诈的经历；有的讲宿舍被盗窃的惊险故事；有的向同学介绍汉语的字谜、绕口令；还有的介绍美国电影，人的血型与性格等。其中一个学生介绍了中国的茶文化，包括如何鉴别茶叶的好坏、茶叶的功用、产地等，还拿来普洱茶，现场作实例说明。同学们对她的介绍很有兴趣，纷纷举手发问。自由演讲的内容都是学生感兴趣的话题，它在一定程度上弥补了教材的不足。通过“学生自己准备→上台演讲→其他同学提问→同学互动→老师讲评”等环节，使学生得到了更多的锻炼。通过一个学期的实践，学生对自由演讲的反馈如下：

表 3

你觉得让每个学生到前边演讲是否有必要?	非常有必要	必要	没有必要
选择人数	4	16	1
所占比例	19.05%	76.19%	4.76%

调查结果表明，有超过 95% 的同学支持自由演讲。

三、口语课文教学的相关实验

（一）交际情境转换与增加角色实验

分组表演是口语课文教学的常用手段，但是所有小组表演书本上的内容，只是课文的背说，缺乏挑战，因此在设计任务时要考虑多方面的因素。一般情况下，可以把课文内容作为引子，设计出一种新的交际环境，让学生根据新的情境重新组织一个新的话题，当然这个新的话题一定要在熟练掌握课文重点句式、重点功能的基础上进行。设计任务时可以根据内容安排单人活动或者小组活动。

单人活动要求学生独立完成任务。比如，为了避免简单的重复，教师可以把课文中隐含的人物角色挖掘出来。如课文《我是来找工作的》第二段的内容是“小张去一家公司找工作，秘书接待了他，并告诉他王经理不在”。在设计任务时假定“王经理回来了，秘书向王经理转述小张找工作的经过”。虽然故事内容一样，但是由于角色的变化，叙述方式完全改变，这需要学生在加工的基础上才能完成任务。

小组活动主要以表演为主，这种表演不能完全按照课文的内容进行，学生必须要加入自己的创作内容，这样才能有效激发学生的学习潜能。再以《我是来找工作的》一文为例，我们设计了真实面试的场景，要求同学自己组织面试，最后面试经理要说明录用理由。这些表演的任务和现实生活密切相关。

还可以考虑在分组表演的基础上临时增加角色。这种方法不仅培养了学生的语言创造能力，发挥了学生的想象，而且也为口语教材的编写提供了素材。例如在讲授《谁输谁赢还不一定呢》这一课时，选择了第二段对话进行表演。第二段对话是 A、B 两个留学生观看国际足球队和校队足球比赛的话题，在学生熟读的基础上，要求每一组再增加节目主持人，和足球评论员、组内成员自行设计台词。其中一组的设计很有创意，表演得异常精彩，他们的设计思路如下：

A：电视节目主持人：

观众朋友，你们好，这是中央电视台体育频道，现在为您直播的是世界杯英国队对中国队的四分之一决赛。现在插播广告，广告之后继续看。

A：黄金搭档；

B：营养好；

C：90% 蛋白质；

D：家人的健康是您最大的幸福。

（四个同学每个人一句，而且加带动作，每个同学说完转身，背对同学，然后再一齐转过来，面向同学，赛事开始。）

A：电视节目主持人：

我们非常高兴（地）请到了足球专家托雷斯先生。托雷斯先生，您看我们现在的球赛，双方踢得怎么样？

B：足球专家：

今天的比赛两个队都打（踢）得不错，中国队有可能赢。

（两个同学做踢足球动作）

A：电视节目主持人：

看，中国队一名球员带球前进。

C：球员：

你怎么推人呢？（英国队一名球员摔在地上）

D：裁判员：

出示黄牌。

C：球员：

你误会了，我没犯规，不是我的错，是他拉我的衣服。

A：电视节目主持人：

托雷斯先生，你看，英国队一名球员摔倒了。

B：足球专家：

我看见了，我看他不是真正的摔倒，他（是）故意的，动作有点儿奇怪。看，裁判员已经给他出示了一张黄牌。

A：电视节目主持人：

中国队越踢越好。

……

这完全是学生在掌握课文内容的基础上自己编排出来的，不仅丰富了课堂内容，而且也活跃了课堂气氛。通过多次表演的实践发现，尝试增加角色的办法非常有效。

由于课文段落内容和数量的差异，在每次课中都会根据不同的话题设计大大小小多个任务，小任务的完成大多服务于课文中的段落。在全部教学内容完成后会综合各个段落之间的关系，适当取舍，设计出一个大的交际任务。本学期学生所学内容为 13 课，每课为 4 学时，共设计出 26 大任务。具体的任务形式分布如下：

表 4

任务形式	使用次数（一二学时）	使用次数（三四学时）	占全部任务的百分比
改变课文的交际情境，设计表演任务	9	4	50%
根据重点词语故事创作，成段表达或转述	3	5	30.8%
辩论比赛	0	2	7.7%
话题讨论	1	1	7.7%
根据关键词复述课文	0	1	3.8%

从上表的统计可以看出，改变课文的交际情境，设计表演任务使用次数最多、分布最广，两个时段中均有体现，占全部任务的 50%，其中一二学时使用远远高于三四学时。其次是故事创作，成段表达或转述形式，占全部任务的 30.8%。这里两个时段略有差别，一二学时倾向于重点词语故事创作，三四学时倾向于成段表达或转述任务。再次是辩论比赛和话题讨论，分别占全部任务的 7.7%，其中辩论比赛多安排本课内容全部学完之后。使用最少的是根据关键词复述课文，这种方法主要是综合课的课文教学手段，在口语课中使用的情况不多，主要是因为口语课和综合课课型特点不同。可见，在任务设计时要充分考虑口语课的课型特点。

（二）重点词语实验

重点词语是口语教学中的重点，有的重点词语在综合课教学中已经讲过，学生有了一定的基础。针对每一课的重点词语，教师可以有所选择，编排起来进行分组专门训练。例如：

表 5

拿……来说 如果……就 除…… 有的……有的……	难道…… 别这么说…… 虽然……但是…… 各有各的	最少 将来 说实话 越来越……

上面的重点词语分成三组，让同学根据重点词语造句。为了增加造句的难度，一定要把这些词语编在一个话题里。

通过我们的问卷调查，改变课文交际情境的表演、重点词语创作、成段表达、转述等活动普遍受到学生的欢迎，有超过 80% 的学生喜欢上述处理方式，调查数据如下表所示：

表 6

你最喜欢哪种课文处理方式？	根据课文回答问题	重点词语造句、成段表达、转述	根据关键词复述课文	辩论
人数	10	7	0	1
所占比例	47.62%	14.29%	0%	4.76%

所有任务活动的目的在于创造语言交际情境，培养学生的篇章表达能力，为高年级学习打好基础。

四、语言聚焦环节的总结与分析

语言聚焦是任务后的总结，教师对学生在任务实施中的表现加以点评，对学生创造性地完成任务以及加工生成的句子给予肯定。例如：

（1）现在为您现场直播的是……

（2）我们非常高兴请到了……

这些句子是口语课中没有讲到的，但是学生能够根据情节的需要编出来，类似的句子还有很多。例如：

（3）房间里很吵的时候，学生说："吵得要命，能不能小点儿声？"

（4）在观看足球比赛时，一个同学看电视时边敲桌子边大喊："这是非常好的机会，加油！加油！"

（5）饭店服务员为客人介绍菜谱：“我们这里什么菜都好吃。”

（6）客人要求换菜的时候，服务员：“稍等一下，我们帮你换。”

（7）主人的客气话：“来就来吧，都是自己人，还那么见外，还那么破费。”

（8）我周末哪儿都不想去。

（9）我一分钱也没有。

（10）讲价：

A：800块怎么能行？算了，我们不要了。

B：好好，给你们吧，你们真是，不要告诉别人。

（11）足球馆看门人和留学生的对话：

A：票看看，票看看。

B：我是中国足协派来的。

A：中国足协也不行，谁认识谁呀！

B：这是第一次，也是最后一次。

上述句式可以吸收到口语教材的编写中去。当然，学生编出的也有错误的句子。主要有：

1. 语法方面的错误。例如：

① 离合词不能带宾语的误用。例如：

*我请客他们（应说“我请他们”）

*我结婚他（应说“我跟他结婚”或“我嫁给他”）

② “比”字句的错误。例如：

*比以前笑得很厉害（应说“比以前笑得（更）厉害”）

③ 程度副词的误用。例如：

*相当还漂亮得很（应说“相当漂亮”“漂亮得很”“简直太漂亮了”或“漂亮极了”）

汉语中“离合词”和“比”字句是初级汉语综合课一年级第二册的重点语法，但是很多学生在学过之后还会犯类似的错误，原因在于这方面的语法训练不扎实。因此，教师遇到这类错误应该及时给予纠正，而且最好给学生一个提示，曾经学过这样的语法。

2. 词语用法的错误。例如：

* 通话里说不方便（应说“电话里说不方便”）

* 你怎么好像木一样（应说“你怎么好像木头一样”）

* 你建议我一下（应说“你给我一些建议”）

关于词语用法的错误，主要是学生在掌握词语时没有注意到具体词语的词性和用法。

3. 称谓语误用的问题。例如：

谢谢丈夫（应说“谢谢老公”）

谢谢妻子（应说“谢谢老婆”或“谢谢夫人”）

称谓语是学生表演时经常犯的错误，当一个妻子在和第三者谈到她的丈夫时，可以说“我丈夫、我先生、我老公回来了”，但是当妻子和丈夫说话时，一般不说“丈夫（妻子），你回来了”。

称谓语的问题，在初级汉语综合课中没有作为语法重点，因此教师可以对称谓语的用法给予解释。关于称谓语的使用场合有待于进一步研究。

除此之外，语音问题也很复杂。学生来自不同的国家，所犯的语音错误也各不相同。教师可以针对一个国家的学生进行研究，找出错误规律。比如，俄罗斯的学生往往犯四声的错误。教师可以在生词教学时只拿出四声的词语让学生发音，多次训练之后，使学生对四声形成条件反射，发出正确的读音。

根据调查，我们发现学生喜欢老师指出他们的错误。详见下表：

表 7

你最喜欢哪种纠正错误的方式？	每个错误都纠正	只纠正重点错误	忽略错误
人数（2 票弃权）	11	7	1
所占比例	52.38%	33.33%	4.76%

在学生的反馈问卷中，超过 85% 的学生希望老师指出他们的错误。其中超过半数的学生希望老师能指出他们所有的错误。因此，教师的讲评非常重要。

五、教材的问题及其教学建议

口语教学的趣味性不仅表现在课堂上，也表现在教材编写方面。目前由于教材的陈旧，有些话题并不是学生感兴趣的内容，在教材无法改变的情况下，教师在实际教学过程中，可以根据学生的兴趣有选择地加入有趣的话题。比如：《周末安排得不错嘛》一课中有三段对话，对话中讲了“看电视、收拾房间、聊天儿、去动物园、逛商场”等活动，对话内容也是看父母、带孩子去动物园等简单内容。因此笔者在讲授这一课时，根据课文的内容布置了新的任务。比如，安排两个同学，设计周末打算怎么过。参考话题：逛五道口服装市场、去酒吧喝酒、参加生日聚会等，这样就会激发学生的兴趣。

《初级汉语口语》（提高篇）整体设计基本合理，在选材方面也作了大量的细致工作。不过个别地方还有待于改进。例如：

1. 足球话题有些不妥

足球一般是男生喜欢的运动，女生往往不喜欢，而目前班级的男女比例悬殊，在全班 21 人中，男生 7 人，女生 14 人，喜欢看足球的男生只有 2 人，女生有 3 人。喜欢足球的只占总人数的 23%。这样少的比例，如果以足球为话题未免有些不妥。因此，在设计教材时考虑的范围可以宽泛一些。例如，在编写教材之初最好能作一些调查，比如：你最喜欢什么运动？然后再根据统计的结果把学生最喜欢的几种运动以图片的形式给出，可以让学生根据图片介绍某种运动。

2. 老年人的话题过于集中

《健康和快乐比什么都重要》中三篇对话反映的主要是中国老年人的业余生活、老年再婚、老年人对健康和快乐的理解等。事实上，健康不仅是老年人的话题，也是年轻人应该重视的问题。现在的年轻人经常开夜车，对身体造成了很大伤害。因此可以在教学实践中增加对健康话题的讨论。例如：你们每天几点睡觉？经常开夜车会对身体有哪些危害？最佳的睡眠时间是什么时间？这些都是和年轻人的生活密切相关的，他们非常感兴趣，而且通过讨论，学生自己总结出很多开夜车的危害。除了健康的话题，老年人和年轻人对于快乐的理解也完全不同，留学生可能更关心中国年轻人的生活，比如，年轻人喜欢上网、喜欢去酒吧、喜欢旅行、喜欢换手机，等等。因此课文最好增加中国年轻人对健康和快乐的理解。

3. 教材的练习要充分考虑课型的特点

口语课教学最重要的特点是通过课堂的训练，提高学生的口语表达能力。但是《初级汉语口语》（提高篇）中却有根据重点词语填空或根据课文填空的习题，这完全是综合课考试的题型。如果口语课让同学完成这样的练习，就违背了口语教学提高学生表达能力的初衷，因此建议取消该种题型。

六、结　　语

本文通过实验和调查问卷相结合的方式总结出可用于口语课堂教学的有效方法和策略。一种好的教学方法会对学生产生积极的影响，通过行动研究可以真正了解学生喜欢的教学模式，也可以从学生反馈中来检测自己的教学效果。因此，在口语教学中如果始终以发现问题、计划、行动、反思、评估等过程为指导，教学方法和效果将会得到进一步的改进和提升。

参考文献

常丹阳　2000　教材的淡化与高级口语教学，《语言文化教学研究集刊》，华语教学出版社。

崔永华　2004　教师行动研究与对外汉语教学，《世界汉语教学》第3期。

戴桂芙等　1997　《初级汉语口语》（提高篇），北京大学出版社。

郭颖雯　2002　汉语口语体口语教学语法体系的建立与量化，《汉语学习》第6期。

李　泉　2007　论对外汉语教材的实用性，《语言教学与研究》第3期。

李晓琪　2006　《对外汉语口语教学研究》，商务印书馆。

鲁健骥　2010　关于创造型对外汉语教学与创造式汉语学习的思考，《语言教学与研究》第4期。

宋秋前　1999　开展行动研究，提高教学实践水平，《中国教育学刊》第1期。

王晓华　2006　以语义为核心的汉语口语语段教学，《语言与翻译》第3期。

王秀娟　2006　插入语和对外汉语口语教学，《江西金融职工大学学报》第6期。

徐子亮　2002　汉语作为外语的口语教学新议，《世界汉语教学》第4期。

王治敏，女，1972年生，博士，硕士生导师，北京语言大学汉语学院副教授。研究方向为汉语国际教育、计算语言学。主要教授初级汉语口语及综合课。曾在学校青年教师教学基本功大赛中获奖，也曾获北京语言大学口语教学实验课资助。近三年先后承担了教育部人文社科青年基金“面向汉语教学的常用词语自动提取研究”、国家语言资源监测中心项目“基于国家语言监测资源的汉语教学统计词表的研制”以及国家自然科学主任基金“面向机器理解的汉语隐喻计算研究与知识库建设”等课题。主要成果有：以第一作者在《语言教学与研究》、《中文信息学报》等核心期刊及语言学会议上发表论文20多篇，出版专著《汉语名词短语隐喻识别研究》。

从 C.TEST 口语面试谈汉语学习者交际能力的提高 *

闻　亭

摘　要：本研究对汉语学习者在 C.TEST 口语面试中的交际进行了分析，认为学习者存在话语能力、社会语言能力、交际策略等方面的缺失，并分析了这些问题的成因，提出了教学中弥补这些缺失的方法。

关键词：C.TEST 口语面试　交际能力　汉语教学

一、引　　言

C.TEST（实用汉语水平认定考试）口语面试是“国内唯一一个测试母语为非汉语者的汉语口语水平的面试型口语考试”。① 在对 C.TEST 口语面试语料进行分析时，我们发现，考生除了在语音、词汇、语法方面存在偏误以外，还存在交际能力上的不足。比如：

NS②：你先做一下自我介绍，好吗？介绍一下你自己。

NNS：（2 秒钟后没有反应）

NS：请你说一说你的姓名，学汉语的时间等等。

NNS：我知道了。……

* 本研究为北京语言大学 2009 年度青年自主科研支持计划资助项目（中央高校基本科研业务专项资金资助）“汉语作为第二语言面试型口语考试的多维研究”阶段性成果之一，项目批准号为 09JBT09。论文撰写过称中，北京语言大学崔永华教授、北京语言大学汉语水平考试中心聂丹和李慧等老师为本文提供了宝贵意见，谨表谢忱。

① 引自北京语言大学汉语水平考试中心制 C.TEST 实用汉语水平认定考试介绍。

② NS 表示汉语母语者，即 C.TEST 的面试官；NNS 表示母语为非汉语者，即参加 C.TEST 的考生。

以上对话在语音、词汇、语法上都没有问题，但是从交际过程来看，汉语学习者不作应答以及“我知道了”的语言表达都没有起到推进交际顺利进行的作用，不太得体。这样的例子还有很多，在不同等级的学习者身上都有体现。

第二语言教学的目的之一是让学习者掌握正确的目的语形式，除此之外，提高学习者的交际能力、更好地运用语言也是其使命。因此，在语言学习标准的制定上，语言交际能力占有重要的地位。比如，美国《国家21世纪外语学习标准》（*Standards for Foreign Language Learning in the 21st Century*）提出五个目标（5C），第一个目标就是交际（Communication）；《欧盟外语学习、教学与评估共同参考框架》（*A Common European Framework of Reference for Language: Learning, Teaching, Assessment*）在描述语言能力时，将其分成一般语言能力（the general competence）及语言交际能力（communicative language competence）。北京语言大学汉语水平考试中心推出的C.TEST也旨在“考察国际环境中母语为非汉语人士在社会生活及正常工作中运用汉语进行口头交际的能力”③。

鉴于学习者在交际能力上存在的问题以及交际能力的重要性，本文希望以C.TEST口语面试为基础，探索汉语学习者在交际能力上存在的问题，并期望能从教学上提出一些建议。

二、相关研究

本文主要涉及交际能力、跨文化交际、交际策略三个研究范畴，以及C.TEST口语考试的内容及等级评定方法。以下针对上面的四个问题作一简单介绍。

（一）交际能力

“交际能力”的概念1972年由Hymes提出，与Chomsky的“语言能力”相对。在Hymes看来，“交际能力”是“何时说，何时不说，以及关于何时何地以何种方式与何人说何内容”的能力。1980年，Canale和Swain在Hymes的基础

③ 引自北京语言大学汉语水平考试中心制C.TEST实用汉语水平认定考试介绍。

上将交际能力分为四个组成部分，即语法能力、话语能力、社会语言能力、策略能力。

语法能力指掌握语言代码，产生和理解正确语音、词汇、句子的能力；话语能力指进行成段表达和成段进行交际的能力；社会语言能力指在一定社会环境中恰当运用语言的能力，即语言的得体性；策略能力指当因为语言能力不足交际遇到困难时，可以运用语言以及非语言策略让交际顺利进行。在 Hymes，Canale，Swain 之后，Bachman 等学者又进一步提出了“交际语言能力”（communicative language ability）等概念及理论，对“交际能力”进行扩展和补充，但核心依旧。

本文主要以 Canale 和 Swain 关于交际能力的分类为框架，且更为关注话语能力、社会语言能力和策略能力，分析 C.TEST 口语面试中汉语学习者存在的交际问题。

（二）跨文化交际能力

跨文化交际能力指与不同文化背景的人使用同一种语言进行口语交际的能力。与一般的交际不同，跨文化交际更强调不同文化的沟通。出色的跨文化交际者在具备一般语言知识的基础上，还应具有跨文化意识，能够感知文化差异，并能排除因文化背景不同带来的干扰。所以，有学者指出，跨文化交际能力由语言交际能力、非语言交际能力、语言规则、交际规则转化、文化适应能力所组成。（毕继万，2009）

跨文化交际已经成为语言学、社会学、教育学等学科的重要研究课题。从第二语言教学方面的研究来看，主要关注的是跨文化交际能力的评定、跨文化交际意识、跨文化交际教学以及教师的跨文化交际能力等方面。交际策略的分类见表 1，在后面对 C.TEST 口语面试的分析以及交际建议中，会出现其中的内容。

表 1　Lafford 2004 年对交际策略的分类

<table>
<tr><td rowspan="11">直接策略</td><td rowspan="2">和语言资源不足相关的策略
——母语策略</td><td>语码转换（Code switching / Language switch）</td></tr>
<tr><td>直译（Literal translation）</td></tr>
<tr><td rowspan="9">和语言资源不足相关的策略
——目的语策略</td><td>近似表达（Approximation）</td></tr>
<tr><td>用相关同源词（Derivationally related word）</td></tr>
<tr><td>运用所有有用的词语（All-purpose word）</td></tr>
<tr><td>运用发音近似的词语（Similar-sounding word）</td></tr>
<tr><td>造词（Word-sounding word）</td></tr>
<tr><td>遗漏（Omission）</td></tr>
<tr><td>迂回（Circulocation）</td></tr>
<tr><td>重组（Restructuring）</td></tr>
<tr><td>放弃内容（Message abandonment）</td></tr>
<tr><td rowspan="14">互动策略</td><td rowspan="3">和自我语言表现相关的策略
——母语或目的语策略</td><td>自我修正（Self-repair）</td></tr>
<tr><td>检索正确语句（Retrieval）</td></tr>
<tr><td>进一步自我诠释（Self-rephrasing）</td></tr>
<tr><td rowspan="2">和语言资源不足相关的策略
——母语或目的语策略</td><td>直接求助（Direct appeal for help）</td></tr>
<tr><td>间接求助（Indirect appeal for help）</td></tr>
<tr><td rowspan="2">和自我语言表现相关的策略
——母语或目的语策略</td><td>检查对方是否理解（Comprehension check）</td></tr>
<tr><td>检查自我准确性（Own-accuracy check）</td></tr>
<tr><td rowspan="7">其他和语言表现问题相关的策略</td><td>表示不明白（Expressing nonunderstanding）</td></tr>
<tr><td>请对方澄清或重复
（Asking for clarification of repetition）</td></tr>
<tr><td>请对方确认自己的理解（Asking for confirmation）</td></tr>
<tr><td>确认对方答案（Response-confirm）</td></tr>
<tr><td>进一步向对方解释答案（Response-rephrase）</td></tr>
<tr><td>对方提出疑问后的自我答案修正
（Response-repair）</td></tr>
<tr><td>重复对方问题或对方纠正的答案
（Response-repeat）</td></tr>
</table>

（三）交际策略

“交际策略”1972 年由 Selinker 提出，指学习者在语言知识能力不足时，为了达到交际目的所采用的一系列措施。在实际的交际过程中，为了保证交际的顺利进行，交际策略必不可少且贯穿始终。比如，当学习者遇到不会的词或句子时，为了让对方明白，会借助已有知识迂回地表达自己的意图；再比如，当听不懂或不太明白对方意思时，会请求对方进一步澄清。这些都属于交际策略。前人对交际策略的研究主要集中在交际策略的定义、交际策略的分类、影响交际策略使用的因素、交际策略的可教性等方面。

（四）C.TEST 口语面试

如上文所述，C.TEST 口语面试由北京语言大学汉语水平考试中心研制，是国内目前唯一一个测试母语为非汉语者的汉语口语水平的面试型口语考试。

C.TEST 口语面试在内容上主要分为自我介绍、描述图片、自由交谈三个部分。在成绩上，C.TEST 口语面试成绩设立从 F 级到专业级的 7 个等级，在与客观卷证书挂钩时，与 1 到 7 分相对应，并分为初级、中级、高级、专业级四个级别。各等级能力见表 2。

表 2　C.TEST 口语面试等级

F 级	1	初级	能够使用汉语进行最简单的交流，表达以词、短语为主。
E 级	2		能够使用汉语就熟悉的话题进行简单的交流，交流中能够使用完整的句子。
D 级	3	中级	能够使用汉语完成与日常生活、工作有关的简单交际；能够完成简单的叙述性任务，具备基本的成段表达能力。
C 级	4		能够使用汉语就一般性话题进行交谈；能够完成叙述性任务；能够进行简单的议论性交谈，具备成段表达能力。
B 级	5	高级	能够使用汉语进行叙述性和议论性的交谈，交流的话题比较广泛，成段表达能力比较强。
A 级	6		能够顺畅地进行各种叙述性和议论性的交谈，表达比较准确、自然；能够在比较正式的场合完成比较复杂的交际任务。
专业级	7	专业级	表达上接近母语者。能够使用汉语自如地参与各种场合的交流；发音准确、自然，语言表达上具有准确性和得体性。

在考试特点上，C.TEST 口语面试突出实用性、交际性、科学性和标准化。测试任务依据现实需要设计，包括叙述、讨论、解释等相关任务，整个考试过程体现了双向互动的交际原则，面试过程由应试者和面试官的双向交流共同完成，互动性很强，突出了对口语交际能力的考察。

通过以上对 C.TEST 口语面试的介绍，我们能够看出，C.TEST 口语面试与我们关注的交际能力相吻合。因此，我们以 C.TEST 口语面试资料为基础，从中抽取分布于各等级、18 个国家的面试材料 30 份进行转写，分析汉语学习者在交际能力上存在的问题。

三、C.TEST 中汉语学习者的交际问题

以下是我们在 C.TEST 口语面试资料基础上提出的汉语学习者存在的交际问题。按照 Canale 和 Swain 1980 年提出的交际能力框架，我们从话语能力、社会语言能力、策略能力三个方面进行总结。

（一）话语能力方面

学习者在能力上的问题主要体现在两个方面，其一是成段表达时的混乱性，其二是成段进行交际时缺乏合作意识。

1. 成段表达逻辑和结构不清

以下是两段学习者对图片进行的描述。

它的脸好像很害怕，因为它要被打针嘛。然后，有可能是因为它病了，然后它的主人带它来打针，它的脸看起来很害怕。（C.TEST 口语面试 4 分）

哦，这个故事，我说的这个故事是做梦，做梦。一到做梦他那个啊，老年人呀，小孩子，年轻人，啊，去公园。啊不是，啊不是，公园。然后能，他们开始运动。因为在，现在在中国运动特别热闹，很多人喜欢。比如说特别是这个小孩子，打那个乒乓球。我也是我一看乒乓球就，我的手也痒痒了。啊，然后，这我说下这个啊，年轻人，现在打篮球。那个在中国，现在篮球是特别受欢迎的一个，啊，运动。然后，这个，老人吧，他们现在这是什么呀，打太极拳吧。太极，哦，太极拳，太极，太极拳，打太极拳。我觉得，嗯，不是不是，怎么说呢，看到这个照片以后感到啊，还有一点儿暖，怎么说呢，暖的那个心情。（C.TEST 口语面试 5 分）

产出以上两段话的学习者，属于中级或高级水平，但是从他们的描述中，我们很难想象出图片的样子，因为他们的描述在逻辑上是支离破碎的。第一段话过分关注于细节，即“它”的表情很让人害怕，但是“它”是什么动物这一主要的内容，没有提及。第二段话描述的内容不少，但是没有整体性的描述，对小孩子、年轻人、老人的描述也没有完整的句子，中间夹杂的评论打断了描述的结构。在成段表达中，逻辑和结构的混乱是我们发现的最突出的问题。

2. 缺乏合作意识和能力

交际中，对话双方需要合作完成对话。Grice 曾提出合作原则（cooperative principle），包括量的准则、质的准则、关联准则和方式准则。这些准则对于汉语水平不高的学习者很难达到，但是在交际中，在 C.TEST 口语面试这种面试官占更为主导地位的考试中，考生同样需要“合作”意识。下面是一段 C.TEST 中的对话：

NS：那你现在对你的工作满意吗？

NNS：嗯。

NS：对你现在的工作你觉得满意吗？

NNS：嗯，满意。

（C.TEST 口语面试 3 分）

在以上对话中，面试官就同一问题两次发问，因为考生第一次的回答“嗯”在量上没能满足交际的需要，面试官只好换角度重新发问，考生增加了有限的内容。

在我们搜集到的 C.TEST 口语面试资料中，考生使用“嗯”来进行交际的数量非常多，似乎能不说就不说。在这种情况下，面试官只好不断提问，希望得到更多的交际反馈。比如：

NS：先问你一个问题啊。

NNS：嗯。

NS：有人说良好的人际关系是舒心工作、安心生活的必要条件，你同意这种说法吗？

NNS：嗯。

NS：你和你的同屋相处得好吗？

NNS：我跟她们相处非常好。

（C.TEST 口语面试 3 分）

需要指出的是，缺乏合作意识的交际能力问题在初中级考生中更为明显，水平高一些的考生要好很多。虽然他们更多的是被动等待面试官发问，但在内容上充实得多。汉语水平的高低当然会影响词汇的使用，但“满意”“好的”“同意”这样的词汇是学习者都具备的，用它们来替换上面的“嗯”，会起到更好的交际效果。

这里还要提及的是，C.TEST 口语面试无论是从面试官还是面试环境来讲，都给人轻松的感觉，但是，考生基本都是被动地回答问题，很少有主动与对方交际的语言。这可能与考试这种形式有关，但也或多或少让我们感到学习者在提起话轮能力上的欠缺。这一问题其实在平时与汉语学习者交际的过程也常常遇到。当与汉语学习者进行交际时，往往是汉语母语者提出问题，让交际继续进行。当母语者找不到话题的时候，或者维系话题过于吃力时，交际只好中断。

（二）社会语言能力方面

社会语言能力主要关注的是“得体性”。在 C.TEST 口语面试中，存在很多不得体的回答或表现。比如：

NS：你喜欢足球吗？

NNS：嗯，当然喜欢。

NS：当然喜欢？

NNS：嗯。

（C.TEST 口语面试 4 分）

NS：……我们都知道像一些动物，比如说猫啊狗啊，虽然它是宠物，但是它身上会带一些传染病的细菌。所以呢，有人认为应当和动物保持一定的距离。……

NNS：我觉得，最重要的是，我们知道怎么照顾好自己，今后没有问题。如果想亲狗，嗯，摸，摸它的头，然后呢，我就洗好手，照顾好自己不就可以了嘛。

（C.TEST 口语面试 4 分）

在上面的两段对话中，“当然喜欢”有“那还用问”的感觉，“照顾好自己不就可以了嘛”也有“这你都不知道”的味道，这样的例子还有很多，不能一一列举。对于这样的问题，如果在实际交谈中可以直接向学习者指出。

在 C.TEST 口语面试材料的分析中，除了上面的语用偏误的零散的例子以外，我们还发现学习者存在两类比较明显的社会交际能力不足的表现，我们认为是由学习者两种语言表达知识的缺失造成的，这两种知识被我们归结为“言内之义与言外之义”以及“常用言语行为”。

1. 缺乏区分言内之义与言外之义的能力

交际中的很多言语都有“言内之义”与“言外之义”，比如“你能简单地做个自我介绍吗”，这一提问单纯从字面上看是问你“能不能”或“愿意不愿意”做自我介绍，但是在面试等大多数场合是“请你做个自我介绍”的客气说法。在下面这段话中，学习者的第一反应是这句话的言内之义，所以有些不妥：

NS：欢迎你来参加考试。

NNS：嗯。

NS：你能简单地做个自我介绍吗？

NNS：嗯，可以。……

（C.TEST 口语面试 4 分）

以上只是言外之义在 C.TEST 口语面试中的一个简单体现。在真正的跨文化交际中，会有更多具有言外之义的含蓄表达。这是 Hymes 提到的交际干扰（communicative interference）之一，也是学习者更好地进行跨文化交际必须排除的。

2. 常用言语行为缺失

在 C.TEST 口语面试中，我们发现的另一个问题是，考生在“感谢”“抱歉”这种言语行为的表达上几乎只会说“谢谢”和“对不起”，在表示“拒绝”“请求”的时候语句也常不合适。我们把其归为常用言语行为知识上的缺失。比如：

NS：那你就描述一下这个图上的内容。

NNS：啊，一分钟我要，想，想，想什么什么说，呵呵。

NS：可以想想。

NNS：但是我不知道里面很多东西，怎么说？

（C.TEST 口语面试 1 分）

NS：……学了日语，学会了汉语。你觉得，这两个语言对你来说，学习的过程当中有什么感受呢？

NNS：有什么感受，这很难说出来。

NS：很难回答吗？

NNS：对。其实我觉得……

（C.TEST 口语面试 5 分）

以上两段话都含有“拒绝”的意思。在第一段对话中，“怎么说”让我们感到考生不会说似乎有我们的责任。当然，对于一位初级水平的学习者来说，可能有词汇有限的问题，但是这句话如果换成“对不起，我不知道里面很多东西，不知道怎么说”效果要好得多。

第二段对话来自面试官与一位高级水平的汉语学习者，但是仍有不妥之处。“这很难说出来”虽然比第一段的方式要好，但是还是有种“不想告诉你”的感觉，所以，当面试官遭到拒绝后，继续追问“很难回答吗”，考生后面说出来很多内容。试想，如果把“这很难说出来”的回答变为“让我想想”或者“还真有点儿难说”，都会让人感到更舒服。

作为一次口语面试，考生在语言使用上还是比较谨慎小心的，而且都知道，考试中需要与面试官积极互动交流，有拒绝之意时应当婉转，所以，我们认为，考生如此表现是因为不知道如何得体地表示拒绝之意。

在 C.TEST 对话中，考生常会提出“请求”，比如听不懂或者不太明白时，会“请求”对方重复或者解释，在交际策略中称为“请求澄清”，对于初级和中级考生，需要“请求澄清”的地方很多。在我们对 C.TEST 口语面试资料的分析中，发现考生表达请求的方式非常贫乏，而且非常直接。比如：

NS：下班以后一般做什么？

NNS：啊？

（C.TEST 口语面试 1 分）

NS：你在来中国以前就学了一些汉语。到这儿来是不是进步更快了？

NNS：我？

（C.TEST 口语面试 3 分）

NS：那你觉得这张照片是在哪儿拍的？

NNS：在哪儿拍？

（C.TEST 口语面试 4 分）

以上三段对话，考生都使用了请求澄清，虽然随着水平的提高得体性会增强，但还是非常直接，如果能使用“您能再说一遍吗”等比较礼貌的请求方式会更好。

除了拒绝和请求澄清，在 C.TEST 面试中也常有需要“抱歉”的时候，比如请面试官多次重复、解释等。在我们搜集到的材料中，考生在表示抱歉时，除了高水平的个别考生外，基本都使用了一种形式“对不起”。其实，汉语表示抱歉时，更多使用的是“不好意思”等方式，“对不起”使用得并不多。

以上提到的拒绝、请求、道歉都属于常用言语行为，除此之外，常用言语行为还包括问候、告别、致谢、恭维等。这些言语行为都有对应的套话可以使用，而且很容易掌握。考生在 C.TEST 口语面试中的反应让我们看出，汉语学习者在这些常用语言行为知识上有缺失。

（三）交际策略方面

在交际问题的最后一部分我们想略微提及考生交际策略的使用问题，因为我们发现，在 C.TEST 口语面试中，考生缺乏使用交际策略的意识，使用的交际策略也种类单一，没有让交际策略起到应该起到的作用。

虽然，C.TEST 口语面试不会因为交际策略使用得好而给出更好的分数，相反还要警惕交际策略表现过于出色而掩盖了考生实际语言交际能力的不足。但是，如果能适当地使用交际策略，确实可以弥补语言方面的不足。

在前面的介绍中，我们举出的都是反面的例子，这里举出两个正面例子。

NNS：我是……我家三口人……还有我，三口人。是，来北京，去，去年，去年来北京的。

（C.TEST 口语面试 1 分）

这段话出自一位刚刚学习汉语的考生之口，这句话中的“是，来北京，去，去年”的表达断断续续，但之后对语言进行了重组（restructuring），“去年来北京的”，让对方明白了自己的意思。

NS：在中国的时候去过什么地方？

NNS：嗯，去过成都。

NS：去过成都？

NNS：恩，阿眉山。

NS：峨眉山？

NNS：哦，峨眉山。

（C.TEST 口语面试 2 分）

这位考生在参加面试时学了一个月的汉语，词汇非常有限。在这段话中，考生使用了两种交际策略。第一是在不知道自己“阿眉山”的表述是否正确时，请对方检查自己的准确性（own-accuracy check）；第二是在被告知正确答案后，能够重复对方纠正后的答案（response-repeat）。虽然考生水平很低，但是和他交际还是比较舒服的，原因之一是这些互动交际策略的使用。

在前面对交际策略分类的介绍中，我们可以看到，交际策略分为两大类——直接策略和互动策略，上面的两位考生分别使用了直接策略和互动策略，直接策略的使用弥补了语言知识上的不足，互动策略的使用让交际过程更为顺畅。对于不同水平的学习者，交际策略的适当使用都会促进交际的进行。

四、汉语学习者交际能力不足的课堂原因

学生在交际能力上的问题，是由很多原因造成的。比如环境因素，学习者在日常生活中缺少与汉语母语者交际的机会；再比如个体因素，学习者在性格上不愿意进行跨文化交际等。

除了这些学习者本身的原因以外，我们也应该看到，汉语学习者交际能力上的问题也反映了汉语课堂训练的疏漏。本部分主要从课堂训练角度分析学习者“交际能力不足的原因”。

从目前的汉语课程来说，造成这种现象的原因大致有三。④

第一，从交际的对象来看，课堂中虽然有大量的交际，但是基本都是学生和学生的对话、教师和学生的对话。教师和学生的对话是母语和非母语者的对话，

④ 笔者主要从事初级汉语教学，所以主要是从面向初级阶段汉语课堂角度分析。

但是在课堂中教师会或多或少地使用外国人话语（foreigner talk），与真实交际中的语言不同。

第二，从交际关注的重心来看，因为课堂交际主要是围绕刚学过的词汇和语法，学生和教师关心的主要是是否正确使用了词汇和语法，很难去考虑语言是否得体。

第三，从交际的内容来看，课本内容是课堂教学的主要依据，而在课本编写时，编者主要考虑的是如何合理安排词汇和语法，编写的对话虽然都自然，但是和实际的交际还有一定差别，也很少反映在交际出现鸿沟时应该如何弥补和应对。

五、课堂交际训练

对于一般的汉语学习者来讲，汉语教学在他们的汉语学习中占有相当大的比重，对于一些学生来讲，甚至是全部。本部分希望针对从C.TEST口语面试中发现的交际能力问题，从课堂交际训练的角度提出一点儿建议。

（一）话语能力

1. 成段表达

在C.TEST中，汉语学习者在成段表达上的问题主要是结构杂乱，所以成段表达的训练主要是逻辑结构的训练。

训练的内容主要包括：（1）汉语结构文章的框架，如时间顺序、因果顺序等；（2）汉语结构段落的方式，如总分总的方式等；（3）汉语逻辑衔接的方式，如显性的、隐性的等；（4）不同题材在逻辑结构上的特点，如对一个东西的描述、对一个事件的描述、对一个人物的描述、对一种观点的评论等。

训练的实施在综合课、阅读课、听力课、口语课、写作课上都可以进行。综合课、阅读课、听力课重心可以放在对文章、段落的分析上，更倾向于输入。口语课和写作课的重心是在分析的基础上说出和写出，更倾向于输出。

此外，还有一点需要注意的是，在对逻辑框架进行分析时，应该有跨文化的意识，考虑到汉语与其他语言的不同。比如，在C.TEST口语面试中，有一位高水平的汉语学习者在描述图片时语言非常美，但是都是对画面细节的描写，缺乏一句总的概括作为点睛之笔；再比如，还有一位考生陈述观点的时候每次都“首先”“其次”……其实，在汉语的表达中，更多的是隐性的链接。

2. 合作意识

合作意识其实关乎态度和能力两个问题。

从态度来看，很多学习者觉得自己的汉语水平不高，所以只能处于被动回答的地位。其实，即便水平很差的学习者依然能够和汉语母语者建立良好的合作意识。比如在交际策略部分，我们曾为大家介绍过一位只学过一个月的学习者的语言表达，他通过重复对方回答等方式很好地开展了双方交际互动。

除了态度问题以外，教师可以做的是，教授学习者一些继续话轮和提起新话轮的技巧，比如重复对方的句子、就对方产出内容进行提问、提起双方可能都感兴趣的话题等。

在教学方法上，可以创设有利于发挥合作意识的情景，在此情境下对学习者进行会话训练。比如你喜欢一位姑娘，可对方不想和你交谈，你为了认识她必须不断地提出新的对方感兴趣的话题。在教学方式上也可以要求学习者编写自己的对话，但是长度必须在 20 句以上等。

（二）社会语言能力

1. 言内之义与言外之义

有言外之义的句子很多，最好的方法可能是收集一些有言外之义的句子让学习者分析。在分析时，要求学生关注两点，第一是关注不同的语境赋予相同句子的不同含义；第二是从跨文化上分析汉语表达言外之义时的特点，增强学习者跨文化的意识。

2. 常用言语行为——套话的训练

前面已经提过，常用言语行为大致包括问候、告别、致谢、恭维、请求、拒绝、道歉等。在课堂中我们可以让学生自己总结相关的套话，每种常用言语行为的套话不能只有一种，必须按照不同的交际情景，对话者不同的权势进行分类；之后让学习者模拟不同的情景进行操练，比如老朋友见面时的问候、大学毕业时与老师话别、对老板的婉言谢绝、对女朋友的恭维，等等。当然，也可以让学生到课堂外面去试试身手。

（三）交际策略

众多教学实验已经证明了交际策略的可教性，我们可以在现有成果下对学习者进行交际策略方面的训练。以下是在前人实证研究基础上总结的几种训练方法。

方法一：用汉语解释图片

为学习者提供图片，图片上画有物体，请学习者用自己学过的词汇、句子描述、解释物体，请其他学生猜。

如果没有图片，在课上也可以在学习完生词后，请学生解释生词的意思。

这一方法主要训练的是交际策略中的“直接策略”，如运用所有有用词语进一步自我解释等。

方法二：请求澄清训练

在跨文化的对话中，最常见的就是听不懂或者听不明白后请对方进一步解释，即交际策略中的“请求澄清”。课堂中，教师可以读一段话，大家在听不懂的时候礼貌地打断老师，请求老师进一步澄清。澄清的方式有多种，在训练之前可以告诉学生汉语中礼貌打断的方法，以及请求澄清的多种方式。

方法三：设置交际障碍

设置场景，使对话双方在同一语境下，但是存在信息差。比如，告诉扮演顾客的学生 1 去商店 A 买红富士苹果，告诉扮演售货员的学生 2 他们商店没有红富士苹果，只有黄香蕉苹果，请顾客到另外一个学生 2 知道路线的商店去买。

设置交际障碍的练习可以训练交际策略中的互动策略，如直接求助、间接求助、检查对方是否理解、检查自我准确性、表达不明白请对方澄清、请对方确认自己的理解、确认对方答案、进一步向对方解释答案，等等。每次训练前可以告诉学生一种或几种交际策略。

交际策略的训练方式多种多样，并非一定要在课堂上做特殊的训练，也可以在学生进行沟通时潜移默化地进行。

（四）交际能力的集中训练

本部分以上三点主要是从内容上说明对学习者交际能力的训练。其实，在目前现实的汉语课堂中，很难有足够的时间和精力去操作以上的训练内容。我们还有两点关于课程规划上的设想，提出来以便教师对学习者进行集中的交际能力训练。

1. 课堂交际训练

提高跨文化交际能力根本上还是为学习者创造更多的真实交际的机会。教师可以结合课本内容的教学，每隔一段时间集中进行一些真实或模拟真实的课堂交际训练。例如，汉语学院一年级的留学生曾每周邀请一些中国人来班里聊天儿，持续了近一个学期。来的中国人都是学生自己的朋友，有的是学生，有的不是学生。被邀请的中国人因为很少具备汉语教学的经验，所以和学生的对话基本都是真实的交际。他们自己引起话题，进行话轮转换，并利用各种方法弥补语言上的不足。虽然没有量化的考察，但能明显感到学生们交际能力的提高。

2. 跨文化交际课程

中国人学英语时，跨文化交际是其中的课程之一。我们也可以面向中级、高级的汉语学习者开展跨文化交际课。课程内容可以包括文化知识、跨文化意识、跨文化交际技巧、跨文化语用偏误的分析等。当学生到了高年级，语音、词汇、语法的偏误在逐步减少，更多的是语言语用偏误和社会语用偏误。跨文化交际课程的开设可以让汉语学习者意识到自己在语用上的偏误，增加跨文化交际的意识。

六、结　　语

测试和教学密不可分，测试可以反应教学的效果，同时也可以为教学提供反馈，反映教学中存在的不足。C.TEST 口语面试反映出目前汉语作为第二语言教学在培养学习者交际能力方面的缺失，促使我们对汉语口语教学的目标、内容和方法进行更深入的思考、研究，改进教学内容和方法，实现我们的培养目标。

参考文献

毕继万　2009《跨文化交际与第二语言教学》，北京语言大学出版社。

郝美玲　2000《交际策略在交际能力中的作用》，北京语言大学硕士研究生学位论文。

李　睿　2008《日本留学生汉语交际策略研究》，北京语言大学硕士研究生学位论文。

吴为善、严慧仙　2009《跨文化交际概论》，商务印书馆。

Lafford, B.A　2004　The effect of the context of learning on the use of communication strategies by learners of Spanish as a second language, *Studies in Second Language Acquisition*, 26, 201 ～ 225.

Larry A. Samovar　2004《跨文化交流》，北京大学出版社。

闻亭，女，1980 年生，北京语言大学汉语学院讲师，北京语言大学语言学及应用语言学专业博士生。2005 年参加工作，研究方向为第二语言习得。主要教授面向留学生的初级汉语综合课以及面向汉语国际硕士的第二语言习得等课程。曾荣获第七届北京青年教师教学基本功大赛一等奖、最佳教案奖、最佳演示奖、最受学生欢迎奖。主要成果有：论文《不同文化距离下的态度与习得水平调查研究》《华裔和非华裔汉语学习者对待目的语群体态度及习得动机比较研究》等多篇，参与编写《第二语言习得导论》等著作。

试论高级汉语口语教师的“导演”意识

——以《电视这东西》一课的教学为例

王　磊

摘　要： 高级汉语口语教师和导演的工作具有相似性，教师在设计和组织教学活动时应树立“导演”意识，在生词和口语表达式、课文、口语交际活动等环节可借鉴导演的工作技巧、方法和经验，使用“统调法”“夹叙夹议法”和“情景激励法”组织教学。

关键词： 高级汉语口语教师　导演意识　统调法　夹叙夹议法　情景激励法

一、高级汉语的教学对象、教师和高级汉语口语课

（一）高级汉语的教学和高级汉语口语课

高级汉语阶段的学生一般都经过了两三年系统的汉语学习，已经掌握了基本的汉语语法，词汇量在 4000 ~ 5000 词，他们现有的汉语水平基本能够满足其在汉语环境中工作、学习和生活上的口语表达需要。高级汉语口语课作为口语技能专项训练课，因为其教学对象是高级汉语阶段的留学生，所以要在大量模拟真实的交际活动中，通过具有一定复杂性和逻辑性的成段表达训练，不断提高学生的口语表达和交际能力，从而使学生能够根据不同的交际对象、场合和目的，熟练、自由地进行汉语口语交际活动，满足学生运用汉语进行高层次交流的需求。

（二）高级汉语口语课的教学目标

陈昌娟、钟英华认为，学习汉语的中高级留学生“将会在紧紧围绕以汉语作为工具进行工作这个实用型目的的基础上更加讲求实际，更注意实际能力的提高”。（陈昌娟、钟英华，1998：44）可见，培养学生实际运用汉语的能力，使汉语作为工作工具是高级汉语口语教学的重要目的。吕必松先生把高级汉语口语课的教学目标规定为“能自由进行口头表达；语言过关，能够比较自由地用目的语思维”（吕必松，1994：97）。

“笼统的目的必须转化为较具体的目标。”（加涅等，2004：29）《高等学校

外国留学生汉语言专业教学大纲》对高级阶段汉语口语的要求如下：三年级留学生具有组织语言材料、较为流利得体地大段表达思想的能力；经过准备，能够就有关话题完整地陈述自己的观点或与人进行交际，说话速度不低于每分钟160 ~ 180字；初步形成用汉语思维的习惯，能够根据交际场合和对象特点选择适宜的表达方式；具有一定的语言应变能力。四年级留学生具有按汉语思维习惯快速组织语言材料、流利自如地表达思想的能力；在讨论、洽谈、驳辩过程中，能够随机应变，完整而有条理地陈述自己的观点，与人进行磋商；经过准备，能够比较流利地进行毕业论文答辩，说话速度不低于每分钟180 ~ 200字。

由此可见，高级汉语口语课的教学目标可以概括为，通过大量的课堂口语交际活动提高学生成段表达的能力，使学生能够就有关话题流利、得体、条理清晰、自如地表达思想和观点，运用汉语进行思维，根据不同的交际场合和对象，语言上及时应变，提高学生实际运用汉语的能力和汉语交际能力。

（三）高级汉语口语课教师和导演

交际法的倡导者Hammer（1982: 57 ~ 61）将外语教师的角色定位为：控制者、组织者、提示者、评估者、参与者和资源。张崇富也曾提出，“教师在完成交际教学功能时，时而是演示者，时而是组织者，时而是指导者，时而是检查者”（张崇富，1999：88）。而建构主义学习理论认为教师是学生主动学习、建构知识体系的帮助者和促进者。

相对于高级阶段的其他课型，高级汉语口语课更应该体现交际法所提倡的“教学过程即交际过程”的理念，课堂教学活动以学生为中心，通过各种活动来实现有意义的交际；相对于初级汉语口语课，高级汉语口语课更应该注重发挥学生的主动性和创造性，使课堂教学过程成为学生积极完成各种口语交际活动的过程。同时，基于高级汉语口语课的教学目标，高级汉语口语教师在教学中的作用应更侧重于设计各种模拟真实的口语交际活动，组织和指导学生在课上进行活动。在课堂教学过程中，教师要营造相对真实的语言交际活动情景，引导学生用汉语思维，激发学生的表达欲望，让学生在理解新内容、新知识，掌握新生词、新口语表达式的基础上创造性地运用汉语完成口语交际活动。

我们认为，教师在高级汉语口语课中所充当的角色，与导演有不少相通之处。导演的主要工作是要营造符合剧情的、真实的表演环境，引导演员进入角色，换位思考，激发演员的表演欲望和潜能，让演员在深入理解剧情的基础上创造性地塑造角色。可见，高级汉语口语教师和导演的工作内容和性质在很多方面都具有相似性，教师在设计和组织教学活动时可以从导演的工作中得到很多借鉴。

二、高级汉语口语课主要教学环节中教师的“导演”角色及教学实例

导演分为不同的类型，如综艺节目导演、访谈节目导演和影视导演等，他们的工作有共同之处，也有不同的侧重点。

高级汉语口语课一般分为生词和表达式讲练、课文处理、口语交际活动三个大的教学环节。本文拟以《电视这东西》① 一课的教学为例，说明教师在上述三大教学环节中如何借鉴不同类型导演的工作方法，“导演”高级汉语口语课。

（一）用“统调法”进行生词和口语表达式的讲练

综艺节目的目的是娱乐观众，为了达此目的，导演在节目中经常安排一些游戏环节。导演在设计游戏之时的技巧大体可以概括为：

（1）激发参与欲望。导演设计的游戏要能调动现场观众的热情，扩大观众的参与面。

（2）设计游戏程序。导演在游戏内容和形式的安排上花样百出、别出心裁，以期得到观众的认可和呼应。有十个人左右的集体游戏，也有一两个人参与的小游戏。游戏开始之前，设计和准备好道具，在设计游戏语言和肢体动作方面选取相对夸张的做法，从而达到更好的现场效果和“笑”果。

（3）制定游戏规则。导演在游戏设计之初就要设置好游戏的实施细则，安排好游戏时间，明确游戏结果的奖惩办法等。

高级汉语口语教师在生词和口语表达式的讲练环节可以学习和借鉴综艺节目导演的做法，增强“导演”的意识，利用“统调法”来设计和组织这个环节的教学活动。

① 选自刘元满、任雪梅、金舒年　2004　《高级汉语口语》，北京大学出版社。

首先，激发学生的表达欲望。教师设计的生词和表达式的呈现、演示、操练环节要能吸引学生的兴趣，激发学生使用所学生词和口语表达式发表看法、抒发情感、进行交流的愿望。

其次，设计讲练程序。全局性、周密地设计好生词和口语表达式的导入、讲解和操练过程，操练形式要在合适的基础上讲求多样化，使之能最大程度地帮助学生掌握所学内容。上课之前准备好教具，选择最典型的操练语境和例句，从而达到最好的操练效果。

最后，明确讲练规则。教师要在讲练环节开始之前，向学生讲明如何进行操练、操练中要注意的问题、操练的时间和学生完成操练后教师如何反馈等事项。

“……，以至于……”是《电视这东西》这篇课文中一个重要的口语表达式，我们在设计和组织这个表达式的讲练环节时，运用了“统调法”。

（1）激发学生使用该表达式完成操练的欲望。我们精心挑选和准备了三幅有利于呈现和展示该表达式的图片（第一幅图片是一名男子在开怀畅饮，另外两幅图片在情节上承接第一幅图片：一幅为一名男子走着走着摔倒的动画效果图，另一幅是一名男子驾车出车祸的图片），设计了带有竞争性的故事接龙游戏等，力求通过多媒介的信息刺激，激发学生的参与热情和表达欲望。

（2）设计讲练程序。通过图片导入该表达式，图片所示信息为学生运用该表达式说出典型句子提供了最佳情境支持，学生根据图片提示成功说出了“一名男子开怀畅饮，喝得面红耳赤，以至于离座往外走时，没走两步就摔倒了”和“一名男子酒后驾车，醉眼蒙眬，以至于酿成了严重的交通事故”两个句子。通过故事接龙这样集体游戏的形式进行操练活动，以扩大学生的参与面。

（3）制定游戏规则。学生根据教师所给的故事开头，使用所学口语表达式，以教室内的一排学生为一组，组员间依次有逻辑、互相衔接地继续讲故事，每个人限时 30 秒，不能“接龙”成功的学生由下一位迅速顶替，并在课间唱一首中文歌作为“惩罚”，每组内每位组员均接龙成功，并且用时最短的小组获胜，获胜的奖励是为下一次类似的活动争取 30 秒的时间。

从教学效果看，课上每一个学生都精神集中，积极参与，我们只要认真听记学生的发言，无须过多插嘴，便达到了让学生既理解该表达式的意义和用法，又进行了口语表达能力训练的目的。

综艺节目导演最尴尬的事情莫过于在录制过程中不断喊停，补充说明，而高级汉语口语教师最尴尬的事情莫过于在课堂上滔滔不绝，学生洗耳恭听，教师与学生的关系本末倒置。因此，高级汉语口语教师要有效地“导演”生词和表达式的讲练活动，学生成为“演员”，是活动的主角，使说话时间最大化。

（二）用“夹叙夹议法”处理课文

访谈类节目常常由事件或者人物引出话题，进而展开一场思辨讨论。导演在策划一期节目时，主要的方法包括：

（1）选择最佳话题。话题的选择至关重要，甚至可以说是决定节目能否成功的因素。导演一般都会选择能够引起观众兴趣、有一定社会影响、较为新鲜的话题。

（2）多途径引入话题。导演一般会采取视频短片、画外音或者现场的一段表演等来介绍话题背景，通过声音和图像帮助现场的观众和嘉宾预热，以期尽快进入访谈阶段。

（3）“夹叙夹议”巧妙访谈。访谈阶段，导演会先设计一系列的问题将话题事件层层展开，使嘉宾和观众清楚事件的来龙去脉，并将其作为讨论的基础；然后导演会对话题事件的内容进行详略取舍，突出重点，同时，结合嘉宾和观众的反应，深入挖掘，使在场的每一个人发表自己对此的观点和看法。

“夹叙夹议”的导演手法，适合处理高级汉语口语课文。

首先，选择最佳话题。教师要选择那些学生不但想说，而且有的说的话题，所以教师要对课文内容进行话题提取，并对课文主题进行拓展、挖掘。如果课文内容不适合或者不利于学生讨论，教师还要进行改编，以便话题的展开和深入。

其次，多途径引入话题。教师可以利用多媒体手段，通过音频、视频、动画等方式引入话题，在正题讨论之前，帮助学生了解与话题相关的背景信息等，从而使得学生能更好、更快地进入正题讨论。

最后，“夹叙夹议”处理课文。课文的功用在于提供辅助性的框架材料，教师可以先通过一系列问题引导学生理解课文内容，使学生明确课文谈论的焦点，并将其作为讨论的依托，这就是“叙”；然后教师通过问题激发学生展开思辨，让学生在理解课文内容的基础上，言之有物地针对课文主题发表自己的看法，有理有据地自圆其说，或者针锋相对地互相辩驳，此为“议”。

学习《电视这东西》这篇课文时，我们采用了“夹叙夹议法”。

（1）选择最佳话题。这篇课文是一档访谈节目的文字撰写稿，几位嘉宾和观众就“看电视的好处与坏处”发表看法，话题的延展性很强，而且可说的东西也比较多，但是我们觉得整篇课文紧凑感有所欠缺，不利于明确讨论焦点，所以我们对课文内容进行了改编，强化了话题焦点，提炼出“孩子看电视利大于弊还是弊大于利”和“成年人看电视利大于弊还是弊大于利”两个鲜明的子话题。

（2）多途径引入话题。我们先给出一张电视的图片，将学生的关注焦点集中在电视上，由此设计了两个热身问题：“你经常看电视吗？你从电视里了解到了什么信息？”和“你认为看电视有哪些好处和坏处？”通过问题，逐层推进学生的思维。关于“孩子看电视利大于弊还是弊大于利”这部分课文，通过录音导入课文内容，让学生听后理解课文。关于“成年人看电视利大于弊还是弊大于利”这部分课文，通过我们自己拍摄的视频短片，还原访谈节目现场，让学生视听后理解课文。

（3）“夹叙夹议”处理课文。“叙”包括听录音和看视频后，通过教师提问帮助学生层层总结课文内容，理解主要观点。比如在理解文中曹女士的一段发言时，我们提出的问题是：“曹女士对看电视持什么观点？曹女士认为看电视对人们有什么不良影响？曹女士认为看电视最终会导致什么后果？”在这三个问题的引导下，学生们理清了曹女士的基本观点，并且在“惰性、依赖性、导致、思维退化”等词的提示下顺利说出了曹女士的观点。“议”包括课文内容学习完毕后，趁热打铁，组织学生就相关话题展开讨论，甚至辩论。还是曹女士的那段课文，理清了曹女士的观点后，我们引导学生就“看电视是否会导致思维退化”这个话题进行讨论。

教学效果表明，这种即学即用的方式不但使学生加深了对所学课文的理解，而且使他们的口语表达上升到一种思辨的高度，用汉语思维的能力和用汉语表达的能力都得到了提高。

访谈类节目最吸引人的地方就是弄清事实后的观点交锋，导演的工作是要选对话题，策划好访谈的层次进深，诱发嘉宾和观众一吐为快。而高级汉语口语教师也要选对话题，通过问题理解课文，“夹叙夹议”，让学生产生“不吐不快”的感觉，体现以学生为中心的教学原则。

（三）用“情景激励法”导演口语交际活动

影视剧的演出效果越是逼真，越能吸引观众。在这方面，影视导演的工作经验包括：

（1）模拟真实情景。影视导演要最大程度地创设接近剧本的演出场景，努力营造出符合剧情的表演气氛，以帮助演员进入表演状态。

（2）引导演员进入角色。影视剧导演会帮助演员深入理解剧本，使其对剧中人物的遭遇感同身受，设身处地，换位思考，从而激发出演员的表演欲望，挖掘出演员的表演潜能。

（3）发挥演员特质。导演在演员的挑选、任用上要颇费思量，掌握演员的个性，发挥其长处，使其创造性地塑造角色。

（4）大局调控。总体安排演职人员的工作，监控演员的表演，纠正表演中的错误等也是影视导演的重要工作内容。

高级汉语口语课的口语交际活动，无论是小组活动、情景表演、集体讨论还是班级辩论的形式，都可以设计成一场学生运用汉语的演出。因此，高级汉语口语教师可以吸取影视导演的做法，使用“情景激励法”来设计和组织这一环节的教学活动，提高学生的汉语口语表达和交际能力。

首先，创设相对真实的交际情景。教师在设计口语交际活动时要努力缩短课文和自然实景之间的距离，在课堂教学中设置尽可能真实的交际情景，组织接近真实的交际活动，让学生活学活用、所学即所用，提高他们直接运用汉语进行实际交流和高层次沟通的能力。

其次，引导学生进入角色。教师要引导学生进入活动情境，运用汉语思维，弄清活动中的人物关系以及交际活动的目的，发挥学生运用汉语完成活动的积极性和主动性。

再次，发挥学生特质。教师在设计和准备活动的过程中，要了解学生个性，适当分配他们在活动中的角色，最大限度地发挥他们在活动中的作用，从而激发其表达欲望和语言潜能，高效完成课堂交际活动。

最后，大局调控。教师要设计和安排好活动内容和程序，并且清楚地告诉学生，使之心中有数。在活动进行过程中，教师也应像影视导演一样，在一旁监控学生的语言表现，并在活动后及时纠正学生的问题。

学习《电视这东西》这一课时，我们在帮助学生理解了课文内容，并结合课文话题进行了相关讨论之后，选取了对人们的生活同样具有双重作用的网络作为讨论对象，以“网络对人们的生活来说利大于弊还是弊大于利”为题组织了一次班级辩论会。

（1）创设真实的交际情景。在场景布置上，辩论双方对立而坐，评委和观众坐视双方，辩论会主席站至场中。正式的辩论会场使学生身临其境，顿生严肃而激昂之气，真实的情景和竞赛的气氛有利于学生增强表达欲望，发挥辩论才能，达到思辨高度。

（2）引导学生进入角色。我们给学生分组时，并不是对这个问题持有相同观点的人分在一组，而是随机分配，所以我们引导学生站在自己所在的这一组（或者正方或者反方）思考问题，寻找论据，运用汉语的思维方式和表达模式来阐明观点。

（3）发挥学生特质。有的学生激烈、善于辩论；有的学生冷静、擅长总结；有的学生机智、长于发问。我们根据学生的个性分配给他们辩手、评委、观众以及主席的角色，发挥每个学生的长处，也使得每个学生明确自己的任务，站在角色上想问题，搜索脑中已有的材料和语言知识，运用当天所学的生词、表达式和阐明观点的方式，从而创造性地完成此次口语交际活动。

（4）大局调控。我们在活动进行前要设计好辩论程序，确定辩论双方每位辩手的发言时间和自由辩论时间，安排好评委提问、评价环节和观众投票、陈述环节，讲清评委评断获胜方的标准，给出观众选择最佳辩手的标准，明确辩论会主席的主要职责。交际活动开始后，时间和场面全部交给学生，我们所要做的就是在一旁记录学生口语表达中的语音、词汇和语法问题，以便活动之后进行纠正。同时，根据现场情况适当调整时间安排，并且观察每个学生在辩论过程中的表现。

教学效果表明，按照“情景激励法”设计和组织的班级辩论会，完全可以做到还课堂给学生，让其在自主和谐的氛围中学会使用汉语。

好的影视导演常常被演员视为良师，经过他的点拨，演员会进步神速，原因就在于好的影视导演给演员创造了情景，引入了角色，并给了绝对自由的发挥空间。而高级汉语口语教师在设计和组织口语交际活动时，也要为学生创设真实的交际环境、激发学生的表达欲望和语言潜能，同时也要给学生绝对的信任和自创的空间，营造出和谐、宽松、自由的课堂气氛，以降低学生的焦虑。

三、结　语

导演对于各类节目以及影视剧来说至关重要，起着总领全局、统筹安排、监控反馈等作用，在节目录制和影视剧拍摄过程中，导演都要精挑细选，使用最佳方案来完成录制和拍摄。高级汉语口语课是训练学生进行高层次成段表达能力的课型，正如李杨先生所说，我们“要将整个教学活动的主要环节科学化，寻找优化，乃至最优化的方案”（李杨，1992: 76）。因此，高级汉语口语教师的主要工作和导演的工作有契合之处。导演在工作中的技巧、方法和经验值得高级汉语口语教师学习和借鉴，教师在设计和组织教学活动时有必要树立“导演”意识。在生词和口语表达式的讲练环节借鉴综艺节目导演设计、安排游戏的技巧，使用“统调法”组织该环节教学；在课文处理环节学习访谈类节目导演策划、实施的方法，使用“夹叙夹议法”帮助学生全面、深入掌握课文内容，熟悉课文主题；在口语交际活动环节借助影视导演布景、调动的经验，使用“情景激励法”引导学生进入真实的交际情境，发挥语言潜能。

当然，导演和教师还是有本质区别的，表演和教学也是两个领域，差异是客观存在的。高级汉语口语教师只有适时适当地借鉴和参考导演的工作方法、技巧和经验，树立“导演”的意识，才能更好地完成教学任务，达成教学目标，最终提高学生的高级口语表达能力和交际能力。

参考文献

陈昌娟、钟英华　1998　面向21世纪中高级汉语进修生培养目标和培养规格的定位与教学思路的思考，《语言文字应用》第3期。

陈　侃、尉万传、毛良斌　2010　中高级汉语口语教师的“主持人”意识，《语言教学与研究》第4期。

崔永华　2008　什么是好的课堂教学活动——汉语课堂教学策略探讨，《海外华文教育》第2期。

国家汉办　2002　《高等学校外国留学生汉语言专业教学大纲》，北京语言大学出版社。

加　涅等　2004　《教学设计原理——当代心理科学名著译丛》，皮连生等译，华东师范大学出版社。

李　杨　1999　语言教学中的限定与自由，《世界汉语教学》第2期。

刘 荣、刘娅莉 2009 辩论教学模式在中高级汉语口语课中的运用，《华文教学与研究》第3期。

刘元满、任雪梅、金舒年 2004 《高级汉语口语》，北京大学出版社。

吕必松 1994 《吕必松自选集》，大象出版社。

彭瑞情 1995 高级口语的自我表达训练，《语言教学与研究》第4期。

沈 燕 1995 高级口语的课堂教学，《清华大学学报》（哲学社会科学版）第4期。

苏 焰 1995 谈谈外国留学生中高级口语教学，《武汉大学学报》（哲学社会科学版）第3期。

杨鹤澜 2008 留学生高级汉语口语教学初探，《语文学刊》第7期。

张崇富 1999 语言环境与第二语言获得，《世界汉语教学》第3期。

张学君、马玉红 2007 大学英语高级口语教学模式，《双语学习》第5期。

Hammer 1982 *The Practice of English Language Teaching*, Longman Group Limited.

王磊，男，1983年生，硕士，北京语言大学汉语进修学院讲师。2008年参加工作，研究方向为对外汉语教学法和教材研究。主要教授初级汉语综合、读和写、口语等课程。主要成果有：论文《关于汉字教学的体会和实例分析》《任务型教学法在汉语“第二课堂”的探索与实践》，参与编写教材《中职医用汉语》（提高篇）。

初级汉语口语教学中小组活动的设计与操作

李　燕

摘　要：本文从“初级汉语口语”教学实验课（项目号：D100104）的课堂观察和实践入手，结合小组活动教学实例，将“任务式”教学理念应用于小组活动的设计与操作中，有针对性地提出小组活动的设计要素并构建小组活动设计模板，并详细阐述了在初级汉语口语课中使用小组活动的具体操作环节和步骤。

关键词：初级汉语口语　小组活动　小组活动设计

一、引　言

Brown（1994）认为小组活动是利用多种方法给两个或多个学生布置一定的任务，学生们通过合作和使用自然生成的语言完成被分配任务的一种教学形式。作为交互式教学模式和合作学习理论用于课堂的一种教学组织形式，小组活动具有较高的互动性，有利于增加学生进行交互性语言实践的机会，调动学生的学习积极性。在以培养学生交际能力为主要目标的语言教学特别是口语教学中采用小组活动的形式，由于充分考虑了学生间的个体差异，从而使学生成为课堂教学的主角，降低了学生在运用目的语进行表达时的焦虑感，有利于提高学生的自主学习能力、合作参与能力和语言交际能力。Long，Adams, Mclean, Castanos（1976）的一项研究表明：通过参与小组活动，学生产出的语言在质和量两个方面都比单纯以教师为中心的课堂所输出的语言优秀。Skehan（1998）指出，“语言能力较差的学生可以在小组活动中发现好的学生所采取的学习策略，并加以模仿，从而提高自身的语言水平。小组活动可以使学生有更多的机会来频繁直接地使用目的语进行话语交流。”

笔者通过查阅文献、观看教学录像、听课以及与任课教师访谈等方式，对小组活动在初级汉语口语教学中的应用情况进行了调查研究。我们发现，在目前的口语课堂教学中，小组活动虽然已成为很多教师都在使用的常用方法，但使用比较随意，缺乏科学性和规范性，很多活动流于形式，课堂气氛看似活跃实则松散，达不到教师预想的教学效果。具体表现为以下几个方面：

（一）分组随意性较大

在口语课堂教学中，最常见的分组方法是按照座位就近原则自然分成 2 人或 4 人一组。这样的分组原则有其方便易行、省时省力的优点，但是不足也是十分明显的。这种分组方法并没有考虑到小组成员在语言能力、性格特点、性别、国别等方面存在的差异性，结果出现有的组由于口语水平普遍较低或性格都比较内向，根本无法顺利开展并完成小组活动。在 2 人以上的小组中由于没有事先明确各成员的分工和职责，在小组活动的实施过程中也很容易出现“一言堂”和表达“闲角”的现象。

（二）活动形式单一

王瑞烽（2007）对 20 名汉语教师进行了问卷调查，调查发现虽然大部分教师（17 名）经常采用小组活动，但所采用的任务形式主要是根据课文分角色朗读和复述、根据话题进行讨论。其中让两个学生根据课文分角色朗读和复述是最常用的小组活动，也是部分教师采用的几乎是唯一的小组活动形式。可见目前小组活动的形式单一，主要是进行一种单向的信息交流或是机械性模仿，而意义性的交流与协商操练不够。

（三）不规定活动时间或时间安排较短

很多教师在小组活动前并没有告知学生本次小组活动要求在多长时间内完成，这种情况下学生就会比较被动，没有办法对自己的活动时间进行合理的安排。有的教师虽然规定了活动时间，但是时间安排得过短，一部分学生还未开口，活动就已经结束了。还有的小组为了能完成任务转用母语交流，使得口语水平不高的学生开口的机会越来越少，小组活动互动不足，浮于表面。

（四）使用材料不丰富

调查发现教师在小组活动中使用的材料基本上都是教材中的课文或练习，很少整理和设计适合小组活动的新的真实材料。孔凡莲（2008）提到大部分教师都是在学习了教材中一定的语言知识与功能项目之后根据课文内容设计小组活动，如果教材中有一些类似于小组活动的练习就直接拿来使用，这是目前最普遍的一种情况。

（五）评价反馈不系统

对小组活动的评价，大多数教师采用的方法是在小组活动完成后，教师选择2～3位同学进行汇报表演，表演结束后教师在充分肯定学生成绩的基础上，对表演中发现的语言问题进行集中纠错、讲解。这种评价方式主要是教师评价，而且教师评价的仅仅是个别学生的个人表现，并没有对小组的整体表现作出客观评价，重结果而轻过程。这样，没有汇报表演的同学就体会不到小组活动带来的成就感，不利于保持学生参与小组活动的积极性。

可见，虽然小组活动具有很多优势，但目前在口语课堂教学中的实效性和规范性仍有待提高。针对上述问题，本文将从“初级汉语口语”教学实验课（项目号：D100104）的课堂观察和实践入手，结合小组活动教学实例，将“任务式”教学理念应用于小组活动的设计与操作中，有针对性地提出小组活动的设计要素并构建小组活动设计模板，详细阐述在初级汉语口语课中使用小组活动的具体操作环节和步骤。

二、初级汉语口语教学中小组活动的设计

笔者曾经开过一门“初级汉语口语”的教学实验课，主要是通过实验设计对比“任务型教学法”和传统“3P（presentation-practice-product）教学法”的实际教学效果，尝试对任务型教学法运用于初级汉语口语课堂进行教学实验研究。在研究中我们将被试随机分为实验班和控制班，在实验班的教学中强调以任务的设计和完成为中心来组织和安排教学，因此在自编的实验材料中设计了大量不同类型的小组活动，让学生以小组合作的方式参与发现问题、解决问题的过程，在完成这些活动的过程中学会如何正确得体地使用语言。在教学中我们不断地根据实时的课堂反馈对先前设计的小组活动进行反思、改进和完善。两个学期的教学实验结束后，我们深刻地体会到小组活动设计的重要性，没有科学、全面的活动设计就无法保证教学效果。通过实践让我们对小组活动设计有了更加全面的认识，我们认为小组活动设计应主要考虑以下几个方面：

（一）分组形式

小组是开展小组活动的基本单位，因此分组科学与否对小组活动的实施效果有重要影响。在分组设计时我们要考虑好分组原则、小组规模以及组内如何分工等问题。

1. 分组原则

分组原则是进行科学分组的依据，教师应根据小组活动的不同需求，选择合适的分组原则。

（1）随机就近原则

根据学生的座位，邻近的学生自然分成一组。这样的分组方法避免了全班学生在课堂上大范围的移动，比较节省时间。缺点是分组较随意，可能导致部分小组内同质性过高，影响互动性。该原则仅适用于进行课文分角色朗读、简单的句型练习等机械性操练部分。

（2）“组内异质，组间同质”原则

综合考虑学生的语言水平、国别、年龄、学习方式、性格以及性别等方面的差异，平衡各小组的综合实力，搭配形成较稳定的合作学习小组。遵循这一原则形成的小组较之按随机就近原则划分出的小组成员间更具互补性，易形成更多的信息差，有利于任务活动的开展。缺点是因教师需要权衡的因素较多，分组所花的时间较长。因此这种分组建议教师在授课初期分好，并在一段时间内保持其稳定性，这样可以节省临时分组的时间，提高课堂效率。但稳定并不等于一成不变，应根据学生在学习过程中语言水平等方面的不断发展，适时适当地作出调整，保证组内异质，组间同质。

（3）灵活分组原则

根据小组活动的不同需求，可以采用灵活多样的分组方式。例如：按国别或性别等组成同质小组来完成特定任务；学生自由组成小组完成共同感兴趣的任务活动；进行信息差类活动时尽量让相互间不太熟悉的学生组成一组，有助于增加交流的新鲜感，从而提高进行小组互动的兴趣，等等。

2. 小组规模

（1）两人一组

这种规模的小组适合进行问答练习、两人对话、两人朗读、角色扮演、操练简单的句型或完成较简单的任务活动等。

（2）4 ~ 6 人一组

这种规模的小组可以用来操练语法，针对多角色课文的分角色朗读、角色扮演，完成需多人合作的较复杂的任务活动等。

3. 组内分工

小组内要有明确分工，特别是 4 ~ 6 人的小组，要形成一个小集体，各司其职，以确保在有限的教学时间内每个成员都能最大限度地参与到活动中来，避免出现偏离任务活动的行为或个别学生出现“搭便车”现象。可设小组长、记录员、计时员、汇报员等，各个职位要定期轮换。尤其是小组长特别重要，职责是督促所有小组成员都积极参与到活动中来，保证组内成员相对均衡的话语输出量，应选择口语水平较好、组织能力强、愿意帮助他人的学生担任。

（二）任务活动设计

1. 设计原则

教师在设计任务活动时要充分考虑本班学生的语言水平、认知水平和生活经验，设计出的任务要能够引起学生兴趣和表达欲望并且难易度适中。

程晓堂（2004）指出目前大多数研究者认为，任务的设计要遵守以下六条原则：

（1）真实性原则。任务要尽可能接近或类似现实生活中的各种活动。

（2）目的性原则。任务要有明确的目的和目标。

（3）做事情的原则。任务必须有做事情的过程。

（4）信息交流原则。在完成任务的过程中，学生必须经历使用语言获取信息、处理信息和传达信息的过程。

（5）表达意义的原则。任务必须以表达意义为中心。

（6）结果原则。完成任务后必须有一个明确的结果。

2. 活动目标

活动目标是指学生在任务活动中要做的具体的事情，因此教师对任务活动目标的描述要尽可能做到细致具体，不能太过概括和抽象，这样有利于任务的实际操作以及对任务完成效果的评价和检验。一个任务活动也不一定只有一个目标，有的有多重目标。

3. 应用阶段

该任务活动是在课堂教学的哪个阶段使用。根据教学需求不同，可以在不同的教学阶段采用小组活动，如：复习阶段、新课导入阶段、学习课文阶段、操练语法阶段、综合练习阶段，等等。设计时明确任务在何教学环节中使用，便于教师课堂操作。

4. 活动类型

不同学者从不同的角度分出的任务类型也就不同。Pica, Kanagy & Falodun（1993）从心理语言学角度把任务分为拼合式任务、信息差任务、解决问题式任务、做出决定式任务、交流意见式任务。Willis, J.（1996）从教学操作方式的角度，把任务分成罗列清单、排序和分类、进行比较、解决问题、交流个人经验、创造性任务等几方面。综合上述两种主流分类方式，并参考其他角度的分类，结合初级汉语口语特点，我们在初级汉语口语教学实验课的任务设计中尝试了以下几种类型的任务（见表 1）：

表 1　任务活动类型及教学实例

任务活动类型	说明	教学实例 （笔者在初级汉语口语教学实验课中设计并使用过的任务活动）
焦点型任务	是指有意识针对某种语言形式而设计的任务。	例如：在学习了“把”字句之后，为了让学生更好地掌握“把”字句这一句型的结构及语用特点，我们通过让学生完成“用语言描述制作西红柿炒鸡蛋的过程”这一任务，聚焦“把”字句这一语言形式。
信息差任务	是指两人各持有对方不知道的信息，通过运用所学语言进行交流，得到对方所掌握的情况。	例如：国别背景不同的两位学生组成一组，通过交流获取对方国家的天气季节、饮食习惯等方面的情况，并将信息填入相应的表格中。
拼合型任务	即任务参与者各占有一部分信息，通过相互合作，将各自的信息集合起来构成一个整体，以完成某个任务或形成某个产品。	例如：通过询问别人的个人信息，介绍自己的个人信息，完成一张完整的班级通讯录。

（续表）

任务活动类型	说明	教学实例 （笔者在初级汉语口语教学实验课中设计并使用过的任务活动）
排序型任务	根据某项标准把事物、事件等进行排序。	例如：选出你喜欢的运动，并按照你的喜爱程度排序。
分类型任务	根据某项标准把事物、事件等进行分类。	例如：将下面的食品按照凉菜、热菜、汤、主食、饮料进行分类，并填入相应的菜单栏中。
比较型任务	对相同性质的事物或人物进行比较，找出其共同点或不同点。	例如：提供两张陈设相近的房间示意图，学生通过比较，说出两个房间的异同。
解决问题型任务	给出一个需解决的问题并提供一些有关信息，学生需要经过讨论、逻辑分析、推理、判断、计算等过程，为该问题提出解决方案。	例如：全班准备去上海、杭州和南京旅行，根据所提供的中国地图以及航班、列车的时刻和票价信息，安排此次旅行的行程。
分享个人经历型任务	学习者以小组形式互相交流他们的个人经历。	例如：介绍一次难忘的旅行经历。
交流意见型任务	针对某一问题发表自己的意见，互相交流思想。	例如：在北京出行乘坐哪种交通工具好？

5. 活动时间

活动时间也是教师在设计任务时不应忽视的内容，因为不考虑活动时间或时间设定不合理都会对任务活动的实施效果产生影响。活动时间过长会影响教学进度和节奏，显得拖沓；活动时间太短，则活动无法充分展开，也就达不到预期的目标。

通过我们在初级汉语口语教学实验课中的实践，我们发现任务的类型及难易程度是影响活动时间长短的主要因素。

（1）排序型任务和分类型任务，由于难度不高，用时一般较短，大概 3 分钟。

（2）信息差任务和比较型任务，常常两人一组进行，故较之需多人参与的小组活动用时稍短。可根据具体任务的不同难易度，安排 5 ~ 10 分钟左右的活动时间。

（3）拼合型任务、解决问题型任务、分享个人经历型任务、交流意见型任务等，参与人数较多，需要多人小组活动或全班活动，而且解决问题型任务、交流意见型任务的难度也往往不低，故用时较多，大概 10 ~ 20 分钟。

因此教师在设计活动时间时应根据任务的类型及难易程度，结合本班学生的水平，估算出一个较合理的时间区间。实际操作中也可根据课堂情况和学生表现作微调。

6. 活动材料

任务活动的材料可以在教材基础上根据需要进行适当的整理加工，也可以在教材以外选择更真实的补充材料。Brown（1994）列出了很多可以用于小组活动任务的材料，如讲话和谈话、故事、通知、动画片、漫画、信函、诗歌、说明书和指南、邀请函、采访、口述、新闻摘选、游戏和谜语、图片、日记、歌曲、菜单、电话簿、标签，等等。

7. 操作步骤

教师使用简洁的语言描述任务活动的内容及步骤。对于比较复杂的任务活动，可以拆分成几个子任务，一步步地完成，可以简单画出步骤示意图，让学生清楚要做什么。

8. 成果形式

任务的性质决定了设计任务活动必须要有成果要求，任务成果为学生提供了完成任务的具体的驱动力，也为最终的评估提供了材料依据。成果形式有很多种，比如完成表格、清单、报告、图画、文本等。

9. 难度等级

要保证设计的任务活动具有较强的可操作性，就要控制好任务的难度。我们建议在任务活动设计完成后教师针对本班学生的特点，从语言因素和认知因素等多方面对该任务活动的难度进行综合考量，最难 5 颗星，最易 1 颗星，给出该任务活动的难度等级。这个过程其实也是教师对自己所设计的活动难度的一种反思和检查，如果太难或太易，可以及时对任务的构成因素作出修改和调整。

小组活动的设计涉及的因素很多，这些因素都会对小组活动的实施效果产生这样那样的影响，因此教师在进行小组活动设计时必须要认真考虑，充分备课，教师设计小组活动的过程也就是对这些因素进行赋值的过程。为了方便教师备课，我们设计了小组活动设计模板，涵盖了上述设计要素，供教师参考使用。下面我们结合在“初级汉语口语”教学实验课中的一个活动设计实例，谈谈如何使用小组活动设计模板（见表2）：

表2　小组活动设计表

<table>
<tr><td colspan="3">活动名称：制作班级通讯录</td></tr>
<tr><td rowspan="4">活动目标：</td><td colspan="2">询问他人姓名、国籍、电话、住址等个人信息的能力</td></tr>
<tr><td colspan="2">介绍自己的姓名、国籍、电话、住址等个人信息的能力</td></tr>
<tr><td colspan="2">通过访谈、调查等方式获取信息的能力</td></tr>
<tr><td colspan="2">识别并记录关键信息的能力</td></tr>
<tr><td colspan="2">活动类型：拼合型任务</td><td>应用阶段：综合巩固练习</td></tr>
<tr><td colspan="2">活动时长：10～15分钟</td><td>活动材料：每人一张空白的通讯录，见附表</td></tr>
<tr><td rowspan="4">活动内容及步骤：</td><td colspan="2">给每位同学发的空白通讯录一共需填入5个人的信息，除了填入自己的信息以外，还需调查访谈4个人的相关信息。最后小组成员填好的通讯录拼到一起就是一份完整的班级通讯录。</td></tr>
<tr><td colspan="2">（1）小组长负责分配组内每个成员的调查访谈范围。
以A组的分配为例：A组成员1调查B组4个人的信息；A组成员2调查C组4个人的信息；A组成员3调查D组4个人的信息；A组成员4调查E组4个人的信息。</td></tr>
<tr><td colspan="2">（2）明确任务后，分头开始自由调查访谈，并记录所需信息。</td></tr>
<tr><td colspan="2">（3）调查完填好表以后交给小组长，小组成员一起拼合整理完成一张完整的班级通讯录。</td></tr>
<tr><td colspan="2">成果形式：一张完整的班级通讯录</td><td>难度等级：★★★☆☆</td></tr>
<tr><td colspan="2">分组原则：组内异质，组间同质</td><td>小组规模：4人一组，全班20人，共5组。</td></tr>
<tr><td colspan="3">组内分工：A组小组长：×××　B组小组长：×××　C组小组长：×××
D组小组长：×××　E组小组长：×××</td></tr>
<tr><td colspan="3">注意事项：活动实施过程中易出现用母语进行交流的现象，需加强巡视监督。</td></tr>
</table>

附表：（活动材料）

名字	国家	电话	住址
1.（我）			
2.			
3.			
4.			
5.			

三、初级汉语口语教学中小组活动的操作步骤与环节

有了详细科学的活动设计方案后，如何在课堂上组织操作就成为了关键。我们将小组活动的操作过程分为准备阶段、执行阶段和总结阶段（如图 1 所示）：

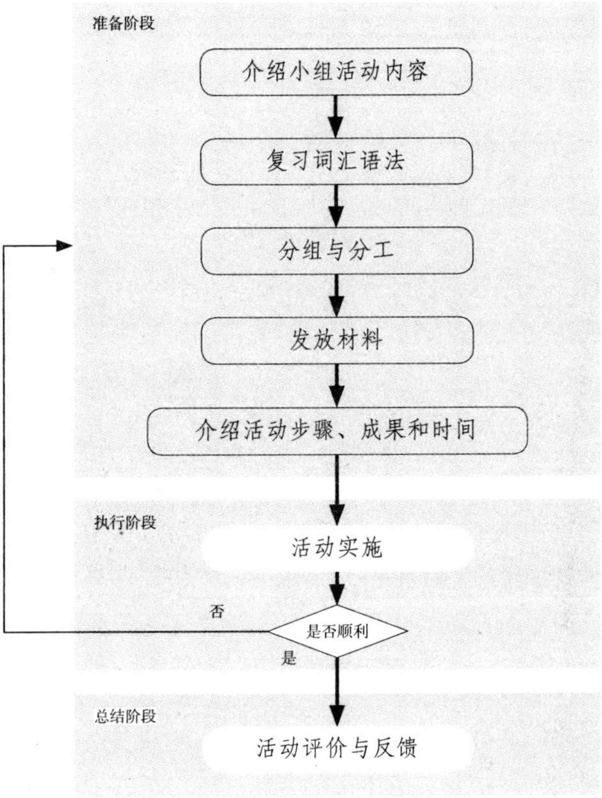

图 1　小组活动操作流程图

（一）准备阶段

在小组活动开始前的阶段里，教师要为保证活动的顺利开展做好以下几步工作：

1. 教师向学生简单介绍小组活动内容。

2. 通过“头脑风暴”或“词汇树”的形式为学生提供一些与任务活动有关的词汇，另外还要对完成活动可能需要使用的语法句型进行复习和梳理，为学生的自由表达和充分互动扫清障碍。

3. 按照设计好的分组原则和小组规模对学生进行分组，明确组内成员的分工，特别是各组的小组长有无变化。

4. 如果使用教材以外的补充活动材料，要发放给学生。

5. 教师向学生具体介绍任务活动的各个步骤，对于复杂的任务活动可以适当板书或画出步骤图，还要明确告知学生成果形式以及活动时间。

（二）执行阶段

在小组活动的实施过程中，教师要对自己的角色进行重新定位，当好活动的参与者、监督者、指导者、协调者，参与到活动中来，实时把握活动的进程，并对活动进行动态调整和指导。教师通过在各组间巡视，及时掌握各组的活动进展情况，确保各组都在按照规定的步骤进行。如果遇到个别组或个别学生出现偏离主题或表达困难的情况，教师可以适当地给予帮助。另外，教师也要控制好小组活动的时间。

在巡视中如果教师发现各组普遍进展不太顺利，往往是因为准备阶段的工作没有做到位，教师应及时了解是准备阶段的哪一步出现了问题，针对症结进行补救或调整，或重新说明活动内容步骤及成果，或重新梳理相关的词汇和语法。当然也有可能是教师的活动设计不够科学造成的，如果发现是设计的问题，教师要及时根据学生的反馈作出合理的调整。

（三）总结阶段

小组活动执行阶段结束后，各个小组选出一名或几名学生进行成果汇报。教师根据各组的汇报情况并结合在小组活动实施过程中观察了解到的各组的整体表现，对汇报的学生及所属小组在语言表现、活动参与度以及协商合作等方面进行评价并给出反馈意见，将结果评价和过程评价相结合。为了提高小组活动评价的全面性，我们鼓励学生也参与到评价中，对组内同伴和其他组在活动中的表现进行评价。

四、结　　语

小组活动是非常适合在口语课堂使用的一种教学组织形式。我们在反思和探讨小组活动在目前初级汉语口语课堂中存在的问题的基础上，详细阐述了影响小组活动实施效果的主要因素，并结合实例说明了如何利用小组活动设计模板进行任务设计，以及小组活动在课堂汇总的具体操作环节和步骤。希望我们的研究能对教师科学地开展小组活动提供一定的帮助。

参考文献

程晓堂　2004　《任务型语言教学》，高等教育出版社。

孔凡莲　2008　对外汉语口语课堂小组活动研究，山东大学硕士研究生学位论文。

王瑞烽　2007　小组活动的任务形式和设计方式及其在对外汉语教学中的应用，《语言教学与研究》第 1 期。

吴中伟、郭　鹏　2009　《对外汉语任务型教学》，北京大学出版社。

H.Douglas Brown　1994　*Teaching by Principles:An Interactive Approach to Language Pedagogy*, Prentice Hall Regents.

Michael H.Long, Patricia A. Porter　1985　Group Work, Interlanguage Talk, and Second Language Acquisition, *TESOL Quarterly*, Vol.19, No.2.

Peter Skehan　1998　*A Cognitive Approach to Language Learning*, Oxford: Oxford University Press.

李燕，女，1982 年生，硕士，北京语言大学汉语速成学院讲师。2007 年参加工作，从事初级对外汉语教学工作，研究方向为教材与教学法。主要教授来华留学生初级汉语综合、口语和听力等课程。主要成果有：论文《任务型教学法与对外汉语初级口语教学》《对外汉语教学形成性课堂评估探析》等。

多媒体辅助汉语口语教学的实践与思考

王　艳

摘　要：多媒体在语言教学中具有独特的优势，对汉语口语教学而言亦是如此。本文拟在教学实践的基础上，分析多媒体辅助汉语口语教学的利弊和得失，总结规律和方法，以期更好地利用多媒体提高汉语口语教学的效率，追求更加理想的教学效果。

关键词：多媒体　口语教学　课件

从20世纪90年代起，多媒体越来越广泛地应用于教学领域，汉语教学领域也不例外。很多教师和研究者怀着极大的热情迎接多媒体时代的到来：学习多媒体技术，制作多媒体课件，进行各种教学实验，探讨多媒体教学的原则和方法，探索教学模式，总结经验，反思不足。随着认识上、设备上、技术上等各个相关问题的逐步解决，越来越多的汉语教师自觉地使用多媒体这种教学设备和手段，并从中感受到它所带来的好处。（郑艳群，2005）经过十余年的努力，越来越多的汉语教师能够娴熟地运用多媒体进行教学，同时对多媒体教学的利与弊有了更为客观、理性、全面的认识。与此同时，多媒体教学研究的重心正在从宏观的理论介绍和利弊讨论逐渐向更为深入的理论探讨以及与具体教学内容、教学对象和教学过程紧密联系的多媒体技术实际应用问题转移。

汉语口语课作为一门单项技能训练课，其目的是培养和训练学生运用汉语进行口头表达和交际的能力。口语课作为专门训练“说”这一语言技能的课程，应该从训练“说”的技能的特点上来考虑如何安排课堂教学。（李小丽，1997）是否使用多媒体教学以及怎样使用多媒体也需要从这一角度进行研究和分析。

多媒体是文字、图形图像、动画、声音和视频等各种媒体的统称，是多种信息载体的表现形式和传递方式。现在我们通常所说的多媒体教学特指运用多媒体计算机并借助于预先制作的多媒体教学软件来开展的教学活动的过程，其实质是计算机辅助教学（Computer Assisted Instruction，即CAI）。这里用“多媒体教学”或“多媒体辅助教学”来指代，二者之间不再进行区别和细分。

制作多媒体课件并应用于汉语教学是目前计算机辅助汉语教学的一个重要方面。（郑艳群，2006）多媒体以图文并茂的形式，生动逼真的效果，突破听觉或视觉的限制，高效率、多渠道、直观地输入信息，刺激学生的表达欲望，提高学生参与课堂的积极性，调动学生的学习热情，还可以帮助学生理解教学内容，能够在一定程度上降低学习难度。可以说多媒体为汉语口语教学注入了新的活力。（高丽霞、田培，2010）

大家在认可多媒体辅助教学的优势，越来越多地使用多媒体进行教学的同时，也不断有研究者指出多媒体在使用中存在的一些问题和误区。（郑艳群，2006；沈佳、孙庆博，2007；张天勤，2010）北京语言大学教学督导组的专家听课过程中发现多媒体的使用已非常普遍，在有的教师的课堂上，多媒体使用得不是“少”了，而是“过”了。（杨惠元等，2010）专家呼吁，应深入研究多媒体教学的方法和模式。在教学中如何合理地使用多媒体，具体就某一课型来说应如何发挥多媒体教学的优势，始终是人们关心的、需要深入研究的问题。本文希望在教学实践的基础上，通过对教师和学生的调查、访谈，能够对多媒体辅助口语教学问题有更多的了解和认识。

一、多媒体辅助汉语口语教学实践

为了更加全面地了解多媒体辅助汉语口语教学的方法、特点、教学效果和利弊得失，探索提高课件质量和教学质量的途径，分析并解决多媒体辅助口语教学中存在的问题，我们除了关注理论研究的动态，更多的是在实际教学活动中进行实验与尝试。同时，采用多媒体辅助教学手段进行汉语口语教学的教师之间经常进行教学研讨，分享教学资源，交流教学经验，也给我们提供了很多借鉴和启示。

（一）教学实践过程

笔者在 2008 年 7 月到 2011 年 1 月期间，先后多次在 4 周班、6 周班和一学期班中进行了多媒体辅助汉语口语教学实践，教学对象为北京语言大学汉语速成学院 A 班（初级班）学生，各班均为多国籍混合班，人数在 16 ~ 20 人之间。同一时期，在我学院运用多媒体进行口语教学的教师还有多位，大家经常讨论、交流，互通有无。

我们的教学实践在多媒体教室进行，这种教室内除黑板等普通教室具有的设备以外，还配有计算机、卡座、投影仪、投影幕等多媒体设备，有的教室中还有扬声器。设备维护良好，使用简捷、便利。一般情况下，教室内可以浏览网页、使用网上资源。在硬件方面，为多媒体辅助教学提供了保障。

教学实践所使用的教材主要有四种，第一种是北京语言大学出版社出版的《汉语会话301句》（上、下册），第二种是北京语言大学出版社出版的《汉语口语速成·入门篇》（上、下册），第三种是商务印书馆出版的《汉语十日通》（入门篇、基础篇），第四种是北京语言大学汉语速成学院的教师自编的任务型口语教学材料，尚未正式出版。

教材内容均涉及问候、介绍、购物、就餐、问路、爱好等交际功能项目。每课内容要求4～6课时（每课时50分钟）完成。为了确保课件制作的品质，每一课的课件一般都是先由2～3位教师分别制作教学课件，再由各任课教师根据自己的教学思路和本班学生的实际情况对课件进行修改和加工，最终形成在课堂上正式使用的课件。

课件一般不提前提供给学生。除了在课堂上使用外，有些教师会在课后将课件上传至班级公共邮箱，供学生复习。因故缺勤的学生也可借助课件了解课堂教学的内容。

（二）课件制作

课件在多媒体辅助教学中具有举足轻重的作用，直接关系着课堂教学的效果和成败。因而在教学实践过程中，教师在课件制作方面都投入了大量的时间和精力。目前，对于普通教师而言，最容易操作的课件是使用OFFICE软件自带的POWERPOINT（PPT），PPT课件是使用最为广泛的课件之一。口语课课件可以简单划分为课题、导入（热身）、生词、语法（语言点）、课文、练习及活动、布置作业等部分，有的在新课开始前有“复习”部分。这里主要以《汉语十日通》（入门篇）第8课《你家有几口人》为例，简要介绍一下教学实践过程中PPT课件的制作思路和运用方法。

1. 课题

课题是指每课的标题，其作用是提示教学内容，引发学生思考。课件中可以选择若干与教学内容与主题相关的图片，在正式开始上课前就呈现给学生，在使学生了解本课学习内容的同时，激发学生的学习兴趣。

2. 导入（热身）

导入环节可以简单处理，用几句话或一两张图片一带而过，也可以根据本课内容，设计热身练习，通过练习的方式梳理过去学习过的与本课密切相关的知识，也可以检查学生预习的情况，并进一步强化学生的学习兴趣和动机。

课件可以一边呈现教材中的相关内容，一边播放对应的音频资料，也可以采用学生可能感兴趣的其他方式进行热身练习。比如用一些名人的全家福图片，或者用一张本班某个学生的全家福，有时会取得意想不到的效果。

3. 生词

（1）生词呈现

利用课件除了可以节省在课堂上逐个板书生词的时间，还可以自由、灵活地选择是否遮蔽生词的注音和翻译，方便组织课堂活动、检查学生对生词的掌握情况，必要时可以通过超链接向学生直观地展现一些图片或网页。

（2）生词讲练

对于重点、难点生词，在课件中可以借助视频、音频、动画、图片等材料帮助学生理解生词的含义和用法；还可以通过课件简明、快捷地创造交际情境，提高学生的开口欲望和开口率。

4. 语法（语言点）

在语法讲练环节中，课件中除了精练的语法点说明、注释和例句外，还尽可能给出句型格式。我们可以借助课件设置大量情景小对话练习，让学生在“练”中“学”、在“用”中“学”，节省教师说明对话情景的时间和板书的时间，提高教学效率。

为避免学生形成视觉依赖，在完成课件中显示的对话练习外，教师还可就图片口头提出更多的问题让学生回答。比如指着全家福中的某个孩子问，“他有哥哥吗？”“他有几个哥哥？”“他家有几口人？”等等。

5. 课文

（1）课文展现

制作课件时，可以通过自定义动画使课文逐段、甚至逐句呈现，是否显示拼音也可以做成能够自由控制的形式，方便在课堂上使用。我们还可以根据需要将课文的录音作为音频文件或者将课文内容录制成视频文件插入到课件当中，课堂上在呈现课文文字内容之前，为学生播放，从而实现以“听”带“说”，以“视听”促“说”。

（2）课文复述

课文复述环节可以要求学生不看课文，仅根据课件上的提示性信息说出课文的内容，从而帮助学生牢固地掌握课文的内容，为对课文进行“活用”奠定基础。在制作课件时，可以将需要重点练习的句子设计成可以隐现形式，将能够联系学生实际情况进行替换的部分以空格代替，以便隐去课文内容，让学生在熟练复述课文内容的基础上，结合自己的实际情况进行对话练习，学以致用。

课件上常见的提示性信息主要有以下几类：（1）文字。可以是句中的关键词、提示内容或结构的提示词、容易遗漏的虚词、不需要学生记忆的课文细节等。（2）图片。可以将文章内容以简笔画的形式呈现出来，也可以用照片、结构图等。（3）图标。对于会话，特别是角色较多的会话，可以将人物头像作为图标给学生以提示。

6. 练习及活动

我们可以利用多媒体课件对书上的练习进行适当的改造或补充。其中板书起来比较费时间的练习，都可以提前制作成课件以方便在课堂上使用。对于一些组织起来较为复杂的活动，可以通过多媒体课件进行文字说明或视频、图片演示。要求学生在表演或口头报告中使用的词、句，可以在课件中进行规定和提示。

7. 布置作业

一般认为，无论是书面作业还是口头作业，都应该明确内容和要求。在课件当中列出作业的内容和具体要求，优点之一是方便日后教师和学生进行查询，督促学生利用课余时间巩固课堂所学。

以上各环节在多媒体课件中均能够得以体现，但并非每个环节都是必不可少的。至于具体哪些环节借助多媒体可以使教学效果有明显的提升，还需具体问题具体分析。而在每一具体环节之中，如何更好地利用多媒体，也没有固定的模式。郑艳群（2009）总结了课件的评价标准，教师应根据教学内容、教学对象等实际情况，结合自己所长在课件制作方面各显其能。

（三）课堂教学模式

目前多媒体辅助教学主要采用的是课堂演播教学模式，这种教学模式在汉语课堂教学中的主要作用是教学呈现。该课堂教学模式具体又分为两种：一种是多媒体课件贯穿整个课堂教学的各个环节，课堂上自始至终运用多媒体设备；一种是将多媒体课件作为传统课堂教学方式的补充，在个别教学环节上使用多媒体设备。两种模式各有利弊，各有所长。

多数教师倾向于采用第一种教学模式，因为该模式不仅操作简单、脉络清晰，而且有利于降低“临场发挥”对课堂教学效果的影响，可以降低教师的记忆负担，使教师在课堂上将注意力更多地从教学内容转移到教学对象（学生的反应）上，有利于保证教学质量。但是，对于这种模式的批评和质疑从来就没有消失过，甚至有教师旗帜鲜明地反对这种教学模式。

（四）效果评估

对口语课堂教学效果的好坏，并没有统一的、固定的评价方式和评价标准，除了关注学生的学习成绩、出勤情况，教师对授课的自我感受进行反思和总结外，笔者还在学生中进行了多次访谈，并结合学校督导组专家听课之后的总结和点评，在此基础上对多媒体辅助汉语口语教学的效果进行了归纳和总结。为了更加准确、全面地了解教师的观点，笔者面向教师进行了问卷调查。发出问卷 50 份，回收有效问卷 42 份。参与调查的教师来自海内外高校、中学、语言培训学校等多种教学机构，以年轻教师为主（40 岁以下教师占 85.71%）。

二、多媒体辅助汉语口语教学的效果分析

总的来说，多媒体辅助汉语口语教学实践进展得比较顺利，取得了良好的教学效果，学生的出勤情况良好，较之于使用传统教学方式的班级成绩相当，有的实验班成绩略优于普通班。多媒体辅助教学得到了绝大多数学生和教师的认可和支持。对学生和教师进行的访谈和问卷调查当中，我们发现学生对多媒体辅助口语教学的认识、看法和态度大体上相同，少数存在差别；而教师对待多媒体辅助口语教学的看法则不完全一致，在某些问题上分歧比较大。

（一）学生评价

学生们很欢迎在口语课上采用多媒体辅助教学的方式，他们的评价大都是正面的。他们认为使用多媒体有利于帮助他们理解和记忆，能够帮助他们加深印象。一些多媒体影像材料的运用对他们很有启发性，他们认为在多数情况卜这样

的课堂是有趣的、吸引人的。借助多媒体进行教学能够增大课堂教学容量，有利于拓宽他们的眼界，扩大他们的知识面。另外，他们希望得到课堂教学的课件进行课下复习，但是他们并不同意课件可以代替课上记笔记。

学生对多媒体辅助口语教学中的问题主要集中在以下几个方面：一是有的学生认为与看图、看汉字相比，他们更希望听老师说；二是有的学生希望老师多一些板书，在帮助他们记笔记的同时，可以帮助他们掌握学过的汉字。尽管汉字教学并不属于口语教学的任务，但在一些学生眼里，汉语教学应该是一个整体，各项技能并不应该完全割裂开来对待。

（二）教师评价

1. 访谈结果分析

笔者在对访谈结果进行归纳和总结后，发现教师们认为多媒体辅助口语教学的优点主要集中在以下几个方面：

（1）生动、有趣

多媒体技术具有信息形式多样化的特点，能将图形图像信息、视频信息和音频信息引入计算机系统，将文字、声音、图像综合于一体，变成可以传递、记录和表现的信息。借此可将教学内容生动地展现在学生面前，并通过有趣的形式更加充分地调动学生的学习兴趣、吸引学生的注意力。多数老师认为在课堂教学中借助多媒体能够更好地活跃课堂气氛，提高学生参与课堂活动的热情。

（2）直观、易懂

采用多媒体教学，能够突破听觉或视觉的限制，多渠道、直观地输入信息，将教学内容以生动多样的形式传递给学生，大大提高学生对抽象事物、过程的理解和感受，增强感性认识，使学生在原有认知结构和生活经验的基础上，能够更快地理解和认同我们的概念和思维方式，并将之更快地内化到自己新的认知结构中，逐步构建新的概念和思维方式。这相较于传统教学方式而言，更加有助于学生对词语和语言点的理解和掌握。

（3）高效、高能

利用多媒体教学能够提高教学效率。课堂上运用电子教鞭或鼠标可以轻松、迅捷地呈现教学内容，能够节约板书的时间，有利于扩大课堂的容量、丰富教学内容，可以使教师把更多时间放在指导学生、进行巩固训练、开展密集快速的语言实践活动上，在有限的教学时间里增加学生的练习机会。

多媒体教学不仅是高效的，也是高能的。所谓“高能”不是指高能耗，而是指高能力。多媒体在口语教学中的运用为教师提供了更广阔的展现教学能力的空间，它能够利用网络上丰富的资源实时扩展课堂教学的内容。如运用得当，则能够达到更为理想的教学效果。多媒体可以通过文字、图片等形式将重点、难点更快捷、更醒目地展示给学生，加深学生的印象。一些教师通过精心设计，在课堂上灵活运用多媒体，将课堂教学演绎得堪比艺术，让人觉得听这样的课是一种享受，“不知不觉”中就到了下课时间，而学生在“不知不觉”中就内化了课堂教学的内容，达到了教学的目标。

2. 调查结果分析

从调查的结果来看，调查所涉及的国内外十所高校、中学等教学机构无一例外都采用了多媒体教学，可以说多媒体在汉语教学中的使用已相当普遍。回收的42份调查问卷显示，仅有两位教师没有使用多媒体授课，但这两位教师均对别的教师多媒体授课进行过观摩。据在英国中小学从事汉语教学工作的一位教师反映，她们每天都在使用多媒体教汉语课，学生们很习惯。

运用多媒体教学是大势所趋，多媒体在汉语教学中的使用是必需的，口语课也不例外。但也有教师指出，目前多媒体辅助教学存在泛滥现象，有些教师过度依赖多媒体，离开了多媒体就不会上课了，这种现象也需要警惕。

多媒体技术虽然拥有很多优势，但不能过分夸大多媒体在语言教学中的作用，多媒体不可能是“包医百病”的灵丹妙药。有教师建议在确实需要用的时候再用，绝不能为用而用，因为用得不好就成了“哗众取宠”。多媒体的过分使用会降低学生练习口语的兴趣，有时反而不如不用。

在调查中很多教师都指出，把课件做好非常重要。要注意内容适量、设计科学，要注意信息量、简繁程度、难易程度等方面的把握。制作课件时，要重视学生的思考过程，及时听取反馈意见，从增加学生的积极性入手，使课件的内容更具趣味性、更加生活化，在内容上精雕细琢。避免使多媒体教学变成新型的填鸭式教学。另外，在口语课堂中应注意尽量减少对文字性多媒体的依赖。课件不能取代教材、更不能取代教师的情感和语言感染力。有教师建议可以让学生自己来做多媒体课件，从而提高学生的积极性。

关于口语教学中哪些环节适合使用多媒体，教师们的看法并不一致，有的教师认为各个环节都适合，也有教师认为不一定，要根据教学内容等具体情况而定。关于“您认为在口语课中，最适合使用多媒教学手段的教学环节有哪些”这一问题，调查统计结果见表 1。

表 1　最适合使用多媒体的口语课教学环节

教学环节	A. 导入	B. 生词	C. 语法（语言点）	D. 课文	E. 练习	F. 活动
人数（42）	21	20	24	13	23	28
百分比	50%	47.62%	57.14%	30.95%	54.76%	66.67%

大多数教师认为最适宜使用多媒体的教学环节是课堂活动环节（如学生表演、报告等）。而对于“您认为在口语课中，最没有必要使用多媒体的教学环节有哪些”这一问题，也有的教师认为“不一定”或者认为要“看情况”，多数教师对各环节进行比较后作出了选择。统计结果见表 2。

表 2　最没有必要使用多媒体的口语课教学环节

教学环节	A. 导入	B. 生词	C. 语法（语言点）	D. 课文	E. 练习	F. 活动	不确定
人数（42）	10	12	3	14	5	6	1
百分比	23.81%	28.57%	7.14%	33.33%	11.90%	14.29%	2.38%

教师认为最没有必要使用多媒体的教学环节是课文环节，其次是生词和导入。但将表 1 和表 2 所示结果结合起来分析，会发现教师对哪些环节适合使用多媒体、哪些环节不适合使用存在较大的分歧。对于多数教师认为最适合使用多媒体的“活动”环节，仍有 14.29% 的教师认为没有必要使用多媒体；而对于“导入环节”，有 50% 的教师认为适合使用多媒体，而 23.81% 的教师则认为没必要。

对于“在口语课上，使用多媒体课件的时间占多大比例为宜”这一问题，除两位教师回答“不一定”和“不能一概而论”外，绝大多数教师认为应控制在

50% 或者 50% 以下，其中认为控制在 20% ~ 30% 的最多，也有教师认为使用 5% ~ 10% 就够了。统计结果见表 3。

表 3　口语课使用多媒体的时间

时间比例	≤10%	≤20%	≤30%	≤40%	≤50%	>50%	不一定
人数	5	9	12	5	3	4	4
百分比	11.90%	21.43%	28.57%	11.90%	7.14%	9.52%	9.52%

当然，这只是教师凭借主观印象作出的判断，实际情况或许会有出入，但我们看到，认为使用多媒体的时间比例不超过 30% 的教师占 61.90%。这说明多数教师是不赞成在口语课上过多使用多媒体课件的。

此外，在调查中有 83.33% 的教师认为多媒体教学的成败与课件质量优劣关系密切；88.10% 的教师认为只在某些教学环节使用多媒体比整堂课使用多媒体的效果会更好；59.52% 的教师认为多媒体在教学中只起辅助作用，可用可不用的情况下尽量不用；69.05% 的教师认为自己如果使用多媒体教学，教学效果会更好。

三、多媒体辅助汉语口语教学的相关讨论

尽管多媒体辅助汉语口语教学具有种种独特的优势，但它毕竟仅仅是一种教学手段，即便是“灵丹妙药”，使用不当也会带来伤害。在长期的观察和实践当中，我们发现多媒体辅助汉语口语教学中有几方面的关系需要我们妥善处理；一些误区需要我们清醒认识、提高警惕。同时，除了教师本身，教学管理部门也宜采取种种鼓励措施，提供交流经验、分享教学成果的机会，促进多媒体辅助汉语口语教学整体水平的提高。

（一）需要处理好的关系

进行多媒体辅助汉语口语教学是一个复杂的系统工程，必须将各个方面的问题都解决好，才能保证其顺利实施。其中，教师应特别注意处理好以下几方面的关系：

1.“多媒体教学”与“传统教学”的关系

我们说多媒体仅仅是一种表现形式，一种传递方式，而多媒体辅助教学是将多媒体教学与传统教学的元素相融合而形成的新的教学模式。“多媒体教学”与“传统教学”既不是相互独立的，也不是非此即彼的，不应将二者割裂开看待或者完全对立起来看待。不过，在进行多媒体辅助口语教学时，我们需要把握好多媒体的使用时机，什么时候用、什么时候不用以及用多长时间，都需要精心设计。

在设计多媒体辅助教学材料时，还应处理好多媒体和粉笔、黑板、普通教具，以及多媒体和语言表达之间的关系。在课堂教学中要注意多媒体课件放映的速度和传达的信息量，将之与课堂讲解、板书配合得当，才可能取得良好的教学效果。

另外，制作多媒体课件时要注意选择恰当的字体和字号，要注意课件页面布局的合理性和色彩搭配的美观性。在设计课件时还应当注意张弛有度，避免学生产生视觉疲劳和心理疲劳。

2.“听、看、读、写、说”之间的关系

对于口语课而言，“说”是根本目的，一切都应该围绕着提高学生“说”的能力而展开。“听、看、读、写”都应该是为“说”服务的。我们可以将“听”和“看”视为信息输入的方式和刺激信息输出的方式；“读”是为了“说”而进行的一种练习方式和准备过程；“写”是检验和强化“说”的手段。在口语课课堂上，“读”和“写”都不应该占用太多时间。多媒体辅助教学较之于单纯的传统教学更需要处理好“看”和“听”的关系。从教学实践的经验来看，“看”可以使理解变得更为容易，但通过“听”来刺激“说”比通过“看”来刺激“说”的学习效果要好。多媒体辅助汉语口语教学说到底还是口语课的教学，“说”才是最核心、最根本的，切忌将之变成欣赏课或者阅读课。

3. 课件与课堂教学之间的关系

课件是为课堂教学服务的。从设计到制作，再到应用，课件都应以改进课堂教学效果为出发点和根本目的。在课堂教学中，课件既可以作为一个相对独立的部分在课堂教学的某一环节使用，也可以由始至终将课件作为课堂教学的线索来展开教学活动。这两种方式孰优孰劣尚无定论。但无论采取哪种方式，课堂教学都不应被课件所束缚。我们知道，课件一般是课前便做好了的，其内容的展开是按提前设计好的顺序逐一呈现的，而在实际教学活动中，教师可能经常被学生的问题打断，学生提问的内容可能在后边几页的幻灯片中，也可能学生的提问在课件中根本没有涉及。还有，教师在课件中为某个语言点准备了大量的练习，而在教学过程中可能练习了其中的一部分学生就已经掌握得很好了，或者全都练习完了，还是有学生因为种种原因存在疑问。面对此类情况，教师应如何恰当地处理呢？积累经验、改进课件是一个方面，更重要的是，无论任何时候都不要为课件所束缚。

（二）需要注意的问题

1. 追求务实，反对形式主义

对待多媒体教学应采取务实的态度，不应该为了使用多媒体而使用多媒体，更不应该出于迎合评估标准或专家权威的意见而使用或者不使用多媒体。多媒体是应该为教学服务的，具体到口语教学，亦是如此。运用多媒体进行口语教学，应立足以学生为中心。（胡庆昆，2007）

在制作多媒体课件时不应一味追求华丽或形式多样，应结合教学内容的特点和学生的特点制作丰富、实用、便捷的多媒体课件。“好看”的课件不一定“好用”，“好用”的课件不一定能“用好”，教师还是应当根据教学内容和教学对象的特点，结合自己的特长制作适合自己的课件，摸索适合自己班级情况的教学方式。

2. 充分发挥教师的主体作用

在教学过程中应该充分体现教师的教学主体作用，教师在利用多媒体教学手段的时候不能仅仅充当放映员，甚至被多媒体束缚住思路和手脚，沦为多媒体的奴隶。若期待多媒体辅助口语教学更大程度地发挥优势，我们需要在教学过程中，根据教学目标和教学对象的特点，通过教学设计合理地选择和运用现代教学媒体，并与传统教学手段有机组合，将多种媒体信息作用于学生，以期达到最优化的教学效果。在此过程中，教师的作用是无可替代的。

在制作多媒体课件时，教师的主体作用还体现在教师对教材内容的深入加工上。多媒体课件中的内容应该是经过教师精心准备和编排的，应避免照搬教材上的内容。以生词环节为例，如果仅仅是将教材上的生词表照搬到课件上，基本上是没有什么必要的，还不如直接看书，方便学生学习和记忆。但如果是按照词语特点进行了分类和重新排序，并且对教材中不合适、不恰当或者不准确的翻译进行修改后再制作成能够快捷地显示或隐藏生词的翻译和拼音的课件，这样在教学过程中则能更好地发挥多媒体的价值。

在教学过程中教师应像在传统模式的教学当中一样，牢牢把握课堂节奏，重视学生表情、语言等信息的反馈，有张有弛地调整教学步调，注意课堂互动，给学生留下足够的思考空间，这样才能充分利用多媒体这种先进的教学手段，收获更理想的教学效果。

3. 避免用“眼”过度、用“耳”不足

汉语口语教学从根本上说是语言教学，应当符合语言学习的规律。多媒体使用不当会破坏学习者学习和习得语言的内在规律。人们常说“语言”是“口耳之学”，运用语言进行交际时，交际任务是通过“听”和“说”来实现的，而在语言教学和学习过程中以“听”带“说”非常重要。然而多媒体教学往往通过视觉输入的信息过多，这会在不同程度上弱化听觉输入通路的作用。可以说，稍不注意就会造成用“眼”过度、用“耳”不足。如果过多地甚至是完全采用视觉通道传递信息，或者总是采用先视觉后听觉的方式传递信息，有可能致使一些学生产生视觉依赖。其直接影响就是学生的听力水平提高缓慢，“听”的技能发展滞后。长此以往，会影响学生语言能力的全面提升，制约语言水平的提高。

因而使用多媒体时，一方面在制作课件、进行教学设计时就要注意听觉信息和视觉信息的比例应该适当；一方面在课堂教学过程中，注意听觉信息作用的发挥，可以让学生先“听”后“看”，有的部分只“听”不“看”。

4. 不断地对多媒体课件的内容和形式进行更新和完善

传统教学模式下，要求教师在每次课后都要通过写教学后记对课堂教学情况进行总结，以期日后改进。采用多媒体辅助教学，这一环节同样是不可或缺的。除了写教学后记外，还应该根据课堂教学的效果对课件进行修改和补充。课件的完善不是在下次使用该课件前才开始，而是每次课后就开始有针对性地进行。

教师平时应注意多收集与教学内容相关的图片、视频等材料，积累和完善自己的“素材库”，发现学生喜闻乐见的练习形式和内容随时进行整理和归纳。及至课前，再根据学生的特点和需求对以前的课件从内容到形式进行全面的改进和更新，同时将课件内容熟记于心，为课堂教学作好充分的准备。

5. 教师之间增进交流，资源共享

尽管网络时代可供教师利用的资源更加丰富，相关的技术也越来越先进，为多媒体辅助教学提供了良好的物质保障，但多媒体课件的制作仍旧需要花费大量的时间和精力，制作精良的多媒体课件更是需要教师具备多种技术和能力。

教学主管部门应顺应潮流，更多地提供学习培训、交流经验、分享成果的机会，通过多种方式对教师进行鼓励和帮扶。教师之间通过共享资源、交流研讨、互通有无、分享经验，共同提高。

四、结　语

多媒体辅助教学对教师的要求不是更低了，而是更高了。在怎样更好地利用多媒体进行汉语口语教学方面，我们还有很多问题需要深入研究。我们在肯定多媒体辅助教学的优势的同时，也不能夸大多媒体的作用，而要客观地对待其利弊。多媒体在现阶段应该起到的是辅助常规教学的作用，它不可能也无法完全替代传统的教学方式。面对多媒体为汉语口语教学带来的新的发展契机，我们既要解放思想、大胆尝试，又要讲求科学和方法。希望在多媒体辅助汉语口语教学方面有更多的研究成果、更多的教学资源可供教师学习和借鉴，希望多媒体辅助汉语口语教学取得更好的教学效果。

参考文献

高丽霞、田　培　2010　汉语口语多媒体教学的探索研究，《学理论》第4期。

胡庆昆　2007　论大学英语多媒体口语教学，《职业圈》第3期。

李小丽　1997　口语课及口语表达能力培养，《对外汉语教学课程研究》，李杨主编，北京语言大学出版社。

沈　佳、孙庆博　2007　浅谈多媒体技术在教学中的利与弊，《教学新视野》第4期。

杨惠元、陈田顺、刘希明　2010　《校教学督导组工作简报》第42期，http://www.blcu.edu.cn/InnerInfor/BLCUnei_showAll.asp?num=2。

张天勤　2010　多媒体汉语言教学存在的问题及应对策略，《黑龙江科技信息》第22期。

郑艳群　2005　汉语口语多媒体教学的体验和思考，《汉语学习》第2期。

郑艳群　2006　多媒体汉语课堂教学方法，《语言教学与研究》第1期。

郑艳群　2006 《对外汉语计算机辅助教学的实践研究》，北京语言大学出版社。
郑艳群　2009 《汉语多媒体课件教学设计》，北京语言大学出版社。

王艳，女，1980年生，硕士，北京语言大学汉语速成学院讲师。2006年参加工作，研究方向为语言教学及测试。主要教授来华留学生初级汉语综合、口语和听力等课程。

附录

关于多媒体辅助汉语教学的调查问卷

您的性别：(　　) A. 男　B. 女

您的年龄：(　　) A. 30 岁以下　B. 31 ~ 40 岁　C. 41 ~ 50 岁

D. 51 ~ 60 岁　E. 60 岁以上

您上汉语课时是否使用过多媒体设备？(　　) A. 是　B. 否

您是否对其他教师使用多媒体教授汉语课进行过观摩？(　　) A. 是　B. 否

您是否制作过多媒体课件？(　　) A. 是　B. 否

您是否使用过多媒体上口语课？(　　) A. 是　B. 否

1. 您是否同意以下观点？

（A. 完全不同意，B. 不完全同意，C. 基本上同意，D. 同意，E. 非常赞同）

（1）使用多媒体可以提高学生的学习兴趣。(　　)

（2）使用多媒体可以活跃课堂气氛。(　　)

（3）使用多媒体可以提高学生开口率。(　　)

（4）使用多媒体可以提高学生参与课堂的热情。(　　)

（5）使用多媒体可以提高教学效率。(　　)

（6）使用多媒体更有助于课堂教学的顺利进行。(　　)

（7）使用多媒体更有助于集中学生注意力。(　　)

（8）使用多媒体更有助于帮助学生理解。(　　)

（9）使用多媒体更有助于帮助学生记忆。(　　)

（10）使用多媒体更有助于提高学生口语表达水平。(　　)

（11）使用多媒体不利于师生交流。(　　)

（12）使用多媒体不利于学生汉字水平的提高。(　　)

（13）使用多媒体会制约学生听力水平的提高。(　　)

（14）使用多媒体会造成学生视觉依赖，不利于学生语言能力的提高。(　　)

（15）使用多媒体容易分散学生的注意力。(　　)

（16）使用多媒体需要花费更多的时间和精力备课。(　　)

（17）多媒体教学的成败与课件质量优劣关系密切。(　　)

（18）多媒体教学的成败决定于教师的教学能力。（　）

（19）学生的学习成绩和语言水平与是否采用多媒体教学没有关系。（　）

（20）我认为自己如果使用多媒体教学，教学效果会更好。（　）

（21）口语课是非常适合使用多媒体教学手段的课型。（　）

（22）无论初级、中级还是高级班的口语课都适合采用多媒体教学。（　）

（23）目前多媒体在汉语教学中使用过度的情况比较普遍。（　）

（24）多媒体在教学中只起辅助作用，可用可不用的情况下尽量不用。（　）

（25）只在某些教学环节使用多媒体比整堂课使用多媒体的效果会更好。（　）

2. 您认为在口语课中，最适合使用多媒教学手段的教学环节是：（　　）（可多选）

A. 导入　B. 生词　C. 语法（语言点）　D. 课文　E. 练习　F. 活动（如表演、报告等）

G. 其他 ______________________

3. 您认为在口语课中，最没有必要使用多媒体的教学环节是：（　　）（可多选）

A. 导入　B. 生词　C. 语法（语言点）　D. 课文　E. 练习　F. 活动（如表演、报告等）

G. 都没有必要　H. 其他 ______________________

4. 您认为对于口语课来说，每次课上使用多媒体课件的时间占多大比例为宜？

____

5. 关于多媒体辅助汉语教学或多媒体辅助口语教学，您还有哪些想法？

____

____

后记

2010年10月，北京语言大学教务处与北语三个留学生学院组织开展了对外汉语听说课教学观摩研讨活动。此次活动是继2008年秋教务处成功举办对外汉语综合课教学观摩活动之后，举办的又一次大型观摩研讨活动。活动期间，广大教师现场观摩、集中研讨，围绕听力课和口语课教学理论和实践展开了深入的思考和讨论，并撰写了教学研究论文。即将出版的《对外汉语听说课课堂教学研究》和《对外汉语听说课优秀教案集》就是此次活动的重要成果。

举办对外汉语系列课程教学观摩研讨活动，旨在通过教学领域内的学习与交流，以教学观摩带动教学研讨，以教学研究促进教学改革。利用观摩课的平台，鼓励教师在继承和发扬北语几十年对外汉语教学传统的基础上，结合当前汉语国际教育的新形势和新任务，广泛吸收国内外汉语教学的研究成果，进行教学理念创新、教学方法创新、教学手段创新，培养学生的合作学习和自主学习意识，研讨新形势下对来华留学生人才培养的新模式、新教法。

此次活动，教务处会同各留学生学院，共同磋商，分工协作，对观摩研讨活动的组织细节进行了详细的规划。各学院都组织了备课组，采用集体备课的形式，帮助开课教师反复推敲打磨。开课教师更是表现出高尚的职业道德和不畏困难的敬业精神，精心准备课上的每一分钟，保证了观摩课的教学效果。学校组成专家组，全程听课，并对所有开课教师的观摩课进行了高水平的点评。专家一致认为，此次活动相当成功，九位教师的观摩课都体现了北语一贯秉承的教学理念和教学原则，有继承、有创新、有特色、有亮点，达到了预期效果。

《对外汉语听说课课堂教学研究》和《对外汉语听说课优秀教案集》这两个文集，经过写作教师与审稿专家的反复推敲和多次交流，达到了一定的水准，在此我们对他们的辛勤工作表示由衷的感谢。教务处刘伟处长、翟艳副处长直接参与了本套书的设计，教学评估科李晓波老师、尚英老师完成了所有文稿的征集和整理。出版社张健副社长、王亚莉副主任和编辑付彦白对本文集给予了自始至终的支持，在此一并感谢。

对外汉语教学系列课程的观摩研讨活动作为教务处的一项重点工作，将继续做下去，并力争做得更加完善，质量更高，更受大家欢迎。

北京语言大学教务处

2011 年 4 月